경주부慶州府의 역사

경주부慶州府의 역사

조철제 지음

학연문화사

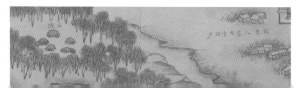

지난 40여 년간 필자는 조선 시대 경주부에 관한 문헌을 찾으려 무던히 애를 썼습니다. 각종 시문집, 개인이나 기관에 소장된 고문서가 그 대상이었으며, 고서점을 누빈 것만 수백 차례는 넘었을 것입니다. 선인들이 남긴 문집류는 그 수를 헤아릴 수 없을 정도로 엄청난 분량입니다. 경주의 역사문화와 관련하여 경주 사람들이 가장 많이 글을 남긴 것 같지만 꼭 그렇지도 않은 것이, 사환仕宦으로 경주에 와서 현장을 답사하고 주옥같은 글을 남기기도 했습니다. 이뿐만이 아닙니다. 유일본으로 남아 있는 다양한 고문서는 그 수가 개인 문집에 비할 바 아니며, 그 문헌 정보 또한 희귀한 자료들이 많습니다. 주지하듯 고문서는 각처에 흩어져 수장收藏되어 있는 것이 현실입니다.

역사는 수많은 사실事實을 간직한 채 잠시도 멈추지 않고 흘러갑니다. 수백 년의 시공간 속에서 켜켜이 쌓인 단층을 찾아 전모를 규명하는 일은 의욕이나 노력만으로 이루어지는 것이 아니며, 많은 시간과 노력을 필요로 하는 작업입니다. 더욱 중요한 것은 지역 문화 콘텐츠 개발과 함께 호흡하며, 사람과의 관계에서 자료 발굴과 탐구가 진행되었음을 밝히고 싶습니다. 문헌 발굴은 지방사 연구의 일차적인 과제인데 각종 문헌이 공개되어도 그 검색과 접근이 쉽지 않습니다.

주부의 옛 관부와 읍성에는 근래에 많은 변화가 있었습니다. 일부는 복원되고 있으나 일부는 사람들의 무관심 속에 퇴락 일로에 처했습니다. 교사校舍로 사용되던 집경전 터는 근근이 그 유지를 확보하고 있으나 주변에 새로운 건물을 짓기 위해 발굴이 진행되고 있고, 일제 강점기 때 소실된 정조 어필의 비각은 아직 건립되지 못하고 있습니다. 읍성 향일문의 남북 일부는 복원하였으나 동북 성우城隅 주위는 마무리 발굴 작업이 이뤄지고 있습니다. 과거 동헌東軒 건물은 사찰 건물로 사용되고 있으며, 동경관 중건은 요원하기만 합니다. 또한 악부의 전래 노래와 여인들의 한 맺힌 삶을 이대로 덮어둘 수 없었습니다. 이런 점에서 경주 관부의 복원은 많은 시일이 필요하겠지만 자료만이라도 먼저 정리해야 한다는 작은 의지는 차마 꺾을 수 없었습니다.

1980년 초만 해도 개인 소장의 고문서가 많이 나왔으며 고서점도 여러 군데 있었습니다. 필자는 고문서의 가치를 모른 채 다만 개인 문집을 수집하기 시작했습니다. 대구와 안동 등지를 다니며 꾸준히 노력한 결과 경주문집의 수량과 범위를 대충 파악할 수 있었습니다. 그리하여 『경주문집해제』(2004)를 집대성하여 출간하였습니다. 경주지역 개인 유가 문집류를 정리한다는 취지도 있었으나 그 근본적인 배경은 경주부의 고문헌이 워낙 찾을 길이 없었으므로, 이들 문집속에 관련 자료가 다수 전할 것으로 추정한 데서 비롯되었습니다. 이 같은 추정은 목적한 바에서 크게 벗어나지 않았으며 결국 경주의 작은 자산으로 남게 되었습니다. 앞서 『경주선생안』(2002)을 국역하였으며, 『경주읍성과 관부』(2018, 공저, 3책)를 발간하며 경주부의 문헌은 어느 정도 정리되었다고 생각합니다.

그 밖에 필자가 여러 종류의 책을 낸 것은 『경주읍성과 관부』에서 한 단면을 떼어낸 글에 다수 포함되어 있었습니다. 그렇지만 지방사 연구는 광맥을 찾듯 끊임없는 관심과 노력이 필요한 작업입니다. 경주읍성 남문은 무지개 모양 홍예식虹蜺式의 2층이며 그 위에 '고도남루故都南樓'라는 편액이 걸려 있었습니다. 남문 문루의 건립 시기는 종래 일부 자료에 근거하여 정리해 둔 바 있습니다. 그런데 근래 경상도 관찰사 조현명趙顯命의 『귀록집歸鹿集』에 「경주성남루기慶州城南樓記」가 실려 있는 글을 발견하였고, 1732년에 부윤 김시경金始炯 때 완성했음을 다행히 밝혀낼 수 있었습니다.

본 책은 『경주읍성과 관부』에 실린 필자의 모든 글을 엮으려 했으나 너무 방대하여 우선 중요한 5편을 골라 재편하였습니다. 내용 중 여러 군데 고쳐 쓴 곳이 있음을 아울러 밝혀둡니다.

마지막으로 이 글을 꼼꼼히 읽고 내용을 바로잡아 주신 동국대 김억조 교수와 이형우 선생에게 고마움을 표하고, 졸고를 귀중한 책으로 묶어 주신 학연문화사 권혁재 사장님과 관계자 분들께 감사 말씀을 드립니다.

2024년 3월 25일

조철제趙喆濟 씁니다.

목차

들어가며 ·· 5

I. 경주 동헌慶州 東軒

1. 머리말 ·· 14

2. 경주 동헌의 배치 ·· 17

3. 경주부윤의 임무 ··· 22

4. 경주 동헌의 역사 ·· 33

   1) 고려 시대 ··· 33

   2) 조선 시대 ··· 38

   3) 근대 변천사 ·· 45

5. 법장사法藏寺 건물 ·· 51

6. 맺음말 ·· 55

II. 동경관東京館

1. 머리말 ·· 60

2. 동경관의 입지立地와 기능機能 ··································· 63

3. 창건創建과 전래 ··· 71

   1) 창건創建과 그 내력來歷 ··· 71

   2) 임란과 동경관 ·· 84

   3) 임란 이후의 동경관 ··· 87

4. 객사의 운영運營과 실태 100

5. 근대 동경관의 변천 109

6. 맺음말 114

Ⅲ. 집경전集慶殿

1. 머리말 122

2. 집경전 설립과 체제 수용 125

   1) 설립 배경과 체제 125

   2) 어용御容 제작과 관리 132

   3) 운영과 관리 137

3. 임진왜란과 어용 146

4. 강릉 집경전 화재와 재건 논의 159

5. 구기비舊基碑와 구기도舊基圖 172

   1) 구기비舊基碑 172

   2) 구기도舊基圖 176

6. 근래 집경전의 변모 187

7. 맺음말 194

Ⅳ. 경주의 악부樂府

1. 머리말 ·· 202

2. 고려 시대 동경악부東京樂府 ·· 205

    1) 동경의 속악俗樂 ··· 205

    2) 열박령悅朴嶺과 전화앵囀花鶯 ·· 209

3. 경주 악부樂府의 노래 ·· 216

    1) 제가諸家의 악부 ··· 216

    2) 점필재의 『동도악부』 ··· 225

    3) 동도 권주가勸酒歌 ·· 240

4. 문헌에 나타난 명기名妓 ·· 243

    1) 제독관을 혼쭐낸 관기 ··· 243

    2) 명기 영매英梅 ··· 247

    3) 그 밖의 기녀妓女 ·· 252

5. 비문에 나타난 명기 ··· 260

    1) 명기 홍도紅桃 ··· 260

    2) 명기 금랑錦琅 ··· 267

    3) 유난곡兪蘭谷 여사 묘비 ··· 268

6. 경주 교방敎坊의 실체 ·· 272

7. 근대의 변화 ·· 280

8. 맺음말 ··· 285

V. 경주읍성

1. 머리말 ··· 290

2. 고려 시대 ··· 293

3. 『문종실록』의 경주부 읍성 ······················ 304

4. 임란과 읍성 ··· 322

5. 징례문 상량문 2편 ································· 328

6. 4대 성문城門 ·· 334

   1) 징례문徵禮門(南門) ······························· 334

   2) 향일문向日門(東門) ······························· 345

   3) 망미문望美門(西門)과 공진문拱辰門(北門) ····· 350

7. 근대 읍성의 변모 ····································· 353

8. 맺음말 ··· 361

I

경주 동헌

慶州 東軒

1
머리말

    조선 시대의 지방 행정 조직은 전국을 경기도 등 8도道로 나누고, 8도 아래에 4부(경주, 전주, 영흥, 평양)와 4대부호부(안동, 강릉, 안변, 영변), 20목牧, 44도호부, 82군郡, 175현縣으로 나누어졌다.[1] 관찰사는 지방행정 장관으로 행정과 군사 및 사법권을 행사하며, 지역 수령을 지휘하거나 감독한다. 그러나 부윤은 문관의 외관직外官職으로 종2품 관찰사와 동격이다. 경상도 관찰사가 경주에 와서 치적을 남긴 사례가 있고, 또한 부윤으로 있다가 관찰사로 승진한 인물도 많다. 관

---

1)『경주읍성』, 경주시·한국전통문화학교, 2010. 32쪽 참고

찰사가 부윤을 직접 지휘 또는 감독한 단서는 찾아보기 어렵다. 직위로는 상하의 위치이지만 상호 유기적 관계였을 것으로 추정된다. 전주부윤의 경우에는 전라도 관찰사가 겸임한 예가 있지만, 경상도 관찰사가 경주부윤을 겸임한 경우는 거의 없었다. 따라서 경주부윤의 위상은 관찰사와 품계가 같았으며, 다른 외관직과 비교할 수 없었다. 경주부를 웅부雄府 또는 거부鉅府라 했다. 부격府格으로 본다면, 그 치소治所 역시 일반 군현과 구별되어야 할 것이다.

경주읍성 내 중요 기관으로 집경전과 객사인 동경관, 그리고 동헌을 들 수 있다. 이 가운데 자료가 가장 많이 남아있는 것은 집경전集慶殿이다. 집경전은 태조 이성계의 어진을 모신 전우로서, 임란 때 어진을 강릉으로 옮겨 모셨다가 소실되었다. 집경전의 자료는 거의 『조선왕조실록』(이하 『실록』이라 함)에 있으며, 특히 조선 전기의 기록이 많고, 개인 문집이나 고문서로 남은 문헌은 그리 많지 않다.

각 지방 읍성 내의 중심 건물은 객사다. 3개 동을 붙여 건립한 객사는 가운데가 좌우의 동에 비해 높이 솟았다. 임금의 전패와 궐패를 모셨기 때문에 신성시하였으며, 위의威儀가 있었다. 관원이 주로 묵었으며, 영송迎送의 잔치도 자주 베풀어졌다. 그렇다면 객사에는 자료와 시문이 더러 있었을 것이고, 고을의 현안에 대한 문서도 치부해 둔 것으로 알려져 있다. 경주 객사 동경관에는 일부 성책과 문서 등 자료가 있지만, 역시 빈약하기 이를 데 없다.

동헌에 대한 것은 더욱 심하다. 경주동헌은 부윤의 집무처이다. 건물구조는 특성상 객사에 미치지 못했으며, 객사에 비해 검소하고 단조로웠다. 그렇지만 부윤은 당상관으로 막강한 권한을 갖고 있었다. 또한 그는 지나가는 관원과 지역 문사를 맞았고, 끊임없이 요구하는 부민들의 민원을 처리해야 했으며, 아전 등 이속吏屬을 다스려야 했다. 예나 지금이나 행정 업무는 구두가 아닌 문서로 처리된다. 관아에는 각종 문서가 산적했고, 수백 년간 내려온 귀중한 자료도 있었다. 게다가 동헌은 향교나 객사와 같이 공공건물이었으니, 이를 공해公廨라고 했다. 조선 시대 공해는 목조 건물이기 때문에 화재가 자주 발생하고, 건물이 쉽게 퇴락했다. 그때마다 신축하거나 중수했지만, 그 기록으로 남겨둔 문헌이 없다. 우리 선인들은 사실에 관한 기록을 게을리하지 않고 아주 상세하게 문헌으로 남겼으나, 전하지 않아 아쉽다.

종래 산더미처럼 쌓였던 각종 고문서와 성책이 구한말과 일제 강점기의 격동기를 지나면서 거의 소진되고 없다. 누군가에 의해 소각되었는지, 어딘가 숨겨져 있는 것인지 모른다. 관련 자료와 문헌이 없어졌다 해서 그 역사와 문화마저 소멸하지는 않는다. 특히 경주부의 동헌은 읍성의 중심이며 심장이 아니었던가.

이 장에서는 현재 전하는 자료, 곧 경주 지리지와 각종 문집 및 고문서에 나타난 기록을 찾아 부윤의 실태를 파악하고, 동헌의 역사와 변천에 대해 살펴보고자 한다.

2
경주 동헌의 배치

  읍성 내의 부아府衙에는 관속과 이속 건물이 즐비하게 들어차 있었다. 가장 중심 자리는 객사이고, 그 다음은 수령의 집무처인 동헌이다. 다음으로 육방六房을 비롯한 여러 부속 건물이 처마와 담장을 사이에 맞대고 옹기종기 자리를 잡았다. 이방과 호방 등은 동헌 지근에 있었고, 향청과 부사府司 및 병사나 군기에 관한 부서는 변두리에 있었다.

  또한 읍성 내의 관아 배치는 대개 T자형 도로로 개설된 것이 특징이다.[2] 경주

---

2) 안길정, 『관아이야기』(한국문화총서11), 사계절, 2000. 27쪽.

읍성의 지형은 동쪽은 높고 서쪽은 낮은 동고서저형이다. 남문 징례문에서 북문 공진문 중심으로 볼 때, 객사와 동헌 등 주요 건물은 모두 동쪽에 치우쳐 있고, 서쪽에는 관노官奴, 양무당養武堂, 옥獄 등이 있다. 동쪽에 비해 서쪽 관속이 훨씬 더 비하되어 있음을 볼 수 있다. 다시 남북 직선 통로 중 동쪽 T자형에 주요 건물이 배치되었다. 읍성 내 제일 높은 곳인 동쪽에는 객사, 서쪽은 동헌, 객사 북쪽에는 집경전이 있다. 객사가 가장 중심지에 있었으며, 동헌 건물보다 더 위압적이며 웅대했다. 1798년(정조 22)에 제작된『집경전구기도集慶殿舊基圖』읍내전도邑內全圖를 보면, 경주 동헌東軒 일승정一勝亭은 객사 바로 서쪽에 있는데, 곧 지금 담배인삼공사 경주지점과 경주상공회의소 자리이고, 그 서편 내아內衙는 구 경주문화원 본채 건물이다. 내아에서 다시 서쪽으로 큰길 건너 관노방官奴房에는 관노비와 악부가 자리 잡았다.

객사 이름이 지방에 따라 당호가 달리 불렸듯, 동헌 역시 고을의 특색을 띤 고유 명칭이 있었다. 고려 말에서 조선 전기까지 경주 동헌과 함께 의풍루依風樓가 있었고, 임란 후 제승정制勝亭이라 했다가 영조 때 일승정一勝亭으로 고쳐 불렀다. 이에 관하여서는 뒤에 상술하기로 한다. 왜 '제승制勝' 또는 '일승一勝'이라는 상무적尙武的 이름으로 불렸는지 정확히 알 수는 없지만 경주부가 남방의 관문이었기 때문에 지어진 것이리라 생각된다. 그밖에 영춘헌迎春軒 등 이름이 있었다.

『집경전구기도』에 나타난 배치도를 통해서, 동헌 일승정에 있는 부윤을 만나려면 종각이 있는 봉황대 부근에서 네 개의 문을 통과해야 가능하였다는 점을 추정할 수 있다. 우선 지금 '문화의 거리'에 있는 홍살문을 지나야 한다. 홍살문은 사벽邪辟의 문이며 제사를 지내는 신성한 공간에 주로 설치하지만, 여기서는 부윤의 권위를 상징한다. 일반적으로 다른 지역의 홍살문은 읍성 안에 있으나, 경주는 남문 밖에 있었다.

홍살문을 지나면 다음 남문에 이른다. 경주 읍성의 남문은 징례문徵禮門으로, 돌로 쌓은 아치형 누각이다. 2층 누각의 미액眉額은 '고도남루故都南樓'라는 대액이 걸려 있었다. 이를 통해 오른쪽으로 꺾었다 다시 왼쪽으로 들어가면, 서쪽에 역대 부윤의 선정비가 즐비하게 늘어섰다. 북쪽에는 웅장한 관아 건물이 위풍을 드러내는데, 지금 법원과 경찰서 건물 사이다. 넓은 길 양옆에는 버드나무 몇 그루가 자라고 있었다.[3] 이곳 지점에 이르면, 경주 관아의 첫 번째 건물인

경주 동헌 고루(鼓樓), '월성아문(月城衙門)'이란 편액이 보임(1930년대)

---

3) 1888년 정월에 경주 영장 윤 모가 부임하여『동도록(東都錄)』이란 필사본 일기를 남겼다. 이를 보면, 2월 22일에 관아 앞길 좌우에 버드나무를 심었다[種柳衙門前路左右]는 기록이 있다. 일승정 앞이나 월성아문 앞에 심었을 것으로 추정된다.

문루가 가로막았다. 2층 3칸으로 '월성아문月城衙門'이라 편액이 걸려 있었다. 다른 말로 진남루鎭南樓라고도 했다. 가파른 동쪽 돌층계를 따라 2층 누각에 오르면, 서쪽에 북이 매달려 있었다. 관아 문을 여닫을 때 봉황대 아래의 신종神鍾을 쳐서 부민들에게 알렸고, 그 종소리에 따라 다시 진남루의 북을 쳐서 읍성 안 주민들에게 시간을 알렸다. 그리하여 진남루를 달리 고각루鼓角樓라 불렀다. 월성아문의 중문은 부윤이 이용하고, 좌우 쪽문은 서리와 일반 사람들이 사용했다. 월성아문 앞에 이르면, 부윤 등 모든 사람은 말에서 내려 걸어서 들어갔다. 문 앞에는 문지기가 떡 버티고 서 있었다. 부윤이 말을 타고 내릴 때 편의를 도모하기 위해 계층석을 그 곁에 두었다. 한때 이 돌층석은 법원 뒤 경주경찰서장 관사 뜰에 서 있었다.

월성아문을 지나 조금 들어가면 중문中門이 있는데, 이를 내삼문이라 한다.

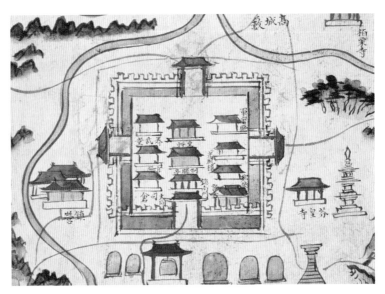

「여도(輿圖)」 경주부 지도(국립중앙박물관, 18세기 중엽)

이를 통해 들어서면 '일승각一勝閣'이라는 편액이 사람을 압도하였다. 일승각의 전신은 곧 제승정制勝亭이다. 이를 지나면, 부윤의 동헌東軒이 있었다. 제승정과 동헌 건물은 읍성 내 객사 다음으로 규모가 웅대했으며, 또한 거의 비슷하였다. 18세기에 나온「지승地乘」(규장각 소장)과「여도輿圖」(국립중앙박물관 소장) 등의 지도를 보면 제승정과 동헌이 남북으로 나란히 그려져 있다. 두 개의 건물은 이동일체二棟一體의 체제로 간주할 수 있다. 제승정은 부윤이 내빈을 접대하거나 유식遊息(마음 편히 쉰다는 뜻)하는 공간으로 사용하였고, 동헌은 부윤이 여러 가지 사무를 보는 집무실이었다. 동헌의 뜰도 작지 않았다. 1699년(숙종 25) 10월에 부윤 이형상李衡祥이 동헌 금학헌琴鶴軒 뜰에서 동도향음례東都鄕飮禮를 개최한 사실을 미루어 볼 때 제법 넓은 마당이었다. 예컨대 경주 동헌을 찾아가려면, 홍살문-징례문-월성아문-중문-일승정을 거쳐야만 동헌으로 들어갈 수 있었다. 동헌은 향교 대성전과 마찬가지로 여러 문을 통과하게 하여 높은 지체와 존엄성을 돋보이도록 했다. 또한 도로가 직선으로 뚫려 있어서 긴장을 고조시키는 의미도 있었다.

한편, 동헌에 딸린 금학헌琴鶴軒, 이요당二樂堂, 영춘헌迎春軒, 광풍루光風樓 등 부속 건물의 구체적인 위치와 연대는 알 수 없다. 부윤이 자주 이용한 점으로 보아 동헌과 일승각의 유기적 건물처럼 존립했던 것으로 짐작된다.

3
경주부윤의 임무

『경국대전』이전吏典 고과조考課條에 수령칠사守令七事가 실려 있다. 관찰사나 부윤 등이 지방을 통치함에 있어 힘써야 할 일곱 가지 조항으로, 이를 기준으로 지방관의 인사 고과를 평가하였다. 일곱 가지 일은 농상성農桑盛(농상을 진흥함), 호구증戶口增(호구를 증가함), 학교흥學校興(학교를 일으킴), 군정수軍政修(군정을 잘 돌봄), 부역균賦役均(부역을 공평하게 부과함), 사송간詞訟簡(소송을 간명하게 처리함), 간활식奸猾息(교활하고 간사한 버릇을 그치게 함)을 가리킨다.

부윤은 부내府內의 모든 정무, 곧 행정과 사법은 물론 세무와 병무 등 각종 업무를 총괄하였지만, 권한이 무한하지는 않았다. 예를 들어 사법권의 경우, 양반의 부인이나 승려 및 6품 이상의 고관이 죄인이면 상부의 허락을 받아야 곤장을 치거나 감옥에 가둘 수 있고, 직접 다스릴 수 있는 대상은 양반, 남자, 아전, 상민, 노비로 제한되어 있었다. 조선 시대 전체 소송 사건 중 산송山訟이 80%가 넘는다는 기록이 있다. 묘지에 대한 다툼으로, 암장과 투장이 주류를 이루었다. 이를테면, 부윤의 직무 가운데 송사 판결이 주된 일이었고, 동헌은 사법적 기관의 성격을 강하게 지니고 있었다.

『부선생안』을 보면, 1392년(태조 1) 2월부터 1894년(고종 31) 12월까지 502년간 경주부윤으로 부임한 관원은 모두 339명이다. 물론 경주 읍호가 강등되어 부윤이 아닌 부사府使 등으로 부임한 인원까지 모두 합한 숫자다. 부윤 임기는 1,800일(약 5년)이지만 품계가 당상(통정대부)이거나 가족을 데려가지 않은 미설가未挈家의 경우에는 900일이었다. 그러나 이는 법정 일수일 뿐이다. 조선 전기에는 비교적 임기가 그런대로 잘 지켜졌지만, 후기로 오면서 1년을 못 넘긴 부윤이 허다하였다. 나라에서 교지(임명장)를 받고 문경새재를 넘어오다가 체임遞任되어 되돌아간 부윤이 있는가 하면, 교지만 받은 부윤도 있었다. 미부임한 부윤은 모두 16명으로 집계되었다. 경주부윤의 평균 재임 기간은 17개월이다. 부윤의 품계를 보면, 정3품 통정대부가 65%, 종2품 가선대부가 28%다. 조선 시대의 경주부윤 곧 1392년 2월 유광우兪光祐에서 1894년 6월 남학희南學熙가 부임하기까지 502년간 부윤은 모두 339명이 다녀갔다. 이후는 경주군 시대다.

다음으로 이들 중 몇 사람을 통해서 그들이 남긴 치적을 살펴본다. 1400년(정종 2) 2월에 부임한 부윤 강회백姜淮伯은 선정을 베풀고, 민폐를 끼치지 않으면서 관아 청사를 새로 지었다. 1875년(고종 12)에 건립한 그의 치적을 적은 사애각思愛閣은 동헌 광풍루의 동편, 첨성대 맞은편, 경주박물관 서쪽 월성 최남단으로

부윤 이현배 선정비(황성공원 경내)

옮겼다가 지금은 서악 무열왕릉 서편에 있다. 이현배李玄培는 1585년(선조 18) 2월에 부임했다. 그는 묵은 민폐를 없애고 깨끗한 정치를 펼쳤기에 오늘날 그의 선정비 2기가 있다. 1기는 황성공원 안에 있고, 다른 1기는 경산 자인면에 있다. 당시 자인현은 경주부의 속현이었다. 이는 현재 전하는 경주 선정비 60여 기 중 가장 오래된 비석이다.

　1589년 경주부윤으로 내려온 윤인함尹仁涵은 임기 만료가 지났으나 체임되지 못하고 있다가 임란을 맞았다. 송시열이 지은 그의 행장에, 포망장에 임명된 그는 경주를 사수하겠다 하고 후군을 보살피다가 결국 성을 비우고 떠나자, 읍성은 바로 함락되었다. 그러나 그가 읍성을 비우고 먼저 떠났다는 여러 말이 있었다. 이로써 1922년 경주에 건립된 윤인함의 동도복성비東都復城碑는 1960년대 경기도 연천군으로 옮겨간 후 아직 그곳에 있다.

박의장朴毅長은 1591년 경주 판관으로 왔다가 임란이 일어났고, 1593년 3월 부윤으로 임명되었다. 그 후 1599년 상주 목사로 떠나기까지 판관 2년, 부윤 7년간 재임하여 조선 시대의 최장수 경주부윤이었다. 1862년(철종 13) 옛 의풍루 터에 세운 그의 수복동도비收復東都碑는 노동동, 인왕동으로 옮겼다가 지금은 황성공원 경내에 있다.

임란 후에 이시발李時發은 부윤으로 있다가 경상도 관찰사로 승진하였고, 그 후임에 윤안성尹安性이 왔다. 폐허가 된 향교 대성전을 관찰사와 부윤이 뜻을 모아 1604년(선조 37)에 중건하였다. 2000년에 대성전을 해체 복원할 때 들보에 쓴 윤안성의 상량문이 나왔다. 1614년(광해군 6)에 부윤 이안눌李安訥이 임란 때 소실된 향교 명륜당을 다시 지었고, 옥산서원 신도비와 얽힌 일은 『대동기문』에 실려 있다. 그의 시문집 『동악집』에, 경주부윤으로 재임했을 때 남긴 귀중한 「월성록月城錄」이 전한다. 임란 때 무너진 읍성을 1632년(인조 10)에 부윤 전식全湜이 징례문을 중수하고, 읍성 3개 성문을 새로 쌓았다. 이때 그의 아들 전극항全克恒(1590~1636)이 상량문을 지었다는 기록이 『동경잡기』에 실려 있다.

조선 시대 경주부慶州府 읍호가 두 번이나 강등된 일이 있다. 1650년 3월 예천에서 도망쳐 온 대립大立이란 종은 기계현에 와서 숨어 살았다. 그런데 그의 주인이 알고 찾아오자 그만 그를 죽인 사건이 있었다. 이 사건의 책임을 물어 경주부는 경주목慶州牧으로 격하되어 목사牧使가 부임하였다. 8년 후 복호復號가 되었으나 1665년에 또 서면에 사는 만이萬伊란 자가 그 어미와 짜고 아버지를 죽인 사건이 발생했다. 이 사건으로 읍호는 다시 강등되어 부윤이 아닌 부사府

부윤 이형상 교지(1699년)

使가 파견되었다.

부사 민주면閔周冕은 1669년(현종 10) 3월에 부임하여 읍호를 되찾으려 노력했으나 뜻을 이루지 못했다. 그렇지만 그는 남산 용장사에 매월당 영당梅月堂 影堂을 건립하였고, 경주 유생 이채李埰 등과 같이 『동경잡기』를 편찬하였다. 품관과 역리 및 경작자가 보문평의 이권을 두고 다투자, 그는 역리驛吏를 신사리新沙里에서 구사리로 철수시켰다. 부윤 이형상李衡祥은 1699년(숙종 25) 8월에 부임하여 용산서원 건립에 승군을 동원하는 등 적극적으로 도왔고, 민간에 성행하였던 음사淫祀를 혁파하였다. 동헌에서 동도향음주례를 시행하고 성책『동도향음례東都鄕飮禮』를 남겼으며, 이 책은 인천시립박물관에 소장돼 있다. 부윤 남지훈南至薰은 1710년(숙종 36)에 신라의 김후직과 김유신 묘에 각각 묘비를 세웠다. 두 비석의 비신과 서체가 같으며 현재 모두 세워져 있다. 또 그는 『동경잡기』를 중간했다.

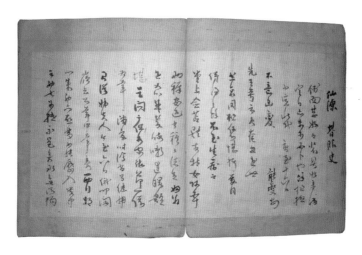

경주부윤 이능섭 간찰

1732년(영조 8) 9월 봉황대 아래에 있는 성덕대왕신종 종각이 거의 무너질 지경에 이르렀다. 이때 부윤 김시경金始炯이 2백여 금金을 연출하여 종각을 새로 지었다. 그는 또 읍성 징례문徵禮門 2층 고도남루故都南樓를 완공하고 낙성하였다. 1746년(영조 22)에 이르러 부윤 정홍제鄭弘濟가 남문을 중수하고 나머지 읍성 문루를 모두 세웠다. 1760년(영조 36) 7월에 부임한 홍양호洪良浩는 암곡 무장사鍪藏寺 비편을 최초로 발견했고, 신라 문무왕릉비에 관한「제신라문무왕릉비題新羅文武王陵碑」등 글을 남겼다. 그는 사마소司馬所 편액과 내남 충의당의 흠흠당欽欽堂 당호를 썼고, 안강 산대리의 표충각 비문 등을 지었다.

조선 시대 수령에게는 '상피제'라는 법이 있어서 자신의 출신지에 임명되지 않는 것이 원칙이었다. 그러나 이 원칙을 깨고 경주 사람으로서 유일하게 부윤을 역임한 사람이 이능섭李能燮(1812-1871)이다. 그는 1871년(고종 8) 6월에 부임해서 3개월 정도 있다가 체직遞職되었다. 동해면 주민은 수릉의 향탄촌香炭村으로 지정되어 숯을 만들어 나라에 바치는 대신 조세를 면제받았다. 이 과정에 속

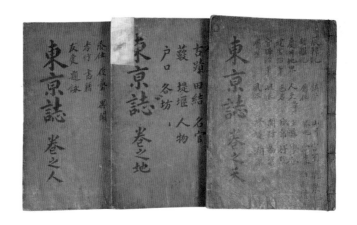

『동경잡기』삼간본(1845)

임屬任들의 중간 농간이 심하여 민폐가 발생했다. 이능섭이 이를 시정했으므로, 그의 선정비 2기가 아직 감포읍과 양남면에 있다.

부윤 김이용金履容은 1785년 7월에 부임했다. 동경관 건물이 퇴락하자 그는 대대적인 공사를 했다. 옛 건물 규모에 따라 공사했으나 북쪽에 석주石柱 16개를 받쳐 기둥을 세웠고, 신실神室을 새로 지었다. 지금 동경관의 남은 서헌西軒은 이때 지은 건물이며, 석주는 삼락회 회관 앞의 화단 가에 누워있다.

정조가 내린 어필을 비석에 새겨 1798년에 비각을 건립하였다. 당시 부윤은 유강柳烱으로, 그는 비각과 경주부 읍내 전도를 그려 정조에게 바쳤다. 이것이 『집경전구기도集慶殿舊基圖』에 실려 있는 경주읍내전도慶州邑內全圖다. 이 작품은 국립고궁박물관에 소장돼 있는데 경주부의 지도 중 가장 널리 이용되고 있다.

부윤 성원묵成原默이 1844년 2월에 부임했을 때 향중 논의가 복잡하였다. 양동 마을에 손 씨와 이 씨의 시비, 『동경잡기』를 개찬하며 격론, 경주 사림과 일부 노론 인사 간에 알력이 심각하였다. 이듬해 성원묵은 경주 남로南老들과 뜻을 모아

『동경잡기』삼간본을 펴냈는데 이를 일명 '성원묵본'이라 하며, 현재 가장 많이 전하는 책이다.

부윤 노영경盧泳敬은 1890년(고종 27) 2월에 부임하여 3년간 재임하였다. 그 사이 11개 역참을 장악하고 있던 이정들의 폐단을 없애고, 동해면민에게 부과했던 각종 세금을 바로잡았다. 이 같은 치적으로 관내 그의 선정비가 무릇 13기나 세워졌다. 지금 파악된 것은 7기이고, 나머지 6기는 소재를 알 수 없다.

지금까지 밝혀진 부윤 선정비는 모두 44기4)이고, 관찰사 선정비는 5기다. 읍지 등 각종 문헌에 나타난 기록을 보면, 현존하는 것보다 없어진 선정비가 훨씬 더 많다. 목민자로서 선정을 펼쳤기 때문에 주민들이 차마 그를 잊을 수 없어 선정비를 세우는 경우가 있었고, 온갖 수탈을 감행하고 떠나면서 강권으로 비를 세우기도 했을 것이다. 후자의 경우에는 부윤이 떠난 직후에 바로 비가 부서지거나 없어졌다. 민초는 힘이 없지만, 결코 어리석지는 않았다. 심지어 1840년(헌종 6) 9월에 부임했던 부윤 정최조鄭最朝는 조세를 가혹하게 거두다가 부민들에게 쫓겨났다. 현재까지 늠연히 서 있는 선정비는 거의 부민들에게 선정을 베풀어 귀감이 된 목민관을 위해 세웠기 때문에 현존하고 있다고 할 수 있다.

이 밖에도 훌륭한 치적을 남기고 떠난 부윤이 많았지만, 여기서 모두 열거할 수는 없다. 부윤 339명이 모두 청백리가 아니며, 또한 탐관도 아니다. 그러나 탐관보다 훌륭한 목민관이 훨씬 더 많았다. 앞에서 서술했듯이 선정비를 세운다고 해서 모두 명관이지도 않다. 서문에서 다음과 같은 명문을 남겼다.

---

4) 조철제, 『돌에 새긴 백성의 마음』, 경주학연구원, 2010. 당시에는 39기였으나, 이후 5기가 더 발견되었다.

아! 고려에서 오늘에 이르기까지 그 연대는 515년이나 되었는데, 이 명안에 등재된 사람은 몇 명인가? 어질어 직분을 잘 수행한 사람은 몇 명이고, 어질지 못해 능히 그 직분을 수행하지 못한 사람은 몇인가? 어질고 어질지 못한 사람들 사이에 끼어 비방받은 적도 없고, 칭찬받은 적도 없는 사람은 또 몇 명인가? 나같이 어리석은 사람도 감히 이 명안에 올랐다. 후세 사람들이 나를 가리켜 어질다 할 것인지, 어질지 못하다 할 것인지, 아니면 칭찬도 비방도 받지 못한 사람이라 지칭할 것인지 참으로 모르겠다. 나는 이것으로써 두려움을 삼으며 서문을 짓는다.[5]

『경상도관찰사선생안』(경주시립도서관)

목민관이 백성을 잘 다스렸는지, 가렴주구를 일삼았는지, 이도 저도 아니면 이름만 명안에 올려놓고 떠났는지 되새겨 보아야 할 일이다.

앞서 1894년(고종 31) 12월에 직제가 바뀌어 초대 경주군수 이현주가 부임한 이래, 1910년 한일 합병까지 모두 12명의 군수가 배출되었다. 일제 강점기에 경주군수는 양홍묵 등 11명이고, 광복 이후인 1945년 8월에서 1955년까지는 12명이 역

---

5) …噫 自高麗至我朝 首尾五百十五年 所錄凡幾人 其賢而能於職者幾人 其不賢而不能職者幾人 其在賢不
賢之間 而無毀無譽者 又幾人耶 如余之駑劣 亦當忝錄其中 未知後人 指以爲賢耶 不賢耶 抑亦無毀譽之可
稱耶 余爲是懼 因以序之. 天啓二年壬戌六月日 光山後人 龍溪金止男 書于宣化堂

임했다. 1955년 경주군은 경주시로 승격되면서 경주시와 월성군으로 나뉘었다. 월성군수는 1960년 5월 김현옥 군수부터 1989년까지 19명의 군수가 부임했다. 1989년 월성군이 경주군으로 개칭하였고, 1995년에 시군이 통합되기까지의 군수는 2명이다. 1890년(고종 27)에 부임한 부윤 노영경 이후 120여 년 동안 경주군수 또는 시장으로서 선정비를 세운 이는 한 사람도 없다.

한편, 신라 이후 '경주慶州'라 불린 시기는 935년(태조 18) 12월부터다.[6] 이후 읍호 직제는 여러 차례에 걸쳐 바뀌었다. 특히 고려 현종 때 이르러 경주방어사와 안동대도호부, 경주대도호부, 경주목慶州牧 등으로 일컬어지다가 1030년(현종 21)에 다시 동경유수사로 개칭되었다. 앞서 1204년(신종 7)에 신라 부흥을 내세우며 반란이 일어나서 지경주사知慶州事로 강등된 예도 있었다. 고려 시대 경주 읍호가 자주 바뀌었는데, 이때마다 경주의 관할 구역은 점차 위축되었다. 1308년(충렬 34)에 계림부鷄林府로 개칭하였고, 1414년(태종 13)에 경주부慶州府로 개칭했다. 갑오경장甲午更張이 단행된 1894년(고종 31)부터 경주군이라 일컬었다.

조선 시대 경주부는 두 차례나 읍호가 강등된 예가 있다. 하나는 1650년(효종 1)에 경주부 속현 기계현에서 일어난 사건 때문이다. 예천에서 도망쳐 온 종 대립大立이란 자가 기계에 와서 숨어 살았다. 그의 상전이 이를 알고 그를 잡으려 기계에 나타나자, 대립은 도리어 그 상전을 죽여 버렸다. 이 사건의 책임을 물어서 경주부가 경주목慶州牧으로 강등되었다.[7] 이후 8년 동안 경주부윤이 아닌 경주 목사로서 4명이나 부임한 후에야 복호復號되었다.

---

6) 太祖十八年十二月 新羅敬順王降 以國爲慶州 仍爲食邑 以魏英爲州長.『東京通誌』歷代守官條
7) 庚寅任縣杞溪地 自醴泉逃主奴大立者 及其本主追捕 反弑其主 因此降府爲牧.『府先生案』

두 번째는 그 후 15년이 지난 1665년(현종 6)에 또 끔찍한 사건이 발생했다. 경주 서면에 사는 만이萬伊란 자가 그 어미 곽영郭英과 공모하여 자신의 아비 경무慶楙를 죽였다. 이 사건이 나라에 보고되자, 중앙에서 안옥어사 신후재申厚載가 내려와 추문하여 사실을 확인하였다. 따라서 만이는 서울로 잡혀가서 정형을 받았고, 그로 인해 부윤은 부사府使로 강등되었다.[8] 이 사건으로 부사 9명이 부임하고, 14년이 지난 1679년(숙종 5) 정월에 이르러 복호되었다.

앞의 사건보다 두 번째인 만이 사건이 훨씬 더 무거워서 목사보다 더 낮은 종3품 부사로 강등되었다. 강상綱常의 죄는 가중 처벌되었다. 국왕의 치화治化에 따라 그 지방관이 직무를 다하지 못했기 때문에 이 같은 사건이 발생하였다고 하여 그 책임을 물어야 한다는 논리였다.

---

8) 乙巳 府西面居萬伊 與其母郭英 共謀弑其父慶楙 按獄御使申厚載 下來 推鞫取服 其中萬伊 京獄拿囚正刑後降府使.『府先生案』

4
경주 동헌의 역사

1) 고려 시대

신라가 망한 후, 월성에 있던 크고 작은 궁궐이 언제 허물어졌는지는 알 수 없다. 깨진 기와 조각과 초석 사이에 잡초가 무성히 자라면서 왕궁의 터는 점차 풀숲으로 변했다. 언젠가부터 그 사이사이에 민가가 들어서기 시작하였고, 남은 땅에는 밭을 일구어 보리가 무성하게 자랐다. 그렇지만 주민이 모두 경주를 떠나진 않았으며, 읍호 경주사慶州司를 다스리는 관속들도 있었다. 이들 관속은 신라 궁궐과 귀족들이 많이 살았던 옛터에서 서쪽 낮은 곳으로 관부官府를 옮겼다. 도성과 읍성을 구별한 것인지, 관민의 정서상 옮긴 것인지 그 이유는 알 수 없다. 1012년(현종 3)에 이르러 경주읍성을 최초로 쌓았다[9]는 기록이 있다. 그러나 아마 지금의 규모는 아니었을 것이며, 이후 여러 차례 중축과 개축이 있었다. 읍성 내 관청이 맨 먼저 중심에 들어섰고, 객사 등 부속 건물은 차례대로 건립되었다. 물론 집경전은 조선 초에 세워졌다.

지방 관아에는 주민의 호적대장과 토지대장은 물론 조세와 병역兵役에 관한 문서 등 많은 서류를 치부해 두고 민원을 처리했는데, 그 문서는 산더미처럼 쌓여 있었을 것이다. 이들 문서가 언제 어떻게 없어졌는지 아무런 기록이 없다. 관아 건물을 신축 또는 중수했을 경우 문서를 남겼을 것으로 사료되지만, 역시 전해오는 것이 없다.

고려 시대에는 조선 시대의 경상도 관찰사나 감영監營 같은 기관이 모두 경주에 있었다. 이를테면 지금의 도청이 경주에 있었다는 말이다. 조선 초에 이르러 감영은 상주와 안동 등지로 옮겼다가, 1601년에 대구로 이관되었다. 1593년(선조 26)까지 경주 관아에 관찰사가 집무하던 영청營廳이 있었다.[10] 이렇게 볼 때, 고려 시대의 경주는 전조前朝의 국도로서 전국 최대의 고을이며, 인물이 풍부하고 선민先民의식이 높았다. 안타깝게도 고려 시대에 남은 문서는 거의 없고, 『도선생안』과 『부선생안』에 등재된 관원 명안이 있을 뿐이다. 『도선생안』은 1078년(문종 32)부터 기록되었다. 기록에 따르면 춘추로 나라에서 외관직을 파

9) 顯宗二年(1011) 增修松岳城 築西京皇城 城淸河 興海 迎日 蔚山 長迎 三年 城慶州 長州 金壤 又弓兀山.
　　『高麗史』권82, 志第36, 兵2
10) 營廳 府舊爲觀察使本營故 有營廳 今廢 但有空址.『東京雜記』宮室
　　營廳 先祖壬辰 分嶺南左右道 州爲左道治所 踰年而廢 此其營址也.『東京通志』宮室

견하여 조세 실적과 지방 관리를 규찰하는 업무를 보았다. 여기에서 명안에만 올렸을 뿐, 조선 시대와 달리 짧은 기사記事마저 생략하였다.『부선생안』앞부분에 귀중한「동도역세제자기東都歷世諸子記」가 실렸는데, 그 내용은 대부분 일실逸失되고, 일부만 전해지는 것으로 보인다. 여기에는 934년(태조 19)부터 1118년(예종 13)까지 경주읍호 변천과 몽고인에 의해 황룡사 9층 탑이 소실된 내용을 간략하게 기술하였다. 그리고 1195년(명종 25)부터 태수太守, 상서尙書, 부윤 등 관속 이름을 적었다.

1182년(명종 12)에 안찰사 채정蔡靖이 경주에 내려와 효자 손시양孫時揚을 정표旌表하였는데, 그 비가 아직 황남동 240-3번지에 있다. 경주 지역의 귀중한 고려

고려 시대 손시양 효자비(황남동 황리단길 내)

시대 금석문으로 꼽힌다. 채정이 안찰사로 내려온 연도와 비문을 쓴 연도에는 약간 차이가 있다.

고려 때 경주 객사 서쪽에 의풍루依風樓가 있었고, 가정稼亭 이곡李穀(1298~1351)이 서문과 시를 남겼는데 그 일부를 보면 다음과 같다.

내가 동경東京 객사에 와서 동루東樓에 올라보니, 별로 아름다운 경치가 없었다. 곧 서루西樓에 오르니, 사방이 시원하게 탁 트여 성곽과 산천을 한눈에 모두 볼 수 있었다. 객사에는 삼장법사三藏法師 선공旋公이 쓴 '의풍루倚風樓'라는 큰 글씨 석 자가 있으나, 제영題詠으로 읊은 시는 없었다. 생각건대 경주는 천 년의 옛 도읍지이고, 옛날 어진 사람들이 남긴 자취가 곳곳에 남아 있다. 고려 시대에 들어와서 동경으로 삼은 지 또한 5백 년이 되었다. 번화하고 아름다움은 우리나라에서 으뜸이다. 왕명을 받들고 부임한 관원 가운데 시인과 묵객들이 많았을 것이다. 내 생각으로, 그 사이에 홍벽紅碧처럼 아름다운 시구와 옥은玉銀처럼 뛰어난 문장을 반드시 남겼을 것이다. 지금 보이는 것은 빈헌賓軒에 써 놓은 절구 한 수가 있을 뿐인데, 이는 선유先儒 김군수金君綏가 지은 시다. 이에 대해 어떤 사람이 "지난번 객관 화재 때 시를 지어 걸어둔 현판이 모두 불에 탔습니다."라고 말했다. 그렇다면 김군수의 시는 어찌하여 홀로 화재를 면할 수 있었으며, 화재 이후 지은 시는 어찌해서 보이지 않는가? 그가 한 말은 증명할 수 없다.[11]

---

11) 予至東京客舍 登東樓 殊無佳致 乃陟西樓 頗壯麗軒豁 城郭山川 一覽而盡 三藏法師旋公 大書倚風樓三字 而無題詠者 惟是府 千年舊都 古賢遺跡 往往而有 自入本國爲東京 亦將五百載 其繁華佳麗 冠於東南 而仗節觀風 剖符宣化者 又多 詩人墨客意 必有紅碧紗籠 銀鉤玉筋 輝暎其間 以今所見 惟賓軒所題 一絶句在耳 先儒金君綏首唱也 或言曩客館災 詩板隨而亡 然 金君綏詩 何獨不火 火後之作 亦何不見 或者之言 不可徵也. 李穀 倚風樓記

이 글에 따르면 경주 객사 동쪽에는 빈현루賓賢樓가 있었고, 서루西樓는 의풍루倚風樓다. 동루에 올라 조망하면 별로 아름다운 경치가 없었다. 그러나 서루에 오르니 제법 아름다워 앞이 훤하게 트여 있고, 성곽과 경주 산천을 한눈에 내려다볼 수 있다고 했다. 그리고 삼장법사 선공이 쓴 '의풍루倚風樓' 현판이 있었다고 했는데, 선공이 누구인지는 알 수 없다. 그렇다면 의풍루는 객사의 부속 건물인가, 아니면 부윤의 집무실인 동헌인가 하는 의문이 생긴다. 후자가 확실한 것으로 보이는데, 이에 관해서는 필자가 이미 발표한 글이 있다.[12] 본디 객사의 누樓는 손님을 접대하는 공간이었다. 경주 객사 서루인 의풍루는 고려 시대와 조선 초기까지 경주 관아 동헌의 부속 건물의 이름으로 불렸다. 임란 후 동헌이 있고 의풍루를 제승정制勝亭이라 했다가, 영조 때 다시 일승정一勝亭으로 고쳤다. 동헌과 제승정은 이동일체二棟一體였다. 의풍루가 경주 동헌이라 쓴 글은 여러 곳에 나타난다. 뒤에 나오는 서거정의 글에서 보듯 객사의 서루西樓라 한 것은 바로 동헌을 일컫는다. 객사와 동헌은 지금과 달리 작은 길을 사이에 두고 동서에 존립했었다. 따라서 객사에 화재가 발생하면, 의풍루 역시 그 화를 면하기 어려웠다.

이달충李達衷이 부윤으로 와서 의풍루에서 지은 시가 전해진다. 이곡과 이달충의 시를 검토해 보면, 의풍루는 단순한 객사에 딸린 건물이 아니라 경주의 대표적인 기관이며 상징적인 건물이었음을 알 수 있다. 의풍루는 곧 경주의 관부를 의미한다. 이를 규명하기 위해선 조선 시대 사가四佳 서거정徐居正(1420~1488)이 지은 객사 동헌기東軒記와 의풍루 기문 두 편을 더 살펴볼 필요가 있다.

---

12) 조철제, 「경주동헌(慶州東軒)」, 『경주문화논총』17집, 2014. 12. 경주문화원 부설 향토문화연구소

2) 조선 시대

먼저, 사가 서거정은 경주 객사 동헌기를 지으며 의풍루를 언급했다. 서거정이 사신의 임무를 띠고 경주에 이르자, 경상도 관찰사 권개權愷와 부윤 김담金淡이 그를 위해 의풍루 위에서 잔치를 베풀었다. 1466년(세조 12) 정월에 통함 신중린辛仲磷 등의 청에 의해 객사 동헌기를 지었다. 당시 의풍루는 화재로 이곡이 쓴 기문도 소실되었다고 기록했다. 서거정의 의풍루 기문에, 그가 처음 경주에 와서 의풍루에 오르니 사방 추녀가 낮아 마치 시루 속에 앉은 듯하였다. 1462년(세종 8) 겨울에 다시 경주에 오자, 부윤 김담이 의풍루에서 잔치를 베풀어 주었는데, 곧 화재가 나서 의풍루는 전소되고 말았다. 1467년(세조 13)에 부윤 이염의李念義가 의풍루를 새로 지어서 서거정이 기문을 지은 것으로 기록했다.

이를 다시 정리하면, 1320년(충숙왕 7)에 의풍루에 화재로 건물이 불탔고, 그 후에 다시 지었다. 1464년(세조 10)에 화재가 나서 소실된 것을, 1468년(세조 14)에 개수改修하였다. 이후 1552년(명종 7)에 화재가 다시 발생하여 건물이 소실되었고, 그 뒤에 언제 다시 지었다가 언제 없어졌는지 알 수 없다. 지금은 옛터만 남아 있다.[13] 그렇지만 1454년에 편찬된『세종지리지』경주부에는 의풍루에 관한 글이 보이지 않는다.

임란 이전인 1552년(명종 7)까지는 의풍루가 의연히 서 있었다. 이곳에 올라가면, 경주 전체를 한눈에 조망할 수 있는 웅장한 건물이었다. 의풍依風이란 말은

---

13) 延祐七年庚申災 厥後重修 天順甲申災 成化戊子改修 嘉靖壬子災 厥後 未知某年重修 某年還廢 而即今 舊址 猶在.『東京雜記』宮室

관풍觀風과 같은 뜻으로, 백성들의 여망에 의해 다스린다는 의미다. 이 같은 의미에 의한 것일까? 객사의 동헌과 서헌 건물의 명칭과 부윤이 집무하는 동헌과는 다른 명칭이다. 뒷날 의풍루는 객사의 건물이 아닌 동헌의 제승정制勝亭 전신이었다. 제승정은 일승정一勝亭의 전신이다. 이를테면, 동헌은 부윤의 집무실 가운데 가장 중심적 공간이며, 일승정은 부윤이 유연遊衍(휴식)하는 장소다. 경주부윤의 집무처인 동헌과 앞뒤에 세워진 건물로, 일승정은 곧 동헌을 상징한다. 부윤은 중앙에서 내려온 관원을 이곳에서 맞아 잔치를 베풀고, 지방 문사들과 시주詩酒를 나눴던 곳이다. 의풍루는 일승각의 전신이라는 글이 있다. 1884년(고종 21)에 일승정을 다시 지었을 때, 상량문을 지은 성암惺巖 최세학崔世鶴(1822~1899)[14]이나 내헌耐軒 이재영李在永(1804~1892)의 글[15]에서도 모두 일승정의 전신은 의풍루라고 했다. 집경전을 제외하고 임란 이전 경주 관아의 기록은 의풍루와 객사의 글만 전하고 있을 뿐이다.

의풍루는 객사와 더불어 관아의 가장 중요한 건물이었다. 그러나 객사를 증축하고 전패를 봉안하는 등 그 기능이 점차 강화되었고, 의풍루는 1552년에 화재로 소실됨으로써 터만 남았다. 의풍루 터는 지금 경주경찰서 자리일 것이다. 언젠가 의풍루의 빈터를 남겨 두고, 이곳에서 서북쪽으로 약간 떨어진 지금의 KT&G(한국담배인삼공사 경주지점)로 옮겨 세우고, 이를 의풍루라 하지 않고 제승정이라 했다. 조선 전기 의풍루는 임란 이후 제승정制勝亭이라 통칭했다. 제승정

---

14) …人物繁華之甲於嶠南鄭河東賓賢堂記昭揭 山川形勝之等於嶺北李稼亭依風樓序特詳.『惺巖集』권7 一勝閣重建上樑文
15) …稼亭樓臺之題縱後百禩 四佳輿地之志可當一窺.『耐軒集』권4 一勝閣上樑文

은 금학루琴鶴樓 남쪽에 있다[16]고 했다.

의풍루가 동헌에 딸린 건물이며, 부윤의 유식이나 빈객을 대하기 위한 공간
이었다는 글이 또 있다. 1400년(정종 2) 2월에 부윤 강회백姜淮伯이 부임하여 해
사廨舍 곧 동헌을 새로 짓고, 또 2개 동의 누각을 지으니, 곧 의풍루와 광풍루光
風樓이며, 유연遊衍을 위한 장소[17]라고 했다. 이 글은 1875년(고종 15)에 건립한 비
문의 내용이다. 여기에서 의풍루는 동헌의 동쪽 건물이다. 의풍루가 무너져 폐
허가 되었다는 것은 동헌의 정청이 아닌 동쪽에 있었던 건물을 두고 이른다.

한편, 임란 때의 일이다. 급작스레 전쟁이 터지자, 경주부의 관원과 백성은
창황히 성을 비우고 피란했다.『부선생안』과 손엽孫曄(1544~1600)의『청허재집淸
虛齋集』에 실린 기록을 보면, 1592년(선조 25) 4월 13일에 왜구가 처들어와 14일
에 부산, 16일에 동래, 21일에 경주가 함락되었다. 경주가 함락되던 날, 부윤 윤
인함은 관아에 있던 무기를 비보수 곁에 있던 못에 던져버리고, 관속 등을 거느
리고 안강 도덕산 도덕암으로 긴급히 피란했다. 칠흑같이 어두운 밤에 비마저
쏟아져서 아비규환이었다. 이곳에서 이들은 다시 기계를 거쳐 북쪽으로 죽장
에 가서 숨었다. 죽장은 깊은 산골이며, 사방이 산으로 둘러싸여 있어서 적들이
쉽게 들어오지 못했다. 임란 때 경주부 임시 관부가 죽장으로 옮겨간 셈이다.
관군과 의병이 비격진천뢰 등 신식 무기를 활용하여 경주부의 복성復城, 곧 읍
성을 되찾은 것은 그해 9월 8일이다. 다음은 손엽이 직접 보고 기록한 글이다.

---

16) 制勝亭 在琴鶴軒南.『東京雜記』宮室
17) 仍建廨舍 不煩民力 又置二樓 作遊衍之所 盖倚風光風 是已 倚風廢 而光風存 古有遺愛碑於倚風之下 今
　　焉無之者 屢十年. 通亭姜先生紀蹟碑, 思愛閣, 경주시 서악동 822~2번지 소재

(1592년 9월) 11일에 읍성으로 가서 판관을 만나니, 눈에 보이는 것은 모두 잿더미다. 시체가 쌓여 길을 막고 악취가 코를 찔렀다. 다음날 기계로 올라가서 부윤을 만났다. 또 다음날 부윤과 같이 안강으로 내려왔다.

14일 부윤이 성내로 갔다. 지난 4월부터 읍성은 적의 소굴이고, 관원은 깊은 산에 숨었다. 이날 부윤은 민심을 수습할 목적으로 피리를 불며 관리가 돌아왔음을 알리자 보는 사람들은 눈물을 흘렸다. 나는 부윤과 함께 성내를 살펴보니, 집경전은 처참하게 무너졌다. 집경전 앞에 구덩이를 판 곳이 있는데 혹자는 전란 중 시체를 묻은 곳이라 했다. 객사는 서청관西清館이 남아 있었다. 창고는 서창西倉은 그대로 있으나 동창東倉의 쌀 천여 석은 적들이 먹어 없어졌다. 성안 민가를 허물어 나무 울타리로 삼고, 쌓은 담장은 방포 구덩이로 삼았다. 혹은 둥글고 혹은 모가 나서 그 교묘함은 헤아릴 수 없다. 당일 우리 군사가 진군했다고 해도 반드시 패하고 살아남을 수 없었을 것이다. 한심하기 이를 데 없다. 저녁에 안강으로 돌아왔다.[18]

관아 건물은 모두 소실되었다. 집경전, 객사, 동헌 등 주요 건물이 모두 불탔고, 남은 것은 빈현루와 두 개의 창고뿐이었다. 『부선생안』에는 동헌과 객관도 모두 잿더미로 변했다고 기록되어 있다.[19] 이밖에 향교, 사마소, 서악서원 등도

---

18) 十一日 往見城邑 謁判官 極目灰燼 僵尸蔽路 臭穢掩鼻 翌日 上杞溪 謁府伯 又翌日 陪府伯下安康 十四日 府伯 往城內 自四月 一府爲賊窟 官員竄伏深山 是日 府伯 以鎭集民心 吹角爲官員狀 觀者或墮淚 余陪府伯 省視 殿宇蕩殘 殿閣前 有掘發穴 或云 埋尸處 客舍則 西清館在焉 倉穀則 西倉依舊 東倉米千餘 石 爲賊所食 城中毁屋舍爲板柵 築墻爲放砲穴 或圓或方 巧莫測 設使當日進軍 必敗殘無餘 不勝寒心 夕 還安康.『清虛齋集』龍蛇日記

19) 公廨館宇 盡爲灰燼.『府先生案』崔洛 所記

소실되고 말았다. 한마디로 읍성 내외의 주요 건물과 민가는 황폐하게 유린당하여 닭 울음과 개 짖는 소리마저 끊겼고, 해가 저물었으나 민가에서는 연기가 피어오르지 않았다. 옥산서원은 다행히 화를 면하여 임란 초기 성묘 위패를 잠시 모신 적이 있다.

전란 이후에 소실된 주요 건물은 속속 중건되었다. 먼저 향교 대성전은 1604년(선조 37)에, 명륜당은 1614년(광해군 6)에 복원되었다. 객사는 1636년(인조 14) 직후에 중건되었고, 무너진 읍성은 1632년(인조 10)에 복구되었다. 서악서원은 1602년 봄에 공사를 시작하여 1628년(인조 6)에 완전히 복원되었고 사마소는 1741년(영조 17)에 이르러 다시 지어졌으나, 집경전은 끝내 중건되지 못했다.

동악東岳 이안눌李安訥이 부윤으로 부임한 것은 임란을 겪은 20년 후인 1613년(광해군 5) 11월이다. 그의 재임은 1년을 넘기지 못했지만, 향교 명륜당을 중건하는 등 많은 일을 했다. 특히 동악은 그의 문집『동악집』「월성록月城錄」에 경주에 관한 시 120제題 199수를 남겼다. 이 글에서 그는 경주부 호구는 16,244호이며 인구는 54,956명이라 기록했으나, 임란 이후 참상이나 관부에 대한 언급은 없다. 그는 워낙 시를 잘 지어서 동헌 뜰의 노매老梅를 보고 다수의 시를 읊었다. 그리고 북산에서 소나무, 남산에서 대나무를 옮겨와 뜰에 심었다. 동악은 경주 동헌을 동각東閣 또는 아헌衙軒이라 하고, 곧잘 영춘헌迎春軒이라 불렀다.

경주 동헌은 1622년(광해군 14) 부윤 김존경金存敬이 재임했을 때에 완전 복원하니, 임란이 지난 30년 후의 일이다. 상량문은 쌍봉雙峯 정극후鄭克後(1577~1658)가 지었으며, 그의 문집『쌍봉집雙峯集』에「경주상아중당상량문慶州上衙中堂上樑文」이 그것이다. 쌍봉은 "임란 때 집경전을 비롯해 관아 전체가 잿더미로 변했다. 부윤이 정무를 보살필 공간마저 없어서 주민의 초옥을 빌려 관사로 사용하다가 이때 이르러 비로소 지었다."라고 했다. 상량문의 글이 그렇듯 구체적 사실과 과정을 기록하지 않아서 아쉽다.

쌍봉은 상량문에서 동헌을 '상아上衙'라고 기술했다. 앞서 동악의 글에서도 제승정制勝亭이라는 말을 쓰지 않았다. 경주 동헌을 제승정이라 명기한 것은 1669년에 편찬된『동경잡기』가 최초다.[20] 부윤이 집무하는 정청은 관아 건물 가운데 가장 중심인데도 기록이 이처럼 소략하였다.

제승정은 1754년(영조 30) 4월에 이르러 부윤 홍익삼洪益三이 중수하고, 일승정一勝亭이라는 이름으로 바꿨다. 그리고 일승정 동편 건물을 풍월루風月樓, 서편 건물을 망경루望京樓[21]라고 했다. 그때 상량문은 용와慵窩 이홍리李弘离(1701~1778)가 지었다. 제승정이 일승정으로 바뀐 이유는 종래 제승정 의미를 잘못 이해하는 경향이 있었고, 생활의 편의를 위해 바꾼 것이 아니라[22]고 했다. 실제 제승정이라는 명칭은 전국 여러 곳에 있었다.『신증동국여지승람』(이하『승람』이라 함)을 보면, 조선 전기부터 울산 개운포에 또 제승정이 있었으므로 개칭했을 가능성도 있다. 1833년 가을 부윤 김매순金邁淳(1776~1840)이 일승정에서 시를 지어 읊은 글이 전한다.[23]

1798년(정조 22)에 만들어진『집경전구기도集慶殿舊基圖』에는 경주 동헌을 일승정一勝亭이라 표기했다. 일승정 동쪽 길 건너에 객사가 있고, 바로 서쪽에는 내

---

20) 制勝亭 在琴鶴軒南.『東京雜記』宮室

21) 一勝亭 在琴鶴軒南 舊制勝亭英祖甲戌(1754, 영조 30) 府尹洪益三 重修改名 東曰風月樓 西曰望京樓.『東京通志』권7 宮室

22) 華獨擅於官衙非若三政軒之爲苟 義有謬於舊號遂換一勝亭之嘉名 遂換一勝亭之嘉名 豈但寢處之就便.『慵窩集』권5, 東京一勝亭上樑文

23) 秋盡雞林霸氣寒 月城遺堞認微團 山川第一徐耶伐 人物無雙大角干 富擬甌吳曾樂國 任分嵩洛亦穹官 荒餘牧養關宵旰 垂老懷章愧素餐『臺山集』권3, 一勝堂漫題

아內衙가 있다. 일승정 바로 북쪽에는 두 동의 관사가 있으며, 그 담장 너머에는 공고工庫가 있다. 일승정 바로 앞에 삼문이 있고, 그 앞에는 동헌의 문루 월성아문月城衙門이 보인다.

일승정이 화재로 소실된 것을 1884년(고종 21)에 부윤 김원성金元性이 중건했다. 이때 이재영李在永과 최세학崔世鶴이 각각 상량문을 지었다. 앞서 언급했듯 이들은 모두 일승정은 옛 제승정이고, 제승정의 전신은 의풍루倚風樓라고 말했다. 일승정 중건 낙성식 때, 많은 선비가 모여 성대한 잔치가 열렸다. 사류재四留齋 이규일李圭日(1826~1904)이 칠률 한 수[24]를 남겼는데, 그 규모가 웅장하고 단청이 무척 화려하다고 했다. 또한 일암—庵 윤인석尹仁錫(1842~1894)이 지은 「연일승각서燕—勝閣序」와 칠언율시 한 수가 있다. 이 글은 그의 문집『일암집—庵集』에 실리지 않은 것으로, 어느 족보 뒷면에 수십 편의 글을 베껴놓은 것이 있는데, 그 가운데 실려 있다. 상량문처럼 변려체로 썼으며, 장편이기 때문에 모두 옮길 수는 없다. 성연盛宴이 베풀어진 자리에서 읊은 것으로 사료된다.

부윤의 동헌 명칭이 자못 이채롭다. 고려와 조선 초까지 의풍루依風樓라 불리다가, 임란 이후에 제승정制勝亭이라 했고, 다시 영조 대에 들어와서 일승정—勝亭이라 일컬었다. 누정樓亭은 풍월을 읊은 문사들의 공간이고, 유식遊息의 장소로 활용되었다. 동헌은 부윤이 정무를 처리하고, 때로는 죄인을 다루는 곳이다. 누정은 동헌과 어울리지 않는 이름이지만, 경주뿐만 아니라 다른 지역 역시 그러한 이름이었다. 건축물의 구조 특성상 또는 공무公務 속에 여유로움을 취한

---

24) 依舊東都視事堂 朱欄畵棟更生光 廻臨萬八千餘戶 雄壓三南第一鄕 槐市日中開戰藝 菊花時節宴酣觴 爲治不在官衙勝 但願明侯遺愛長.『四留齋集』권1 次—勝閣重建落成韻

경주 동헌의 일승각 사진(『ALBUM 조선 경주, 1920』)

의미일 수도 있다. 문헌에 제승정은 줄곧 정亭으로 기록했으나, 일승정은 정과 각閣을 혼용하였다.

3) 근대 변천사

1895년(고종 32) 12월 3일에 부윤 남학희南學熙가 떠나니, 조선 시대 경주부윤은 339명을 배출하고 종언했다. 국내외 정세가 매우 어수선하고, 아전들의 행동이 민감했으며, 민의는 시끄러웠다. 부윤 직제에서 군수로 바꼈으나, 업무는 종전과 크게 달라진 것이 없었다.

1920년대 후반에 나온 『ALBUM 조선 경주』라는 작은 책 첫 페이지에 일승각을 정면에서 찍은 사진이 한 장 있다. 동헌 앞에 일승각─勝閣이란 큰 현액이 붙어있고, 양쪽 기둥에 주련柱聯이 걸려 있다. 오른쪽은 '나대천년지도羅代千年之都', 왼쪽은 '성조이경지부聖朝貳卿之府'라고 적혀 있다. 경주는 신라 천 년의 도읍지이며, 나라의 이경貳卿이 다스리는 고을이란 뜻이다. 이경은 아경亞卿으로, 곧 경주부윤의 품계와 직위를 나타낸 말이다. 경주부府가 군郡으로 개칭되었지만, 일승각 편액은 적어도 1934년 경주군 청사를 객사 앞마당으로 옮겨가기 이전까지 걸려 있었던 것으로 보인다.

조선총독부 박물관 경주분관 개관식
(경주문화원 정문. 1926년)

총독부 박물관 정문(1930년대)

경주부 내아 정문의 현재 모습

군청의 업무량은 점차 폭증했다. 종래 동헌 건물의 공간으로는 사용하기에 불편하고 장소가 협소했다. 따라서 일제는 건물을 새로 짓기로 했다. 그렇지만 동헌 건물은 없애버리지 않고 경매 처분했는데, 후술하겠지만 지금의 법장사 건물이 그것이다. 동헌 자리에 있던 경주군 청사는 1934년에 객사 앞으로 옮겼다. 이를테면, 군청은 조선 시대 관아 건물인 일승각을 전용해 오다가, 객사인 동경관 뜰에 일본식 새 청사를 지어서 이전하였다. [25] 이 해에 군청 청사는 이건移建하였지만, 일승각 건물은 세무서로 줄곧 사용하다가 1937년에 이르러 건물이 퇴락하였다. 경주 내아 건물은 1926년에 총독부 박물관 경주 분관으로 개관하였다. 그때 사진을 보면 가운데 일장기가 걸려 있고, 오른쪽에는 '조선총독부박물관경주분관朝鮮總督府博物館慶州分館', 왼쪽에는 '경주고적보존회慶州古蹟保存會'란 간판이 걸려 있다. 그런데 정문은 지금과 다르다. 후술하지만 현재 내아 삼문三門인 정문은 1934년 동경관 정문을 철거할 때 이를 이건한 것으로 보인다. 옛 동헌 일승정 건물은 경매물로 처분되어 옮겨갔고, 그 자리에 일본식 새 건물을 지었으니, 곧 경주세무서다. 일승각이 곧 세무서로 바뀐 것이다. 1931년에 나온 「경주읍내시가략지도慶州邑內市街畧地圖」를 보면, 아직 동헌 자리에 '군청郡廳'이라 표시되어 있다.

한편, 유명한 서예가 석재石齋 서병오徐丙五(1862~1935)가 초서체로 쓴 '경주군청慶州郡廳'이라는 현액이 있다. 이 현액은 1920년대 후반에 썼을 것으로 추정된다. 『경주군慶州郡』(생활상태조사, 1934)

경주군청 정문에 걸린 '慶州郡廳' 편액(『慶州郡』, 1933)

경주군청(慶州郡廳)(경주문화원 향토사료관)

25) 김신재, 「1930년대 경주의 도시 모습과 사회 변화」, 『신라문화』제41집, 2013. 388쪽 참고

사진 자료를 보면 경주군청 정문 중앙에 이 글씨가 걸려 있다. 당시 정문은 3칸 이었다. 사진의 청사는 옛 일승각 건물이며 다소 수리를 했다. 경주군청이 객사 뜰로 옮기기 직전에 찍은 사진으로 보인다. 1934년에 군 청사가 동경관의 부속 건물을 헐고 그 자리에 일본식 새 청사를 지어 옮겨갔다. 이후 편액은 구 박물관으로 옮겨 수장돼 있었다. 1975년 경주문화원 자리에 있던 국립경주박 물관이 현재의 자리로 이전할 때 많은 자료와 유물을 모두 옮겼으나 유독 '온고 각溫古閣'과 이 편액만은 옮겨지지 않았다. 현재 이 현액은 경주문화원 유물관에 소장되어 있다.

1934년에 경주군청을 동경관 뜰(현 경주경찰서 앞)에 새로 지어 이건함으로써 동경관은 크게 위축되면서 본래의 기능을 거의 상실했다. 객사 처마 아래에 나 무 울타리를 꽂아 군청사와 경계를 구분하였다. 군청을 이곳으로 이전한 것은 아마도 공간이 협소했기 때문일 것이다. 1955년에 경주군이 시로 승격되자, 시 군市郡이 나뉘었다. 당시 경주시는 노동동에 새 청사를 지어 옮겼는데 경주 지 역 많은 문사들이 시를 지어 새 청사 낙성을 축하하였다. 월성군청은 옛 경주군 청사를 그대로 사용하다가, 1982년에 동천동에 새 청사를 지어 옮겼다. 1995년 에 시군 통합으로, 노동동 시청의 각 부서가 동천동 군청사로 단계적으로 옮겼 으며, 마침내 동천 청사에 통합하여 오늘에 이르고 있다.

다음은 두 편의 동헌 발굴 조사 보고서[26] 내용을 간추려 싣는다. 경주시 동부 동 159-1번지 일대는 조선 시대 경주읍성 내 관아의 중심지로 추정되는 지역으

---

26) 경주시 동부동 건물지 발굴조사, 1998. 7, 한국문화재보호재단 발굴조사사업단.
　　경주시 동부동 159-1번지 건물지 발굴조사 보고서(한국담배인삼공사 경주지점 사옥 신축부지), 1999 년, 한국문화보호재단, 한국담배인삼공사.

경주동헌 발굴 때의 모습(1998)

로, 한국담배인삼공사 경주지점 사옥社屋 신축 부지다. 일제 강점기에 건립된
경주세무서 건물이 노후되어 헐고 새로운 사옥을 건축하고자 경주시에 건축 허
가를 받았다. 기존 건물을 헐고 부지 남편부에 대한 상부 성토층 일부와 구건물
의 초석 부분을 제거하던 중 통일 신라 시대의 초석 및 고려와 조선 시대의 와
편瓦片, 성토할 때 잘게 부수어 채워 넣었던 치석治石된 화강석재편花崗石材片이
다량으로 출토되었다.[27] 그래서 공사를 중단하고 발굴 조사를 의뢰하여, 1998
년 5월 15일에 발굴 허가를 받고, 그해 6월 1일부터 발굴 조사가 시작되었다.

---

27) 옛 건물을 헐고 초석을 심기 위해 땅을 팠을 때다. 필자가 전 경주향교 전교 임운식의 부름을 받고 현장
에 달려가 보니, 여러 석재 중 가장 기억에 남는 것은 3~4m가량 긴 장대석이었다. 대청에 오를 때 밟은
섬돌로 보였으며, 워낙 많은 사람이 밟아 장대석 중앙과 양 곁은 약간 파였다. 약간 적색 화강석으로,
막 땅속에서 나온 돌은 윤기가 흐르고 있었다. 그러나 필자가 보았을 때, 이 돌은 벌써 중장기에 서너
동강으로 잘린 상태였다. 이로써 말썽이 나서 공사가 중단되고 발굴하였다.

경주 동헌과 내아 터의 현재 모습

　조사 내용은 남편南便 건물지, 북편 건물지, 행랑지行廊址, 기타 내용으로 이루어져 있다. 남편 건물지에서 남북으로 노출된 초석렬礎石列이 확인되었다. 이를 보고 정면 7칸, 측면 4칸으로 추정했으나, 확인 결과 정면 6칸, 측면 3칸이었다. 그런데 어느 시기에 이를 줄여 정면 5칸 건물로 지었다. 이는 일승각 건물터로 추정된다. 북편 건물지에는 남측 기단과 북측 기단 일부와 건물지 남편에 2개소, 북편에 1개소의 행랑지가 확인되었다. 이 건물은 고려 중기 이전에 세워졌을 것으로 보았다. 행랑지는 북편 건물지에 접하여 남편에 2개소, 북편에서 1개소가 노출되었으며, 남북 3칸, 동서 1칸이 확인되었다. 유적이 많이 훼손되었으나, 『동경잡기』 등의 기록과 거의 부합하였다. 고려와 조선 시대의 막새, 와편, 청자편, 분청사기편, 백자편 등이 다수 출토되었고, 강희 9년(1670) 수막새가 출토되기도 했다.

5
법장사法藏寺 건물

　동헌 건물에 관한 기록이다. 일제 강점기에 만석의 부를 지닌 정두용鄭斗鎔과 정좌용鄭佐鎔 형제가 있었다. 장기에서 왔다고 해서 '장기부자'라 불렀다. 형의 집은 황오동 238번지 일대다. 그는 자신이 소유한 서악들 땅을 일인에게 제공하여 그곳에 변전소를 건립했다. 그로 인하여 변전소의 일부 경영권을 받았다. 또한 육촌흥농사六村興農社란 회사를 설립하여 많은 돈을 벌었고, 뒷날 황오동에서 동아양조장을 운영하였다. 그의 아들 정영호鄭永浩는 일본에 유학을 다녀온 뒤, 서른한 살 되던 1934년에 죽었다. 그의 아내 배금란裵金蘭은 경주공업고등학교를 건립한 배용찬의 딸이다. 배 여사는 1남 3녀를 두고 떠난 남편에 대해

매우 슬퍼했으며, 시아버지 정두용도 크게 상심했다.

이들은 망자亡者의 명복을 빌기 위해 무슨 일을 할까 궁리하던 중, 마침 경주 동헌 건물이 경매물로 나왔다. 대구 등지에서 많은 사람들이 입찰하려 경주에 왔다. 정두용은 육촌흥농사를 팔아 만금萬金을 마련하여 동헌을 낙찰받는 데 성공했다. 정두용은 이 건물을 자신의 토지인 노동동 275번지에 이건移建했다. 동헌 건물이 중요한 만큼 그는 이를 헐어 옮기면서 매우 신중했다. 옛 동헌에 있던 지하실도 그대로 만들었다. 동쪽 창문을 약간 고쳤을 뿐 섬돌과 삼문三門도 원형대로 옮겼다. 다만 마룻바닥 목재 중에 많이 상한 것은 거의 교체했다.(정영호의 둘째 딸 정정화鄭貞和의 증언)

당시 경주 지역 사찰의 본사는 기림사였다. 1938년에 건물을 이건한 후, 기림사 포교당이라 불렀다. 이를 기리기 위해 그해에 세운 「유공덕주오천정공영호영세불망비有功德主烏川鄭公永浩永世不忘碑」가 지금 법장사 뜰에 있다. 아버지는 아들의 명복을 빌고, 아내는 남편의 왕생을 빌 목적으로 건립한 것이 기림사 포교당이었다. 광복 후에 불국사 포교당으로 불리면서 경주 지역 불교학생회의 중심 공간으로 활용되었고, 한때 이를 대자사大慈寺로 했다가, 1970년 후반에 이르러 법장사法藏寺라 고쳐 불렀다. 대웅전大雄殿의 글씨는 향산香山 이정갑李廷甲이 썼다. 현재 법장사 대웅전은 정면 7칸, 측면 4칸의 팔작지붕이다. 그런데 법장사 건물은 규모와 건축 양식을 고려하면 동헌 건물이고, 일승정은 일제 강점기 중엽까지 분명히 있었으나 이후는 알 수 없다.

이로써 경주 동헌의 역사는 여기에서 또 다른 인연을 맺으며 오늘에 이르고 있다. 지금 법당 아래 지하실은 동헌의 지하실이고, 대문은 동헌의 삼문이다. 1884년(고종 21)에 부윤 김원성金元性이 동헌으로 중건했던 바로 그 건물이다. 법

조선 시대 경주부 동헌 건물인 법장사

장사 건물은 경주 관아의 역사와 풍
상을 한 몸으로 겪었다. 지금 봉황대
와 서봉총 일대는 주변 정비 사업의
일환으로 주위의 모든 가옥과 상가는

헐리고, 남은 건물은 거의 없다. 법장사는 전통 사찰 건축 양식이 아니다. 법당
은 물론 3칸 대문과 한 개 돌로 다듬어 만든 섬돌도 그렇다. 이는 보존해야 할
가치가 충분하다 해서 시에서 매입하려 한 것으로 알고 있다.

한편, 그 후 경주군청이 객사 앞으로 이전한 뒤에 옛 동헌 건물은 옮겨 갔고,
그 터에 경주세무서가 건립되어 계속 사용되었다. 1999년에 일본식 낡은 건물
을 헐고 새 건물을 지은 뒤 세무서는 지금의 자리로 옮겨갔고, 한국담배인삼공
사 경주지점이 이어서 사용하고 있다.

한편 경주 관아의 동헌과 일승정 중 동헌은 지금의 법장사 건물임이 틀림없다. 그렇지만 일승정 건물의 철거와 잔재에 대한 기록은 없고 일제 강점기 때 사진 한 장이 전할 뿐이다. 1938년 동헌을 이건할 때 일승정 건물은 낡아 헐었을 것으로 본다.

6
맺음말

　경주읍성 내의 지형은 동쪽은 높고 서쪽은 낮은 동고서저형이다. 남문 징례문에서 북문 공진문을 중심으로 볼 때, 객사와 동헌 등 중요 건물은 모두 동쪽에 치우쳐 있고, 서쪽에는 관노官奴, 군기軍器, 옥獄 등이 있었다. 다시 남북 직선 통로 중 동쪽 T자형에 주요 건물이 배치되었다. 읍성 내 제일 높은 곳인 동쪽에는 객사, 서쪽에는 동헌, 북쪽 一자 지형에는 집경전이 위치했다. 객사가 가장 중심지에 있었으며, 동헌 건물보다 더 위압적이며 웅대했다. 1798년(정조 22)에 제작된『집경전구기도集慶殿舊基圖』를 보면, 경주 동헌 일승정一勝亭은 객사 바로 서쪽에 있는데, 곧 지금의 담배인삼공사 경주지점과 경주상공회의소 자리이다.

고려 말과 조선 전기에는 부윤 집무처가 있었으며 이를 아울러 의풍루라 하였다. 의풍依風이란 말은 관풍觀風과 같은 뜻으로, 백성들의 여망에 의해 다스린다는 의미다. 이후 동헌은 부윤의 집무 가운데 가장 중심적 공간이며, 제승정은 부윤이 유연遊衍하는 장소다. 조선 전기에 의풍루는 제승정이라 했다가, 후일 일승정이라 개칭하였다. 일승정은 곧 동헌을 상징하였다. 1884년(고종 21)에 일승정을 다시 지었을 때, 상량문을 지은 성암惺巖 최세학崔世鶴과 내헌耐軒 이재영李在永 등은 모두 일승정의 전신이 의풍루라고 표기했다. 집경전을 제외하고, 임란 이전 경주 관아의 기록은 의풍루와 객사의 글만 전할 뿐이다.

경주 동헌은 1622년(광해군 14) 부윤 김존경金存敬이 재임했을 때 완전히 복원하니, 임란이 지난 30년 후의 일이다. 상량문은 쌍봉雙峯 정극후鄭克後(1577~1658)가 지었다. 쌍봉은 "임란 때 집경전을 비롯해서 관아 전체가 잿더미로 변했고, 부윤이 정무를 보살필 공간마저 없어서 주민의 초옥을 빌려 관사로 사용했다."라고 했다.

경주 동헌을 제승정制勝亭이라 표기한 것은 1669년(현종 10)에 편찬된『동경잡기』가 최초다. 제승정은 1754년(영조 30) 4월에 이르러 부윤 홍익삼洪益三이 중수하고 일승정一勝亭이라는 이름으로 바꿨다. 그리고 일승정 동편 건물을 풍월루風月樓, 서편 건물을 망경루望京樓[28]라 했는데, 풍월루는 아마도 의풍루 자리에 지었을 것이다. 1798년(정조 22)에 만들어진『집경전구기도』에서는 경주 동헌과 일승정 건물은 따로 그려져 있다.

---

28) 一勝亭 在琴鶴軒南 舊制勝亭英祖甲戌(1754, 영조 30) 府尹洪益三 重修改名 東曰風月樓 西曰望京樓.
『東京通志』권7 宮室

일제는 경주군 청사가 협소하다며 새로 건립하기로 하였다. 일승정 건물은 어떻게 헐렸는지 기록은 없고, 동헌은 경매 처분했다. 장기부자 정두용이 이를 낙찰받아 이건한 후에 기림사 포교당이라 불렀다. 1938년에 세운 이들의 공덕비는 지금 법장사 뜰에 있다. 광복 후에 불국사 포교당으로 불리면서 경주 지역 불교학생회의 중심 공간으로 활용되었고, 한때 이를 대자사大慈寺로 했다가, 1970년 후반에 이르러 법장사라 고쳐 불렀다. 현재 법장사 대웅전은 정면 7칸, 측면 4칸의 팔작지붕이다. 이는 전통 사찰 건축 양식이 아니다. 법당은 물론 3칸 대문과 한 개 돌로 다듬어 만든 섬돌도 그렇다. 보존해야 할 가치가 충분한 건물이다.

II
동경관
東京館

1
머리말

　읍성 내 관아에는 각종 건물들이 즐비하게 자리 잡았고, 다양한 건축 구조와
각종 업무가 분담되어 있었다. 오늘날 시청市廳에서 보는 일반 행정은 물론이
고, 세무·병무·치안과 감옥의 사무에 이르기까지 모든 행정이 이뤄지는 민생
의 종합청사였다. 읍성 안에는 객관客館·동헌東軒을 비롯하여 부사府司·군기청
軍器廳·양무당養武堂·향사대鄕射堂·영선營繕·호적소戶籍所·창고倉庫·수조소受租
所·질대청作隊廳·선무청選武廳·의국醫局 등에 이르기까지 온갖 기관과 시설이 그
곳에 밀집되어 있었다. 이들은 수평적 상호 관계를 유지하는 것이 아니라 수령
을 정점으로 한 수직적 관계에 놓여 있었다. 지방 수령은 이들 사무를 모두 관

장하고 있었기 때문에 사실상 업무 분리가 불가능하였고, 그를 중심으로 상호 유기적 관계가 형성되고 있었다. 또한 이러한 시설물의 배치는 일정하게 이루어졌다. 즉 관아 내에서 가장 중심에 있는 건물은 수령의 집무소인 동헌이나 내아內衙가 아니라 객사客舍였다. 객사는 관아 건물 가운데 규모가 가장 웅장하고 넓었다. 그 이유는 무엇일까? 임금을 상징하는 전패殿牌와 중국 황제의 궐패闕牌를 이곳에 모셔 두고, 초하루와 보름에 망궐望闕 예를 올렸기 때문이다. 이뿐만 아니라 외국을 드나드는 행사行使나 지방을 오가는 관원들이 객사에 유숙하였다. 객사는 일반인이 아무 때나 투숙할 수 없는 여관이 아닌 신성한 공간이었다. 그리하여 읍성 전체의 구조와 제도에서 볼 때, 객사가 그 중심에 위용을 나타냈다. 객사 동루東樓에는 훈련원訓練院과 군기소軍器所 등이 있었고, 서루西樓는 문관文官이 사용하는 본부 향청 등이 자리하였다.[29] 일반적으로 무기나 군사와 관련된 건물이나 시설은 객사 동쪽에 위치하고, 문관이 거처하는 동헌 등은 서쪽에 있었다는 말이다. 경주읍성 내의 구조를 보면, 이를 그대로 반영하고 있다. 빈현루賓賢樓와 향사대 등의 건물은 객사 동남쪽에 있고, 동헌인 일승각—勝閣 등은 서북 방향에 있었다.

경상도에서 경주가 가장 큰 고을이고, 강원도와 삼남을 통틀어 관찰사 이외 부윤府尹이 파견된 곳은 경주와 전주뿐이었다. 또한 경주는 교통의 요지였다. 왜倭로 오가는 사신들의 행렬이 끊이지 않았고, 관원들의 영송迎送 의식이 잦았다. 이로써 갖가지 연회가 빈번할 수밖에 없었다. 이러한 과정에서 많은 인사들이 경주 객사에 머물며 시문을 비롯한 여러 가지 사료를 남겼다. 경주 객사

---

29) 김기혁 김성희, 「조선-일제 강점기 동래읍성 경관변화 연구」, 『대한지리학회지』제37권 4호, 2002, 317-336쪽

에 관한 문서가 상당 분량 전해졌을 것으로 추정되지만, 지금은 거의 전하지 않는다. 이 글은 흩어져 있는 각종 자료와 개인소장의 시문집 등에서 자료를 찾아 경주 객사의 위상을 규명하고, 그 창건 연대와 중수 과정 그리고 운영 실태 등 문헌이 미치는 범위에서 서술한다. 경주 객사의 구조물, 이를테면 현재 건물의 건축학적 구조와 실태 및 측정은 필자의 능력에서 벗어나 다루지 않는다.

2
동경관의 입지立地와 기능機能

　객사客舍는 지역마다 그 명칭을 달리 불렀다. 경주 객사는 동경관東京館, 전주 객사는 풍패지관豊沛之館, 개성 객사는 태평관太平館으로 불린 것이 그러한 예다. 한漢 고조高祖 유방劉邦이 패군沛郡 풍현豊縣 사람이라는 점에서 유래하여 건국의 시조나 제왕의 고향을 풍패지향豊沛之鄕이라 하며, 전주 객사가 이에 따라 이름을 풍패지관이라 지었다. 이러한 명칭은 그 지역의 역사와 문화의 특성을 함축적으로 나타낸 말이다. 동경관의 '동경東京'은 고려 때 평양을 서경西京, 경주를 동경東京이라고 부른 데서 비롯되었다. 그러나 경주 객사를 언제부터 동경관이라 불렀는지 알 수 없어서 우리는 객사 또는 동경관이라 혼용할 수밖에 없다.

객사는 관아의 중심지에 있었고, 또한 건물 규모도 제일 컸다. 객사의 동헌이나 서헌에 오르면 관아 전체 건물을 거의 볼 수 있음은 물론, 주변 산하山河의 풍광을 한눈에 조망할 수 있는 자리에 있어서 일반적으로 약간 높은 둔덕에 있다. 객사는 그 읍치邑治의 관할과 위상에 비례하였기 때문에 고을에 따라 그 규제가 조금씩 다르다.

객사 건물이 관아 심장부에 위치하여 우람한 위용으로 군림하게 된 것은, 앞

동경관에 봉안했던 전패(殿牌)
(국립경주박물관)

서 말한 망궐례望闕禮[30]와 망위례望慰禮[31]의 예가 이곳에서 행해졌기 때문이다. 즉 객사에는 현재 재위在位한 임금을 상징하는 전패殿牌와 궐패闕牌 양위兩位를 모셔 두었다. '궐闕' 자 또는 '전殿' 자를 새긴 위패 모양의 판을 두고 배례하였다. 그 위패의 규격이 정해져 있는 것은 물론, 도금해서 평소에는 황색 천을 덮어 둔다.[32] 망궐례는 매월 1일과 15일, 또는 중국 황제의 탄일이나 황태자의 탄일에 왕이 궁정에서 직접 행하였다. 각 지방 수령은 삭망일에 객사에서 망궐례를 행하였고, 대비전이나 중궁전 또는 세자

---

30) 매월 초하루와 보름 또는 왕과 세자 등 생일에 방백(方伯)이나 수령(守令)이 관속을 거느리고 객사에 나아가 봉안해 둔 위패(殿牌)에 배례하는 의식이다.
31) 지방 수령이 근무지에서 국상(國喪)을 당했을 때 행하던 조위(弔慰)의 예(禮)를 가리킨다.
32) 한삼근(韓三建), 韓國における邑城空間の變容に關する硏究, 京都大學大學院建築學科, 1993. 12, 89쪽 이하 참조

탄일에도 망궐례를 행하였다.[33] 『실록』에 망궐례 기록은 1401년(태종 1)으로, 이후 양위를 모시고 지속적으로 시행했을 것으로 사료한다.

이들 행사는 매우 엄숙하고 정성스럽게 행해졌으며 존엄 그 자체였다. 북향하여 망배望拜하는 이러한 의식은 광무 연간까지 거행되었다. 따라서 객사는 왕권을 상징하였기 때문에 관아 심장부에 있었고, 단순한 객사가 아닌 신성한 공간으로 간주되었다. 18세기에

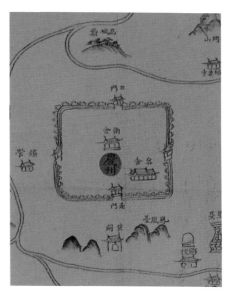

「경주도회좌통지도(慶州都會左通地圖)」
(규장각, 18세기 중엽)

나온 「경주도회좌통지도慶州都會左通地圖」와 「팔도지도」 경주부에서[34] 읍성 내 동경관이 제일 큰 건물로 그려진 것은 그 위상을 잘 나타내고 있다.

경주의 경우, 전패가 언제부터 동경관에 봉안되었는지 알 수는 없다. 1320년(충숙왕 7) 화재 때 대청大廳 등 소실된 건물을 나열하고 있으나, 전패에 대한 말은 없다. 1464년(세조 10)에 사가四佳 서거정徐居正(1420~1488)이 지은 「동도객사기東都客館記」에서 "새로 지은 객사에 단청을 입혀 그 광채를 더하고 낭무廊廡는

33) 每於朔望 上親行望闕禮 若値皇帝皇后誕日行之 値皇太子誕日 則行望闕禮 方伯守令 朔望 行望闕禮於客舍 若値大殿大妃殿中宮殿 世子宮誕日 行望闕禮 仁祖八年庚午 上行望闕禮 只刪去作樂舞蹈兩款 吏曹判書鄭經世 上箚 以爲冬至日 適是玄宮啓殯日也 當行望哭禮一日之間 兩禮竝行 實爲未安 請權停賀禮 上使議於大臣 大臣亦以爲鄭經世箚辭甚當 上乃依議 權停賀禮 只行望闕禮. 『春官通考』권46 嘉禮, 望闕禮
34) 조철제, 『경주의 옛 지도』, 경주시 경주문화원, 2016. 2.

날개처럼 짓고 담장을 빙 둘러쌓았다."35)라고 했다. 읍성 안에 다시 담장을 둘러싼다는 말은 다른 건물과 구별 짓기 위한 것이고, 또 일반 사람이 함부로 드나들 수 없게 하기 위함이다. 이 글을 두고 전패를 모셨다고 단언하기는 어렵다. 1552년(명종 7)에 객사에서 대형 화재가 발생하여 백여 칸의 건물이 소실되었다. 이 글에 '신별실新別室'36)이란 말이 나온다. 새로 지은 별실에 전패를 모셨을 개연성은 매우 높지만 확신할 수는 없다. 1555년(명종 10)에 부윤 이몽필李夢弼이 백여 칸의 객사를 다시 지었지만, 전패에 대한 구체적 언급이 역시 없다. 37)

1592년(선조 25) 왜란이 일어나자, 집경전 어용과 향교 성전 위패를 이봉移封했다는 기록38)은 있으나, 전패나 궐패를 옮겨 모셨다는 글은 없다. 임란 중에 지은 「동도벽상기東都壁上記」나, 전란 후 객사에서 열린 선온연宣醞宴에도 전패에 대한 말은 보이지 않는다. 『실록』에 망궐례와 전패에 관한 기사는 태종대부터 보이고 세종대에는 상례가 되었다. 39) 그러나 임란 이전의 경주 문헌에는 명시적으로 밝혀놓은 글이 없다.

1725년(영조 1)경에 동경관을 중수하고, 송국재松菊齋 이순상李舜相(1659~1729)

---

35) 施之丹艧 文彩炫耀 觀者罷之 甲申秋 辛通判 以監察召還 楊公石堅繼之 以次修繕 翼以廊廡 繚以垣墙. 「東都客館記(徐居正 撰)」

36) 府尹 李純亨 通政 壬子四月初二日 到任 同年十二月初二日亥時量 火起于客舍西軒 房内房子 失火 西延倚風樓東及大廳東軒 與新別室南行廊 合百餘間 燒盡.『慶州府先生案』

37) 府尹 李夢弼 嘉善 乙卯閏十一月初一日來 戊午正月日 上護軍去 百餘間客舍 咄嗟成之 不勞民力 民思立碑.『慶州府先生案』

38) 『慶州府先生案』壬辰年條 참조

39) 正至誕日使臣及外官遙賀儀, 其日未明 設殿牌於正廳當中 南向 設香卓於其前 陳儀仗於庭之東西 衆官具朝服入庭 使臣在東(無朝服使臣常服) 外官在西 相對爲首 異位重行 北向鞠躬四拜興平身(凡拜興跪 皆執事者唱 拜興時奏樂 後倣此 本無樂處 不用樂) 執事者上香 衆官俯伏興平身跪 執事者唱三叩頭 衆官三叩頭 執事者唱千歲 衆官拱手加額曰 千歲 唱千歲 曰 千歲 唱千千歲 曰 千千歲 衆官俯伏興四拜興平身 禮畢以次出.『세종실록』132권

이 지은「객사중수기客舍重修記」에 비로소 망궐례에 대한 말이 나오는데 그 내용은 다음과 같다.

> 하루는 (부윤이) 망궐례望闕禮를 행하고 말하기를, "객사는 위로 전패殿牌를 봉안하고 아래로 사신을 접대하는 곳입니다. 그렇다면 다른 관청과 달리 퇴락하면 바로 수리해야 하겠지요."라고 말하였다.[40]

당시 부윤은 동경관에 전패를 모셔 두고 있었기 때문에 다른 관아 건물과 달리 퇴락하면 서둘러 보수해야 한다고 말했다. 이 글에서 객사의 두 가지 큰 기능은 전패殿牌를 봉안하고 사성使星을 대접하는 일이다. 객사는 대청 중앙공간에 전패와 궐패를 모셔 두고 행례하는 일과 오가는 관원을 유숙하며 대접하는 장소라고 밝혔다. 망궐례의 의식은 조선 초기부터 시작해서 줄곧 거행되었다. 1888년(고종 25)에 경주 영장營將으로 부임한 윤 모가 있었다. 그는 1887년 11월에 제수되어, 이듬해 정월에 부임하였고, 그해 8월에 떠났다. 재임한 9개월 동안 매일 일기를 남긴 책이『동도록東都錄』[41]이다. 여기에 실린 일기를 보면, 초하루와 보름에 망궐례를 거의 빠뜨리지 않고 적었다.[42] 문암文巖 손후익孫厚翼

---

40) 一日 行望闕禮 迺日 夫客舍 上以奉殿牌 下以接使星 則異他公廨 宜亟葺之.『松菊齋遺稿』
41) 필사본이며, 규격은 가로 21㎝, 세로 28㎝이며 개인 소장이다. 영장(營將)은 파평 윤씨이고, 이름을 알 수 없으며, 청도(淸道) 사람이다. 각종 민폐와 작폐를 빠짐없이 적었고, 여러 전령(傳令)도 기록해 두었다. 영장이 남긴 일기는 흔하지 않다.
42) 戊子二月初一日 平明 行望闕禮.『東都錄』

(1888~1953)의 글을[43] 보면 망궐례는 일제 강점기 직전까지 행해졌던 것으로 사료된다.

1786년(정조 10)에 부윤 김이용金履容이 지금의 객사를 중창하였다. 규모는 옛 제도를 따랐으나, 북쪽에 돌기둥 열여섯 개를 세우고 신실神室과 제기祭器 등 전패에 대한 공간을 구체적으로 배치하였다.[44] 일제 강점기에 찍은 동경관의 전모 사진은 이때 중창한 건물이었다. 이를 통해 볼 때, 동경관의 전패는 임란 이전에 봉안했을 것으로 사료되지만, 관련 문헌이 전하지 않는다. 실제 조선 중기 이후의 글에 비로소 나타나지만, 임란 이전부터 봉안했던 것이라 추정된다. 동경관에 모셨던 양위 중 궐패는 전하지 않고, '전殿'자만 있는 전패는 국립경주박물관에 소장되어 있다.

또한 경주에는 태조 때부터 태조 이성계의 어용御容을 봉안해 왔다. 세종 때 집경전集慶殿이란 전호가 내려졌고, 임란 때 어용은 강릉으로 옮겨 모셨다가 소실되었다. 경주 인사들은 집경전을 복원하고 어용을 다시 봉안해야 한다고 끊임없이 조정에 청원하였다. 1796년에 정조는 사신과 화공을 경주로 보내「집경전구기도集慶殿舊基圖」를 그려 오게 하고, 직접「집경전구기集慶殿舊基」라는 어필을 써서 내려보냈다. 이처럼 집경전 중건은 경주 사람들의 간절한 요청으로 어필御筆이 내려졌다. 국왕을 상징하는 어용 대신 어필을 집경전 옛터에 비각을

---

43) 官長具盛服 而拜奠于客舍 退則靑皂諸輩 迭拜於衙門 鼓吹之聲 鉦鍾之音 四面踏至 出外者還 客居者去于斯時也… 一自近年以來 樓無告晨之鼓 官無客舍之禮 雖下民爲樂 而自上無可樂之事 至于今年(辛亥)則非徒上無可樂 下民亦不爲樂 泛泛然與平時無異耳.『文巖集』권1, 東都遇老嫗語感賦一詩幷叙

44) 宣祖壬寅 就南廳房遺址 營建正廳及東西軒 歲久朽敗 正宗丙午 府尹金履容 因舊制重新 北架十六柱 承以石柱 神堂 祭器庫 廊廡及門 並皆改構 此後 館構築之略也 後築者 至今存 俗稱客舍 在府衙東南.『東京通志』권7

세워 모셨다. 이를테면 집경전에는 태조에 대한 숭봉 의식이 있었고, 객사에서
는 '금상今上'에 대한 망궐 배례 의식이 거행되었다. 두 곳 모두 임금을 상징하
고 있었기 때문에 절대적 권위의 공간이었다. 관원이나 문사들이 동경관을 지
날 때면 말에서 내려 예를 표했는데, 이는 몽암蒙巖 정희鄭熺(1723~1793)의 글에
서 실례를 잘 보여주고 있다.[45] 「집경전구기도」에 나타나 있듯 경주 관아 안에
는 홍살문이 두 군데 세워져 있었다. 집경전구기 비각 앞에 있고, 동경관 남쪽
통로 앞에도 홍살문이 있었다. 물론 읍성 남문 앞에 세워진 홍살문은 동헌에 따
른 것이었다. 읍성 안에 있던 두 홍살문은 곧 일체이원적一體二元的 의례와 상징
성을 갖고 있었다.

읍성 내의 각종 의식과 전례典禮 행사는 수령의 집무소인 동헌에서 치러지는
것도 있었지만, 동경관에서 거행되는 경우가 훨씬 더 많았다. 그러므로 동경관
의 규모는 동헌보다 크고 장엄하였다. 1882년(고종 19)에 부윤 정현석鄭顯奭이 '동
경관東京館'이라 현판 글씨를 썼다.[46] 이때 그는 글씨를 쓴 뒤 낙관에 '신 정현석
臣鄭顯奭'이라 했다.

객사는 중앙에서 내려온 관원이 유숙하거나 왕명을 받들고 가는 행사行使 숙
소로 이용되었고, 간혹 연회 장소로 활용되기도 하였다. 특히 경주는 지리적으
로 서울로 오가는 일본 사신이 잦았다. 1580년(선조 13)에 일본에서 조선 한성으
로 가던 일본 사신 현소玄蘇가 경주 동경관에 머물러 당시 부윤 안종도安宗道의

---

45) 公爲校長 時 余忝貳席 嘗陪公 自校至南門內 輒下馬 曰客舍不遠 殿牌相望之地 何敢騎過. 『蒙巖集』권6,
「遺事」
46) 이 현판은 지금 국립경주박물관이 소장하고 있다.

대접을 받았다는 기록이 있다.[47] 객사에는 그 지방에서 충효에 뛰어난 사람을 포상하고, 그 업적을 게시하여 타의 규범을 삼게 하였다. 심지어 극심한 가뭄이 들었을 때는 기우제 장소로 활용하여 부민府民을 위무慰撫했다는 기록이 있고,[48] 거리를 측정할 때 읍성의 기점이 되기도 했다. 일반 행려객行旅客이 유숙하는 장소가 아니었지만, 동경관은 항상 많은 사람으로 붐볐다. 이를테면 조선 시대 객사는 그 지방 최고급 숙소 이상의 성격을 지니고 있었다. 동경관에는 많은 귀중품과 서책 등은 물론, 소속 노비와 토지가 있었을 것으로 추정된다. 그러나 아쉽게도 동경관에서 사용하던 물품이나 관련 사료史料가 전혀 전해지지 않고 있다.

---

47) 韓三建,「韓國における邑城空間の變容に關する硏究」,『歷史都市慶州の都市變容過程を中心に』, 東京大學大學院建築學科, 1993. 12. 80~100쪽
48) 甲戌(1814)夏 大旱 府伯 具牲幣 行祭各壇 連月不雨 幾無望秋 迺以州民之懇延 公于客館 齋沐誠禱 三日 大雨 府伯 出樂師 以迎街路鼓舞.『葛山集』(權宗洛)

3
창건創建과 전래

1) 창건創建과 그 내력來歷

935년에 경순왕敬順王 김부金傅가 고려에 항복하자, 왕건은 신라 수도를 낮춰 경주慶州로 하였다. 940년(태조 23)에 경주를 높여 대도독부大都督府로 삼고, 987년(성종 6)에 동경 유수東京留守로 고쳤다. 1012년(현종 3)에 유수관留守官을 폐하고 경주 방어사慶州防禦使로 낮추었다. 1014년(현종 5)에 안동 대도호부安東大都護府로 고쳤다가, 1030년(현종 21)에 다시 동경 유수東京留守로 하였다. 1202년(신종 5)에 동경에서 야별초夜別抄가 반란을 일으켜 주변 고을을 공격하여 약탈하자, 중앙에서 군사를 보내 이를 토평하였다. 이로써 1204년(신종 7)에 읍호를 낮추어 지경주사知慶州事로 삼았다. 1219년(고종 6) 다시 유수留守로 삼았고, 1308년(충렬왕 34)에 유수를 고쳐 계림부雞林府라 일컬었다. 조선조에 들어와서 1415년(태종 15)에 계림부를 경주부慶州府로 고쳤는데, 경주의 또 다른 이름은 낙랑樂浪이다.[49]

이렇듯 고려 시대의 경주 읍호邑號는 자주 바뀌었다. 태조 왕건이 고려를 건국한 후, 신라라는 국호는 없애고 고려의 한 고을인 '경주慶州'라 부른 이후에도 여러 번 고쳤다. 마침내 1308년(충렬왕 34)에 계림부라 일컫고, 1415년(태종 15)에 경주부로 삼음으로써 정착하게 되었다. 다른 지역과 달리 경주 읍호 변천은 경주 권역의 축소를 의미한다. 고려 시대 삼별초의 난 등을 겪으면서 읍호가 강등되자 읍치는 줄어들었고, 조선 시대 역시 먼 거리의 속현이 분설되어 나갔다.

고려 시대 '치사경주置司慶州'라 하여 경상도 감영을 계속 경주에 두었다. 신라 이후 많은 인구가 분산되어 왕도는 폐허로 변했지만, 관부인 읍사邑司는 여전히 남아 있었다. 허물어진 왕성인 월성은 방치한 채 서북쪽인 지금의 읍성을 다시 축조하여 읍사로 삼았다. 물론 읍사에는 감영과 부사府司가 병존하였다. 경상도 감영은 1407년(태종 7)까지 경주에 있었고, 1425년(세종 7)에 상주로 옮긴 것으로 밝혀졌다. 같은 해 관찰사 하연河演이 지은 「경상도영주제명기서慶尙道營主題名記序」에는 '본영 경주本營慶州'라고 기록되어 있다. 이것으로 보아 당시 관찰사는 상

---

49) 高麗太祖十八年乙未(卽後唐廢帝淸泰二年) 敬順王金傅降于高麗 國除爲慶州(新羅自稱赫居世至金傅 傳五十六王 九百九十二年) 二十三年庚子(後晉高祖天福四年) 陞爲大都督府 成宗六年丁亥(卽宋太宗雍熙四年)改爲東京留守 顯宗三年壬子(卽宋眞宗大中祥符五年)廢留守官 降爲慶州防禦使 五年甲寅 改安東大都護府 二十一年庚午(宋仁宗天聖八年)復爲東京留守 神宗五年壬戌(卽宋寧宗嘉泰二年)東京夜別抄作亂 攻刦州郡 遣師討平之 七年甲子 降爲知慶州事 高宗六年己卯(宋寧宗嘉定十二年)復爲留守 忠烈王三十四年戊申(卽元武宗至大元年)改稱雞林府 本朝太宗十五年乙未(卽大明太宗永樂十三年) 改爲慶州府 別號樂浪(淳化所定).『世宗實錄』150권, 경상도 지리지, 경주부.

주 목사를 겸임하고 있었으나 본영은 여전히 경주에 있었음을 뒷받침하고 있다. 1432년(세종 14)에 경상도 본영이 경주에서 상주로 옮겨갔다. 임란 때 경상도는 지역이 넓고 도로가 원활하지 못하다 해서 좌도左道와 우도右道로 나뉘었다. 이때 좌도는 경주, 우도는 상주에 감영을 두었다. 이후 도를 합하여 감영을 잠시 성주 칠곡에 두었다가, 1601년(선조 34)에 대구로 옮겨 근래까지 이르렀다.

고려 때 경주는 신라의 수도이자 삼경三京의 하나였다. 987년(성종 6)에 동경유수라 고쳤고, 10년 후 성종이 경주를 찾았다. 신라 이후 금상今上 곧 현재 임금으로서 경주로 행차한 군주는 고려 성종과 충렬왕이었고, 이후 조선 시대에는 없었다. 930년(경순왕 4)에 왕건이 서라벌에 머물렀고 또 신광면에 들러 토성을 쌓은 후에 신광진神光鎭이라 했다는 기록과, 폐위된 의종이 경주 곤원사坤元寺에서 시해당한 일은 왕의 행차로 볼 수 없다. 신라가 망한 60여 년 후에 성종의 경주 행차는 큰 의미가 있었다.

997년(성종 16) 8월에 성종이 동경을 찾아 여러 신료와 군사들에게는 잔치를 베풀고, 각각 물품을 차등 있게 내렸으며, 중외 관원들에게도 각기 공훈의 품계를 더해 주었다. 절의를 다한 주민 및 효자와 효손에게 정문旌門을 표하고 물품을 내렸으며, 죄수를 풀어주도록 하였다. 9월에 흥례부興禮府(울산)에 행차하여 태화루太和樓에 올라 여러 신하들에게 잔치를 베풀었다. 바다에서 큰 고기를 잡았다. 그런데 왕이 병환이 있어서 동경을 통해 송도로 돌아갔다. 10월에 왕의

병세가 더욱 심해졌고, 이로써 돌아가니, 수는 38세이고, 재위 16년이다.[50]

젊은 성종이지만 지방 행차로 인해 피로가 누적되었을 것이고, 더운 여름철에 강행군해서 병을 얻은 것으로 보인다. 성종은 한 달 동안 경주에 있으면서 내외 신료들을 위로하고, 동경의 효자와 효부를 찾아 표창하였다. 이뿐만 아니라 신라 유민遺民의 정서를 진무鎭撫하는 데에도 의미가 있었을 것이다. 임금이 궁성을 떠나 지방에 임시 머무는 곳을 행재소라 한다. 그렇다면 경주의 행재소는 어디였을까? 경주읍성은 1012년(현종 3)에 처음 쌓았다. 읍성은 없었지만, 관부官府인 사司에 따른 객관客館이 있었다.

1173년(명종 3)에 폐위된 고려 의종毅宗이 거제도에 귀양 가서 있었는데 김보당이 보낸 군사들에 의해 의종이 경주에 오자, 주민들이 그를 객사에 유폐시키고 역신 이의민을 맞았다. 이로써 이의민이 곤원사 북쪽 연못가에서 의종을 시해한 끔찍한 사건이 발생하였다.[51] 여기에서 경주 객사란 말이 최초로 나타났다. 계수관인 동경 유수관이 경주에 오면 객사에 머물렀다. 성종이 경주 왔을 때 묵은 곳도 역시 객사였다. 의종이 잠시 유폐되었던 곳이 객사이며, 충렬왕도 며칠 머물다 갔다. 고려 시대 객사는 임금뿐만 아니라 수많은 사신使臣과 문인들이 들러 묵었던 곳이다. 이로써 고려 초부터 객사는 관부와 더불어 병설되

---

50) 丁酉十六年秋八月乙未 幸東京 宴群臣扈從臣僚軍士 賜物有差 中外官 各加勳階 義夫節婦孝子順孫 旌門 賜物 遂頒赦 九月 遂行興禮府 御太和樓 宴群臣 捕大魚於海中 王不豫 乙巳 至自東京 冬十月戊午 王疾 大漸 …… 薨 壽三十八 在位十六年.『高麗史』권3

51) 州人 …… 幽毅宗于客舍 使人守之 乃引義旼等入城 出毅宗 至坤元寺北淵上.『高麗史』권41, 列傳

어 있었음을 알 수 있다. 경주는 신라 이후 웅주雄州로서 중앙에서 내려온 관원들은 물론 왜로 통하는 사신 행렬이 끊이지 않았다. 이들이 묵은 객사의 그 건물 규모도 타 건물보다 더 가려佳麗하고 웅장했다. 동경관에 관한 기록은 고려 말에 비로소 나타난다. 가정稼亭 이곡李穀(1298~1351)이 지은 「의풍루기倚風樓記」, 정인지鄭麟趾(1396~1478)의 「빈현루기賓賢樓記」, 서거정徐居正(1420~1488)의 「동헌기東軒記」가 그것이다. 이를 통해 고려 말과 조선 초의 경주 객사 면모를 대강 살펴볼 수 있는데 이는 뒤에 적는다.

또한 역대 지방 장관으로 부임한 사람이나 지나는 시인 묵객들이 이곳 객사에 머물며 많은 시문을 읊었을 것이다. 이곡이 객사 내부를 살펴보니, 마침 설당雪堂 김군수金君綏(생졸 미상)의 시 한 편이 걸려 있었다. 다음은 김군수의 시 「동도객관東都客館」이다.

무열왕의 후손이며 문렬공의 가문이니　　　　　武烈主孫文烈家

계림의 진골로 어찌 자랑하지 않으랴.　　　　　雞林眞骨得無誇

동쪽 하늘 끝자락에 고향이 있었는데　　　　　故鄕尙在天東角

이제 왕명을 띠고 찾게 되어 다행이라네.　　　　今幸來遊作使華

김군수는 본관이 경주이며 김부식金富軾의 손자로, 명종 때 문과에 장원급제하였다. 문렬文烈은 김부식의 시호이므로 '문렬가文烈家'라 썼다. 신라의 진골 출신이며 김부식의 손자로서 어찌 가문을 자랑하고 싶지 않았겠는가, 그러나 관향 경주가 워낙 멀리 떨어져 있어서 쉽게 올 수 없었는데, 다행히 왕명의 임무를 띠고 찾게 되었으니, 더 없는 행운이라 했다. 이 시가 경주 객사에 관한 최초의 글이다.

그런데 이곡은 경주 객사에 이상하게도 김군수의 시 한 수만 전할 뿐 다른 시문이 없었다고 했다. 주위 사람들에게 물어보니, 객사 화재로 모든 현판이 잿더미로 변했다는 것이다. 그렇다면 김군수의 시는 왜 홀로 남게 된 것이냐며 의아해하고 있다. 당시의 상황을 정확하게 파악할 수가 없다. 고려 시대 객사의 창건 연대는 정확히 알 수 없다. 성종이 한 달간 유숙하고 간 일과, 김군수의 시가 전하는 것이 전부다.

경주 객사는 언제 창건되었는지 모르지만, 1320년(충숙왕 7) 화재로 객사가 소실된 것으로 기록되어 있다.[52] 앞서 이곡이 말한 '지난번 객사 화재 때[曩客館灾]'는 아마 이 해의 화재를 이른 것으로 추정된다. 『부선생안』에는 당시 화재를 다음과 같이 간략하게 기록하고 있다.

> 1320년 12월 27일 한밤중에 객사 동·서의 상방上房과 대청大廳·남대청南大廳·부거방副車房·양루凉樓·선군청選軍廳·의풍루倚風樓·영고營庫와 동서의 행랑 등 71간이 소실되었다.[53]

대형 화재였다. 당시 객사 규모와 부속 건물은 어느 정도였는지 가늠할 수 있다. 동서의 누와 상방, 대청과 양루凉樓 및 의풍루 등 객사와 그 주변 건물은 수

---

52) 不傳所始 高麗忠肅王庚申火 世祖甲申重建. 『東京通志』권7 宮室

53) 庚申十二月二十七日三更量 客舍東西上房 及大廳 南大廳 副車房 凉樓 選軍廳 倚風樓 營庫 東西行廊 幷七十一間 燒火. 『府先生案』

백 칸에 이르렀다. 인근에 있는 관아 부속 건물과 민가를 덮쳤다. 이 같은 화재
를 겪었으나, 의풍루 현판과 김군수의 시 판만 소실되지 않았다. 이외에 고려
때 객사의 기문은 물론 문사들이 찾아 읊은 시문도 전하지 않는다.

1320년(충숙왕 7) 화재 이후, 객사는 오랫동안 중건되지 못한 채 방치되었다.
그사이 고려가 망하고 조선 왕조가 건국되면서 무너진 공해公廨를 새로 짓거나
보수하였다. 그러나 객사는 좀처럼 중건할 기미를 보이지 않다가 1464년(세조
10)에 이르러 새로 지어졌다. 이때 서거정徐居正이 「동헌기東軒記」를 지었다.

내가 젊었을 때, 이름난 곳을 찾아 영남을 유람하며 경주에 이르렀다. 번화함
과 아름다움은 경주가 동남 여러 고을 가운데 으뜸이었으나, 객관이 누추하고
좁았다. 의풍루 한 채가 있으나, 여기 올라가 먼 곳을 바라보며 답답한 심회를
펼 수 없음이 한스러웠다. 이것이 이 고을의 큰 결점이었다. '신라가 경주로 된
것은 고려 때부터 이미 5백 년이 되었다. 고을 수령으로 온 사람 가운데 어진 사
람이 몇 명이며, 유능한 사람이 얼마나 있었는지 모르겠으나, 어찌하여 한 사람
도 무너진 객관을 수리하지 않고 이렇게 놓아두었단 말인가!54)

1320년 화재 이후 왜구 침입과 정변 등으로 객관을 중수할 겨를이 없었다. 서
거정이 '객관이 누추하고 좁아서[館宇湫溢]'라고 표현한 것처럼, 고려 이후 중수되
지 않았음을 알 수 있다. 물론 의풍루가 있었으나, 역시 초라하고 협소했다. 이

---

54) 居正 少嶺南 歷名區 抵于慶 繁華佳麗 實東南諸郡之冠 第恨館宇湫溢 雖有倚風一樓 不足以登眺暢敍 是
一州之大欠 竊以謂慶爲州 自高麗氏 已五六百年 吏于州 不知賢幾能幾 何無一人修擧廢墮 至於是哉.
「東都客館記」(徐居正)

글을 더 살펴보면,

  1462년(세조 8) 겨울에 부윤 김담金淡과 판관 신중린辛仲磷이 경상도 관찰사 권개權愷에게 품의하여 객관을 신축하기로 했다. 이듬해 1463년(세조 9) 여름에 부윤 정흥손鄭興孫이 새로 부임하여 옛터에 그 규모를 더 크게 경영하였다. 이때 영의정 신숙주申叔舟와 대사성 김영유金永濡가 그 일을 아름답게 여기고, 장인匠人 서휴徐休를 보내 공사를 감독하도록 했다. 대청 5칸을 세워 앞뒤에 툇마루를 붙이니, 규모가 크고 넓었다. 동·서헌이 있는데, 각각 상방上房과 협실夾室이 있어서 시원하고 따뜻했으며, 건물에 단청까지 입혔다. 갑신년(1464, 세조 10) 겨울에 통판 신중린에 이어 양석견楊石堅이 후임으로 와서 일을 승계하고 수선하여 낭무廊廡를 붙이고 담을 둘러쌓아 공사를 끝냈다.[55]

  2년여에 걸친 공사 끝에 객관을 다시 지은 것이다. 『부선생안』에, 부윤 정흥손이 중건한 객관은 대청과 동헌과 서헌 및 서쪽 행랑을 조성한 것으로 기록되어 있다.[56] 앞서 협소한 객사를 훨씬 더 확장하고 담을 새로 쌓았으니, 120여 년 만에 객사의 옛 모습을 되찾은 것이다. 이 규모는 고려 때의 그것과 어떤 차이

---

55) 壬午冬 奉使至于慶 吾友金資憲淡爲尹 辛承議仲磷爲通判 監司福川權公 觴予倚風樓上 予擧前說而告之 尹笑日 子先得我心 我已謀諸通判 將重新客館 積材陶瓦 以待時月耳 監司聞而亦可之 居正日 慶之新重 其有數乎 得賢尹賢通判 又得賢監司 志同議協 事可指日爲也 未幾 金尹而吏曹判書召還 癸未夏 蓬原鄭公興孫繼尹 辛通判具其由事由 因客館舊址 增大其規模 將經營締構 而鄉之大族領政申公叔舟 大司成金公永濡 又嘉其事 遣梓人徐休董其役 先起大廳五間 前後有楹 宏敞廣豁 東西有軒 各有上房俠室 凉燠得宜 施之丹艧 文彩炫耀 觀者譁之 甲申秋 辛通判 以監察召還 楊公石堅繼之 以次脩繕 翼以廊廡 繚以垣墻 事幾告成. 上同.

56) 嘉善大夫 慶州鎭 兵馬節制使 慶州府尹 兼勸農事 鄭興孫 癸未閏七月二十八日 到任 甲申年 客舍大廳 東西軒 西行廊造成 丙戌二月 行司直去.『慶州府先生案』

가 있는지 알 수 없으나, 거의 웅부雄府에 걸맞은 객관을 지었음에 틀림없다. 그러나 불행하게도 또 객사에 화재가 발생하여 30여 칸을 태웠다.

갑신년(1464) 3월 1일 밤 초경에 선군청選軍廳을 중창하여 서객사西客舍라 불렀는데, 이곳에서 불이 났다. 의풍루 및 동허청東虛廳과 서쪽 찬반청饌飯廳 등 30여 칸이 소실되었다.[57]

위의 두 기록은 연대가 맞지 않는다. 『부선생안』에는 1464년(세조 10) 3월에 화재가 나서 30여 칸을 태웠다 하였고, 서거정의 서문에는 이해 겨울에 객사 중건을 마무리했다고 기술하였다. 이는 화재가 일어난 그해에 다시 지었다는 기록이 아니다. 『부선생안』에 부윤 정홍손이 객사를 중창했다는 기록만 보이는 것으로 보아 서거정의 서문이 오류인 듯하다. 또한 갑신년 화재 때 객사 본청이 소실되었는지 알 수 없다. 위의 기록이 맞다면, 의풍루·동허청·서쪽 찬반청 등 30칸이 소실된 것으로 적고 있으나, 대청大廳과 남대청 등에 대해서는 아무런 말이 없다. 따라서 이때 객사 본관 건물은 화재를 모면했을 가능성이 높다. 1468년(세조 14)에 부윤 이염의李念義가 다시 의풍루를 지었다[58]는 기록은 보이나, 객사에 관한 말은 없다. 그 후 객사는 1467년(세조 13) 11월 25일에 다시 화재가 나서 객사 대문과 남쪽 행랑 8칸이 소실되었다.[59] 그 후 85년이 지난 1552년

---

57) 甲申三月初一日初更量 選軍廳重創 稱爲西客舍 出火 倚風樓 及東虛廳 西饌飯廳 合三十餘間 盡燒.『府先生案』

58) 嘉善大夫 慶州鎭 兵馬節制使 慶州府尹 李念義 丁亥四月十八日到任 戊子年 倚風樓 造成 己丑閏二月初十日 行司猛去.『府先生案』

59) 丁亥十一月二十五日二更初 客舍大門 南邊行廊八間 火燒.『府先生案』

(명종 7)에 큰 화재가 객사에서 다시 발생했다. 이때의 참상은 전대에 찾아볼 수 없을 정도로 피해가 막대했다.

　　임자년(1552) 12월 2일 밤 8시경에 객사 서헌에서 화재가 발생하여 방내房內와 방자房子가 소실되었다. 불은 서쪽으로 옮겨 의풍루 동쪽과 대청·동헌 그리고 새로 지은 별실別室·남쪽 행랑 등 모두 백여 칸이 소실되었다. 이 화재로 신라 때부터 전해오던 큰 청동화로靑銅火爐가 불에 탔는데, 그 무게가 3백 25근 15냥이었다. 이 사건을 경상감사에게 알려 조정에 보고하자, 조정에서 특별히 도승지 권철權轍을 파견하니, 경상감사 정응두丁應斗가 수행하였다. 계축년(1553) 정월 9일 경주부에 들러 3일간 머물렀고, 집경전集慶殿에 나아가 위안慰安 제사를 드렸다.[60]

　　그러나 『실록』에는 먼저 도승지 권철을 경주에 보내 집경전을 살펴보도록 했는데 마침 객관에 화재가 발생하여 위안제를 올렸다[61]고 기술하였다. 어쨌든 1464년(세조 10)에 객사를 중수한 지 근 90년 만에 다시 화재가 발생하여 대청과 부속 건물이 전소되고 말았다. 한겨울 야간에 객사 서헌에서 일어난 불길은 순식간에 객사 전체의 주요 건물을 덮쳤다. 당시 읍성 안에는 우물 80개, 4개 하

---

60) 府尹 李純亨 通政 壬子四月初二日 到任 同年十二月初二日亥時量 火起于客舍西軒 房內房子 失火 西延倚風樓東及大廳東軒 與新別室南行廊 合百餘間燒盡 羅代所傳 靑銅大火爐並燒 其重三百二十五斤十五兩也 報監司馳啓 特遣都承旨權轍 監司丁應斗隨行 癸丑正月初九日 入府留三日 行集慶殿 慰安. 『府先生案』
61) 己卯 遣都承旨權轍 往省慶州集慶殿 時 慶州館 出火故 行慰安祭. 『王朝實錄』 명종 8년 1월 2일 己卯條.

천, 1개 연못, 9개의 샘이 있었다[62]고 하였지만, 삭풍을 타고 번진 불길을 잡기에는 역부족이었다. 부윤 집무실인 의풍루는 물론이고, 객사 본관에 보관되어 있던 각종 기물과 서적 등이 모두 소실되었다. 참으로 안타까운 일은 신라 때부터 전해오던 큰 청동화로가 불에 타버렸다는 것이다. 이 청동화로의 제작 연대는 알 수 없고, '나대소전羅代所傳'이라고만 밝히고 있다. 무게가 3백 25근이나 되는 대형화로가 객사 대청 중앙에 놓여 있어서 겨울철의 난방 구실은 물론 귀중한 문화 유물로 인식되고 있었다. 그러나 화마가 지나간 곳에는 아무것도 남아 있지 않았다.

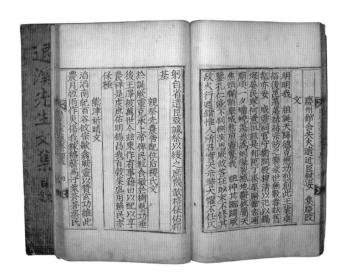

경주객사 화재 후 집경전에 올린 위안제문(『退溪集』권45)

62) 慶州邑城 周廻六百七十九步 內廣二十五結五十五卜 井八十.『慶尙道地理志』慶州府條
    內有井八十…內有四川 一池 九泉.『輿地圖書』慶州府(1765), 필사본

1552년(명종 7) 화재로 인한 피해가 워낙 컸으므로, 이듬해 나라에서 도승지 권철을 보내어 집경전에서 제사를 올리고 위안하였다. 태조는 자신의 어용을 경주에 보내 모시게 하였다. 이 진전眞殿은 1442년(세종 24)에 '진경전'이란 전호가 내렸다. 새로 도임到任한 수령의 첫째 업무는 이곳에 들러 배알하는 것이었고, 중앙에서 관원이 내려와도 반드시 먼저 집경전에 나아가 배례하는 것으로 직무가 시작되었다. 이처럼 당시 집경전은 경주에서 절대적인 성역이며, 일반인이 함부로 접근할 수 없는 신성한 공간이었다. 도승지 권철이 경상도 감사 정응두를 대동하고 이곳에서 위안제를 올렸던 것도 그러한 이유이다. 당시 위안문은 퇴계 이황이 지었다. 퇴계는 이 글에서, 동헌과 객사는 집경전에 인접해 있는데, 하룻저녁 화재로 모두 잿더미가 되었음을 안타까워하고, 이는 수정修政의 잘못이었다[63]고 자성하였다. 소실된 객사는 공공기관이기 때문에 오랫동안 내버려 둘 수 없었다.

　　1555년(명종 10)에 부윤 이몽필李夢弼이 부임하여 1백여 칸의 객사를 중건하였다.[64] 객사가 소실된 지 3년 만에 1백여 칸의 건물을 다시 지은 것이다. 객사는 경주 관아의 상징적 건물이고, 관부官府의 주요 행사가 이곳에서 이루어졌다. 따라서 소실된 객사를 속히 중건해야 한다는 중론이 제기되었으나, 관민의 물력이 엄청나게 소비되었다. 부윤 이몽필은 민폐를 끼치지 않고 순조롭게 대형 공

<hr/>

63) 明明我祖 誕天降德 克懋功烈 創此王業 垂裕後昆 蕩蕩赫赫 宗祈之饗 永世無斁 眷玆舊都 亦安威靈 祠官守衛 閟殿穆淸 以祀以錫 海晏民寧 何意祖玆 是邦阨丁 渠渠廨館 密邇廟壞 一夕燔燒 蕩悉爲烟 爆裂撼地 鬱攸屬天 焦頭爛額 擧城熬煎 震驚我祖 神其躑躅 厭鑒孔仁 能不惻惻 深思厥故 咎在眇末 不修其政 火行酒錯 惟人所召 實天示警 大懼不任 仄躬自省 遣臣致誠 祭以綏之 庶幾歆格 保佑邦基.『退溪先生文集』권45,「慶州館舍失火 遣近臣 慰安集慶殿文」
64) 府尹 李夢弼 嘉善 乙卯聞十一月初一日來 戊午正月日 上護軍去 百餘間客舍 咄嗟成之 不勞民力 民思立碑.『慶州府先生案』

사를 마무리하였다. 그가 경주를 떠날 때, 부민들이 송덕비를 세워 그를 칭송한 것을 보면 목자牧者의 덕과 역량이 어디 있는가를 보여준다.

임란 2년 전인 1590년(선조 23) 12월 11일에 다시 객사 서헌에서 불이 나서 대청과 동헌 등이 소실되었다. 좌부승지 이충원李忠元이 집경전 위안 제관으로서 이듬해 정월에 내려와 경상 감사 홍성민洪聖民과 함께 제사를 올렸다.[65] 이 사실을 『실록』에는 다음과 같이 기록하고 있다.

「팔도지도 경주부」(18세기 후반, 국립중앙도서관)

선조 23년(1590) 12월 23일 신묘에 경상감사가 글을 올렸다. "경주부의 첩정牒呈에, 이 달 11일 밤에 객사 서헌에서 불이 났습니다. 마침 거세게 부는 서풍을 타고 대청과 동헌까지 모두 타버렸다고 합니다. 객사는 집경전에서 매우 가까운 곳에 있으므로 필시 (신이) 경동驚動하셨을 것이오니, 매우 미안합니다. 위안제를 지내야 하는지(의 여부)에 대한 조정의 명령을 기다리고 있습니다."라고 하였는데, 예조에서 하계下啓하였다.[66]

---

65) 庚寅十二月十一日 客舍西軒 出火 大廳東軒幷燒 左副承旨李忠元 以集慶殿慰安祭事 辛卯正月初九日 下來 與監司洪聖民 十一日 行祭. 『慶州府先生案』

66) 慶尙監司書狀 慶州呈內 今月十一日夜間 客舍西軒起火 適値西風大作 大廳東軒 並爲燒盡 客舍在於集慶殿至近之處 必致驚動 極爲未安 慰安祭當行與否 朝廷命令事 啓下禮曹. 『王朝實錄』 선조 23년 12월 23일 辛卯條.

이는 경상도 관찰사가 경주부에서 보낸 글을 보고 다시 조정에 보고한 내용이다. 객사 서헌에서 발생한 불은 서풍을 타고 대청과 동헌을 덮쳐 삽시간에 전소시켰다. 대청과 동헌이 전소되었다는 것은 객사 본체가 소실되었다는 말이다. 이 화재로 집경전에 봉안되어 있던 어용이 놀랐을 것이므로, 위안제를 지내는 것이 타당한가를 나라에 물었던 것이다. 객사는 이렇게 해서 임란 바로 전에 일부 건물이 소실되었다. 객사와 관아의 건물은 화재로 소실된 채 복구되지 못하고, 다시 임란의 참상을 겪기에 이르렀다.

2) 임란과 동경관

임란 때 왜구가 경주읍성을 탈취했다는 말은 읍성의 심장부인 객사를 점령했다는 의미이다. 1592년(선조 25) 4월 21일에 적들이 경주읍성에 입성하였고, 우리 군사와 치열한 싸움을 계속하다가, 그해 9월 8일에 왜인들은 성을 비우고 도망갔다. 혼연일체가 되어 선전한 관민도 읍성을 수복하는 데 크게 공헌했으며, 다른 요인은 아군이 왜적의 조총에 대항할 수 있는 신식 무기 비격진천뢰飛擊震天雷를 갖고 있었다는 점이다. 이 무기는 본래 금나라 사람들이 만든 화포인 진천뢰震天雷를 개량한 것이다. 쇠로 만든 통속에 화약을 넣고 불을 붙이면 폭발하였다. 그 소리가 우레 같아서 백 리 밖까지 들렸고, 15평 이상의 땅을 불태운다고 했다. 이러한 무기 기술을 도입하여 제조한 사람은 경주 외동에 살았다는 화포장火砲匠 이장손李長孫이다. 아군이 이 포탄을 쏘아 올려 떨어뜨린 곳은 객사 마당이었고, 왜구들은 처음에 그것이 무엇인지 몰랐다. 사람들이 모여서 보고

임란 때 사용한 비격진천뢰(경주문화원 향토사료관)

굴리며 다투어 구경하다가, 얼마 후 화포가 그 속에서 터져 소리가 천지를 뒤흔들고 쇠 파편이 밤하늘에 별처럼 쏟아졌다. 이에 적들이 넘어지고 죽은 자가 30여 명이었고, 맞지 않은 자도 또한 엎어지고 자빠졌다. 적들은 이 무기의 정체를 알지 못한 채 모두 '신神'이라 말하고, 이튿날 부산 방면으로 도망갔다고 기록하였다.[67] 적들이 물러간 읍성 안에는 온전히 남아 있는 건물이 없었다. 아군과 적군의 시체가 헤아릴 수 없이 많았고, 일부 잔재로 남아 있던 객사와 동헌도 모두 전소되고 말았다. 『부선생안』에는 당시 참상을 이렇게 기술하고 있다.

---

67) 宣祖壬辰五月日 慶州城陷 兵使朴晉 率左道兵萬餘 進薄城下 九月八日夜 晉使人 潛伏城下 發飛擊震天雷 入城中 墮於客舍庭中 衆不曉其制 爭聚觀之 相與推轉 而謗視之 俄而 炮自中而發 聲振天地 鐵片星碎 中仆卽斃者 三十餘人 未中者亦顚仆 衆不測其制 皆以爲神明 日遁去 遂復城 飛擊震天雷古無其制 有軍器寺火砲匹李長孫(卽慶州人)創出 以大碗口發之 能飛五六百步 墮地 良久 火自內發 (以上見懲毖錄) ○ 鐵丸一介 今莊在金東广得福後孫家. 『慶州邑誌』

(적들은) 9월 8일 밤에 부산 방향으로 도망갔다. 성안의 모든 관아 건물은 소실되었고, 남은 것은 빈현루와 두 개 창고이다. 다행히 창고 속에 남은 곡식이 많아서 경주 및 여러 고을의 군사와 백성에게 나눠주니, 모두가 활기를 되찾았다. …… 본부 경주는 신라의 고도다. 예부터 전해 오던 귀중한 옛 책이 병화兵火로 모두 없어졌고, 지금 남은 것은 『본도지리지本道地理誌』·『속지리지續地理誌』·『영주선생안營主先生案』·『부윤판관선생안府尹判官先生案』·『신라시조세계족보新羅始祖世系族譜』 등 약간뿐이다. 전란으로 위급했을 때, 아전 최락崔洛이 이들 귀중한 전적을 보전하기 위해 땅을 파고 깊이 숨겨 두었다. 적들이 물러간 뒤에 다시 이를 깊은 산사山寺[68]에 옮겨 두었으므로 끝내 병화를 면했다.[69]

빈현루 등 일부 건물을 제외하고 거의 모두 소실되고 잔해만 남았다. 동헌과 객관도 모두 잿더미로 변했다[公廨館宇 盡爲灰燼]고 기록되어 있다. 이뿐만 아니라 관아에 배치되어 있던 호적대장 등 각종 문적과 귀중한 서책이 모두 불탔다. 다행히 아전 최락崔洛의 지혜와 노력에 힘입어 『본도지리지本道地理誌』 등을 온전히 전할 수 있어서 매우 다행스럽다. 그러나 『영주선생안營主先生案』과 『부윤판관선생안府尹判官先生案』을 제외한[70] 나머지 책은 뒷날 어떻게 되었는지 전하지 않고 있다. 왜구가 물러난 후 집경전 앞에 땅굴이 파여 있었는데, 혹자는 죽은 사람

---

68) 경주시 암곡리에 있는 무장사(鍪藏寺)를 말한다.
69) 九月初八日夜 遁釜山之路 公廨館宇 盡爲灰燼 所餘者 賓賢樓及兩倉 倉中餘穀極多 一境與列邑軍民 咸賴生活 …… 大槪本州 乃新羅古都也 前古流傳 可關古跡 盡亡於兵火 遺在於今日者 唯本道地理誌 續地理誌 營主先生案 府尹判官先生案 新羅始祖世係族譜等 若干而已 當其急難之日 老吏崔洛 將此寶籍 堀坎深埋 乃於賊退後 移置于幽僻山寺 終免烈焰 使之傳於後世. 崔洛 所記『慶州府先生案』
70) 이외 『府司先生案』 곧 『호장선생안』은 여기서 말하지 않았지만, 현재 전하고 있다.

을 묻은 곳이라 했다. 객사는 모두 소실되고 서청관西淸館만 남아 있었다. 서창西倉에 쌓아둔 곡식은 그대로 있었으나, 동창東倉에 있던 쌀 천여 섬은 적들이 다 먹어 치웠다. 성안에 집들은 판자처럼 누웠고, 담장은 포탄을 맞아 크고 작은 구멍이 뚫려 있었다.[71] 이는 9월 14일 청허재淸虛齋 손엽孫曄(1544~1600)이 당시 참상을 직접 목도하고 기술한 내용이다. 여기서 말한 서청관은 어느 건물을 두고 이른 것인지 모른다.

한편, 그 후 적들은 1597년(선조 30) 9월에 청정淸正 등이 5일간 경주를 강점하고 머물면서 분황사의 금불과 9층 고탑 등을 불태웠다. 지난 임진년 이후에 비해 5일 동안 머물 때 훨씬 더 큰 피해를 남기고 적들은 울산 도산으로 물러났다. 임란 중 왜구가 경주 관아를 강점한 기간은 임진년 4개월 반과 정유년 5일에 지나지 않는다. 그렇지만 적들이 남기고 간 피해는 너무도 크고 비참하였다. 생민은 구학溝壑에서 허덕이고, 객사 등 관아 전체가 폐허로 변하면서 어느 것 하나 온전한 건물이 없었다.

3) 임란 이후의 동경관

1590년(선조 23) 12월에 일어난 화재로 객사의 대청과 동헌 등 대부분 건물이 소실되었다. 그러나 몇몇 남은 건물마저 전란으로 전부 불에 탔다. 앞서 최락

---

71) 九月十四日 府伯 往城內 自四月 一府爲賊窟 官員竄伏深山 是日 府伯以鎭集民心吹角爲官員狀 觀者或 墮淚 余陪府伯 省視殿宇 蕩殘殿閣 前有發掘穴 或云埋尸處 客舍 則西淸館在焉 倉穀 則西倉依舊 東倉米 千餘石 爲賊所食 城中毀屋舍爲板柵 築牆爲放砲穴 或圓或方.『淸虛齋先生文集』「龍蛇日記」.

은 동헌과 객관 모두가 잿더미로 변했다고 적었다. 이 글은 아전 최락이 현장에서 직접 보고 적은 글이기 때문에 다른 글보다 훨씬 더 정확한 사료로 평가되고 있다. 또한 『동경잡기』에 다음과 같은 기록이 있다.

> 만력 경인년(1590) 화재로 객사는 소실되고, 옛 초석만 남아 있었다. 임인년(1602)에 남청방南廳房 빈터에 정청正廳 및 동·서헌을 지었는데, 곧 지금의 객사다.[72]

임란 이후 객사 잔영은 1590년에 화재로 소실되어 건물은 존재하지 않고 초석만 남아 있었다. 즉 임란 직전에 건물은 화재로 탔던 것을 1602년(선조 35)에 다시 영건營建했다는 말이다. 건물도 이전의 터에서 남청방南廳房 빈터로 옮겨 정청과 동·서헌을 지었다. 그렇다면 1593년(선조 26) 7월에 게시한 「동도벽상기東都壁上記」와 제영시 현판은 어느 건물에 걸었던 것일까? 『부선생안』에 의하면, 전란 중 모든 건물은 소실되고, 오직 빈현루와 두 창고만 남아 있었다. 이를 통해 볼 때, 관아의 중심적 기능을 한 객사가 소실되었기 때문에 빈현루를 임시 객사로 이용했을 가능성이 있다. 왜구가 물러간 뒤 관아에 온전한 건물은 남아 있지 않았고, 관민이 한데 모여 대책을 상의할 곳은 빈현루뿐이었다. 그렇지 않으면 일부 건물의 가옥假屋을 얻어 임시 숙소로 대용했을 가능성이 있다.

한편, 임란 이후 경주의 향촌 지배 세력은 종전과 달리 여러 가지 변화가 있었다. 원래 유향소 품관品官들은 지방 사족士族으로, 관민 중간 계층에 속하여

---

72) 萬曆庚寅灾 舊基階砌尚在 壬寅 就南廳房遺址 營建正廳 及東西軒 卽今所謂客舍也. 『東京雜記』 권1 宮室

향촌의 여론 형성과 자치에 많은 영향력을 주도했다. 임란을 겪은 뒤에 의병장으로 활동했던 장수들은 기존의 토착 품관과 달리 지역의 신흥 양반으로 급부상하였다. 각지에서 의병장으로 활약했던 인물은 대부분 사족 출신이었고, 이속吏屬은 거의 없었다. 이들은 이른바 '세록世祿' 후손으로서, 나라의 위난을 보고 몸을 던져 충절을 다하였다. 의병장이 창의倡義하여 기치를 내걸고 나온 병력이라야 고작 가동家僮과 마을 장정에 지나지 않았고, 또한 조직적인 훈련을 받지 않아 왜구와의 접전에서 많은 희생자를 냈다. 이들은 오로지 충의에 대한 순수한 마음뿐이었고, 나라에 포상을 바라거나 전공戰功을 앞세우지도 않았다. 전란 중에 이들 위상은 향촌의 기존 질서에서 확고한 지위를 획득할 수 있었고, 막부에서도 이들의 영향력은 대단히 컸다. 전란 중이지만 이들의 공적을 기려 후세에 남겨줄 필요가 있었다. 마침내 읍성을 수복한 이듬해인 1593년(선조 26) 7월에 부윤 윤인함尹仁涵은 「동도벽상기東都壁上記」를 지어서 객관에 현판으로 남겼다. 글의 일부를 옮기면 다음과 같다.

  (임란 때) 동도 수백 리는 여러 의병장이 신기한 계책으로 힘써 싸웠기 때문에 온전할 수 있었다. 따라서 한 가정 내의 부자·형제·숙질이 모두 간성干城의 재목이었다. 이른바 '그 아버지에 그 아들이 있었고, 그 아재에 그 조카가 있었다.' 라고 말할 수 있다. 이처럼 혁혁한 전공을 세운 사람은 헤아릴 수 없이 많았다. 예로부터 오늘에 이르기까지 경주와 울산 두 고을의 선비들은 오로지 나라를 위한 적심赤心으로 충성을 다했다. 그리고 또 어쩌면 그렇게도 청렴하고 충의가 뛰어났단 말인가? 나라에 공을 세우고 벼슬에 나아가고자 한 것은 사람마다 하고 싶어하는 마음이다. 그러나 그대들은 세운 전공을 한 번도 나라에 알리지 않

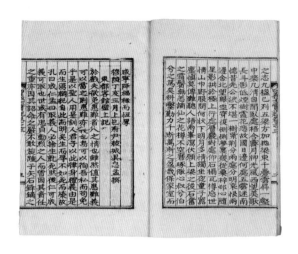

『사의사실기(四義士實紀)』내의 동도벽상기

고, 여러 군사들에게 나눠주었다. 그러므로 그대들을 따르는 사람은 마치 저잣

거리로 돌아가는 사람처럼 많이 몰렸다. 세상에서 공훈과 정충貞忠을 구한 사람

중에서 어찌 높은 관직과 중한 녹봉을 받은 자만이 홀로 아름다움을 독차지한

단 말인가? 이로써 객관客館 동헌 위에 이 글을 써 붙이고, 사방 사민士民들에게

전포傳布하여 초야에 묻혀 벼슬에 뜻을 두지 않고 충의를 떨치고자 하는 자를 권

면勸勉하려는 의미에서 짓는다.[73]

부윤 윤인함은 이 글에서 동도 전역을 온전히 지킬 수 있었던 것은 여러 의병

---

73) 環東京數百里 特賴諸義將之勵力神策 而一家之內 父子兄弟叔姪 盡是干城之才 是所謂有是父有是子 有
是叔有是姪也 而難兄難弟者 又幾人焉 自古及今 始見於慶蔚兩邑之地也 一斗赤心 根於忠成之志矣 又其
廉且義哉 干恩求祿 人人之所欲 而一不報捷於行朝 讓于諸軍 是以 歸附者如市 世之求功勳忠貞之人 何
必高官重祿者 獨專其美哉 以是 書于客館東軒之楣 又以傳布坊谷之士民 以勸草野無官願忠懷義者 穆陵
癸巳秋七月 府尹坡平 尹仁涵書.『四義士實紀』권3.

장들이 사력을 다해 싸운 힘과 신책神策의 결과라고 평가했다. 집집마다 부자와 형제가 나라의 간성이었고, 그 공을 논한다면 우열을 가릴 수 없을 만큼 많았다. 따라서 경주와 울산 지역의 의병장은 오로지 나라를 위한 단심에서 충의를 나타냈다. 사람들은 모두 벼슬과 녹봉을 받고 싶어한다. 그러나 이들 의병장은 각자가 세운 전공을 자처하지 않고 모두 병사들에게 나눠주는 염직廉直한 사람이었기 때문에 따르는 무리가 매우 많았다. 나라에 큰 공을 세운 사람은 오직 고관만이 아니라고 했다. 이 글을 객관 동헌에 현판하고, 또한 온 사방에 이 글을 두루 알려 초야에 묻힌 사람에게 충의심을 불러일으키려 한다고 끝맺었다. 이는 한 선제漢宣帝 때 기린각麒麟閣의 의미와 같다. 선제는 곽광霍光 등 장수에 의해 안식국安息國과 흉노족을 내복하게 했다. 이들 장수들의 공을 기리고자 기

황성공원 임란창의공원 내의 동도벽상기 비석(2015년 건립)

린각을 세워 11명 장수 용모를 그려 관직과 성명을 적어 걸어두고 표양表揚했던 것이다. 이를테면 객관 동헌 벽상壁上에도 기란각과 같이 의병장의 성명 등을 새겨두고 표창하였다.[74] 아울러 부윤과 이들 의사들이 한데 어울려 우국충정과 비분한 심회를 삼키며 시로 읊은 것을 같이 현판에 적었다. 그러나 당시 게시된 의사들의 인명은 구체적으로 밝혀지지 않았고, 다만 연음宴飮에 참가한 부윤 윤인함과 송고松壕 유정柳汀(1537~1597) 및 성재誠齋 장희춘蔣希春(1556~1618) 등 제영시[75]가 남아 있다. 2015년에 황성공원 남쪽 입구 창의공원 내에 동도벽상기 전문을 국역하여 새겨놓은 표석이 있다.

객사는 읍성을 수복한 뒤에 위로연을 열었던 장소로 사용되었을 뿐 아니라, 7년 전쟁이 끝나고 경주와 울산 의사들이 모두 모인 가운데 나라에서 내린 선온연宣醞宴도 이곳에서 열렸다. 1599년(선조 32) 여름에 안무어사 이상신李尚信의 장계에 의해 그해 12월 27일 나라에서 선유宣諭[76]가 내렸다. 선조는 측근 신하를 경주에 내려보내 임란 때 공을 세운 장사들을 불러 위로하고, 술과 포목布木 등을 하사하며 주육酒肉으로 잔치를 베풀었다. 당시 선조는 세자시강원 필선

---

74) 동도벽상기 현판은 그 후 풍우에 씻기어 글자가 결락하였다. 송고(松壕) 유정(柳汀)의 손자 유태영(柳泰英)이 정축년(1637)에 부윤 민기(閔機)의 서동도객관기후(書東都客館記後)를 받아 다시 개판(改版)하였다. 앞서 두 현액의 판자(板字)가 다시 부식하여 알아볼 수 없자, 임진년(1892)에 유정의 후손 유홍준(柳興俊) 등이 부윤 민영수(閔泳壽)과 영장(營將) 유춘호(柳春浩)에게 청하여 추서객관기후(追敍客館記後)를 지어 붙었다. 유정 후손들이 벽상기에 관심을 많이 갖게 된 것은 유정(柳汀)·유유(柳猶)·유백춘(柳伯春)·유영춘(柳榮春) 등 그의 선조 사의사(四義士)가 그 기명에 있었기 때문이다.

75) 題東都客館壁上 南營幾送徒 西望萬年都 誓死堅城倅 捨生抱劍儒. 府尹 尹仁涵
次韻 毅然君子徒 晚接古東都 屛樹謙功師 生花達理儒. 松壕 柳汀
次韻 禦侮任吾徒 扈從戀洛都 難留長孺去 誰護荷戈儒. 誠齋 蔣希春

76) 선유(宣諭)는 임금의 뜻을 널리 알리는 일을 말한다.

弱善 지제교 윤휘尹暉를 보냈고, 관찰사 한준겸韓俊謙을 통해 유서를 내렸다. 경주 지역에서 절충장군 황희안黃希安 등 215명과 울산에서는 절충장군 박봉수朴鳳壽[77] 등 165명이 참석했다. 선온연은 객사 뜰에서 열렸는데, 이들은 모두 성은에 감격하며 기뻐하였고, 심지어 눈물을 흘리는 자도 있었다.[78] 선온연은 전란 때 목숨을 아끼지 않았던 지역 관민을 위로하고, 전후 민심을 조기에 수습하려는 의도가 있었다. 객사는 이 같은 공적 장소 가운데 가장 중추적 역할을 하며 널리 활용되고 있었다.

이처럼 전란 중의 객사는 잔해만 남은 초라한 가거처假居處에 지나지 않았지만, 각종 관아 행사의 중심적 기능을 했다. 1602년(선조 35)에 남청방南廳房 빈터에 정청 및 동·서헌을 세워 자못 가려佳麗하였지만, 참혹한 전란을 생각하면 비상悲傷을 억누를 수 없었다. 1613년(광해군 5)에 경주부윤으로 도임한 동악東岳 이안눌李安訥(1571~1637)은 다음의 시를 읊으며 애절한 심사를 토로하였다.

게림의 해는 서산으로 기울고 　　　　　　落日鷄林國

포석정의 옛일이 마음 아프게 하네. 　　　傷心鮑石亭

온 고을은 바로 신라 6부요 　　　　　　一州仍六部

3성이 바뀌어 가며 천 년을 다스렸다. 　　三姓了千齡

황량한 원유苑囿에 검은 구름 뒤덮였고 　苑廢川雲黑

텅 빈 성곽에 잡초만 무성하다. 　　　　　城空野草靑

---

77) 그는 울산 부사 이상의(李尙毅)와 같이 창수시(唱酬詩) 4운을 지어 객사 동벽(東壁)에 현액으로 남겼다. 『慶州邑誌』권5.
78) 『慶州邑誌』권8, 「宣諭記事」 참조.

산하山河에 또다시 전란을 겪었으니   山河又經戰

아! 옥적 소리를 차마 듣지 못하겠네.   玉笛不堪聽.

(「慶州館作」, 『東岳先生文集』 권8)

　　찬란했던 신라의 옛터를 이어받은 경주 산하山河는 황량하기 이를 데 없었다. 계림과 포석정은 말할 나위도 없고, 옛 왕성의 도읍지는 온통 참담한 구름 속에 잡초만 무성히 자랐을 뿐이다. 이 같은 전조前朝의 도읍지에 다시 임란을 겪었으니, 비통하고 소슬한 심사를 이길 수 없었다. 그러한 감회를 느끼던 중 어디에서 울려 퍼지는 옥적 소리는 사람의 마음을 애끊게 하여 차마 들을 수 없다고 노래하였다.

　　구재懼齋 김득추金得秋(1572~1645)가 지은 「경주객사상량문慶州客舍上樑文」 한 편이 전한다. 정확한 연대는 알 수 없으나, 아마 1636년(인조 14) 병자호란 이후 지은 것으로 보인다.

참혹한 재앙은 홀연 병자·정축년에 일어났고

유린된 전란은 다시 임진·계사년에 겪었다.

못 안에 놀던 고기가 화를 만났으니

언제나 찾아왔던 제비를 다시 볼 수 있을까?[79]

---

79) 災生无妄 忽致丙丁之灾 禍極匪茹 更遭壬癸之禍 魚殃孔棘 燕賀何時 民未有奠居之期 國亦欠垂拱之所 幸賴 聖殿下 遹追先志 將多前功 琴五絃而動民疇敢或怨 隙三農而興事天亦不違 法宮成而突兮 次第擧之宜爾 小成小大成大瞻四方而皆然 見不見聞不聞惟一府之猶未 過過客之致怪 幾行路之興嗟. 『懼齋先生實紀』권1.

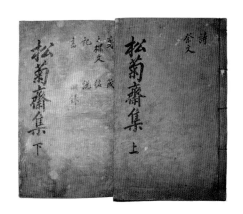

『송국재집(松菊齋集)』

전란 후 1602년(선조 35)에 남청방 옛 객사 터에 정청과 동·서헌을 세웠다. 1669년(현종 10)에 편찬된『동경잡기』에서 이를 당시 객사의 모습이라고 적었다. 1602년에 객사를 지을 때 김득추가 상량문을 지었다고 볼 수 있으나, 본문에 나타난 '병정지재丙丁之災'란 말이 있어서 맞지 않는다. 임인년에 정청 등을 새로 짓고, 1636년(인조 14) 병자호란 이후 국정이 어느 정도 안정을 되찾고 관민의 여력이 생겼을 때 객사 일부를 수선한 뒤에 김득추가 상량문을 지어 걸었던 것으로 사료된다. 다음은 송국재松菊齋 이순상李舜相(1659~1729)이 지은 「객사중수기客舍重修記」이다.

경주 객사가 지어진 지 오래되어 서까래가 눕고 기와가 깨졌으며, 벽이 무너져 흙이 흘러내리고 있다. 좌우에는 비가 샐 우려가 있고, 낭우廊宇가 더욱 심하여 거의 무너질 지경에 이르렀다. 이는 큰 고을 관부官府로서 규모나 체면이 아니며, 보는 사람마다 안타깝게 생각하고 있었다. 부윤 임천林川 조상공趙相公이 부임한 지 거우 1년 만에 정사政事가 잘 다스려지고 부민이 친화하였다. 무릇 고을에서 없애야 할 폐단과 백성들의 고통이 차례대로 개선되지 아니한 바 없었다. 하루는 부윤이 망궐례望闕禮를 행하고, "객사는 위로 전패殿牌를 받들고 아래로 사신을 접대하는 곳이다. 그렇다면 다른 관아 건물과 달리 퇴락하면 속히 수리해야 마땅하다."라고 하고, 정중련鄭重璉 등에게 명하여 그 일을 맡겼다. 그리고 여러 장인匠人을 불러 품삯을 후하게 주며 노역을 시켰고, 한민閒民을 모아 미곡을 내리며 일을 돕게 했다. 재목 가운데 썩은 것은 새것으로 바꾸고, 백토白土 가운데 이미 더럽혀진 것은 손질하여 다스렸다. 또한 아름답게 단청하니, 굉걸宏傑한 규모가 마치 새로 지은 것과 같았다.[80]

1463년(세조 9)에 서거정이 지은 객사 「동헌기東軒記」에 이어 두 번째 기문으로, 객사에 대한 귀중한 자료이다. 객사는 잦은 화재로 인하여 중건을 거듭하면서 다수의 기문이 전해졌을 것이나, 이 글 이외에 전하는 것은 없다. 임란 후 중건하고, 근 130년 동안 여러 번 부분 보수는 했을 것이나, 낡고 퇴락하여 서까래가 내려앉고 벽이 허물어지며 처마엔 비가 샜다. 이러한 방치는 웅주雄州로서 위상과 체면에 어긋나는 일이었다. 부윤은 정중련 등에게 명하여 객사 중수에 따른 감독을 맡기고, 장인과 백성을 불러 모아 후하게 대접하며 중건했다고 기술하였다. 그러나 이 글을 지은 연대가 분명하지 않다. '부윤임천조상공府尹林川

---

80) 邑之客舍 營繕寢久 橑偃而瓦缺 壁敗而堛脫 雨滲之患 遍于左右 甚至廊宇 幾乎頹圮 殊非大官府模樣 見者頗惜之 惟我府尹林川趙相公 來莅才一年 政通人和 凡邑弊之可袪 民瘼之宜革者 莫不次第而擧 一日 行望闕禮 迺曰 夫客舍 上以奉殿牌 下以接使星 則異他公廨 宜亟葺之 遂令鄭重璉等 幹其事 召羣匠 厚其稍而使之 募閒民 饋以米而役之 材之欲朽者 易而新 堊之已穢者 圬而治 又從以丹雘之 宏傑之構 煥然若新刱也.『松菊齋遺集』下.

趙相公'이라 기록했는데, 이 말이 모호하다. 이순상 시대 부윤으로 도임한 '조상공趙相公'은 을사년(1725)의 조명봉趙鳴鳳과 병오년(1726)의 조문명趙文命이다. 조명봉은 도임 6개월 만에 바뀌었고, 행장도 자세하지 않다. 그렇다면 '조상공'은 조문명이 틀림없다. 그는 부윤으로 도임하여 경주 문사들과 폭넓게 교류하였다. 특히 그는 영조 초기 영남지역에 관원으로 내려와 남로南老를 부식扶植시키는 데 크게 활동하였다. 이러한 영향으로 이순상은 이들과 두터운 교의를 맺었고, 그들과 당색을 같이하기에 이르렀다.[81] 이순상이 객사 중건기와 「연병관기鍊兵館記」 등을 지은 것은 결코 우연한 일이 아니다. 따라서 이 글을 통해 객사를 중건하게 된 연도는 병오년(1726)으로 추정된다. 다시 60년이 지난 1786년(정조 10)에 부윤 김이용金履容이 도임하여 새로 지은 객사가 오늘의 동경관이다.

　　선조 임인년(1602)에 남청방南廳房 터에 (객사) 정청과 동·서헌을 지었으나, 세월이 오래되어 낡고 허물어졌다. 정조 병오년(1786)에 부윤 김이용金履容이 옛 제도에 따라 다시 지었다. 북쪽에 16개 기둥을 세워 석주石柱로 받쳤다. 신실神室·제기고祭器庫·낭무廊廡 및 대문大門을 아울러 모두 개축하였다. 이것이 뒤에 객관을 축조한 대략이다. 뒤에 지은 건물이 지금까지 남아 있다. 속칭 객사客舍라 하고, 관아 동남쪽에 있다.[82]

81) 조철제, 『慶州文集解題』, 경주시·경주문화원, 2004. 12. 445쪽 참고.
82) 宣祖壬寅 就南廳房遺址 營建正廳及東西軒 歲久朽敗 正宗丙午 府尹金履容 因舊制重新 北架十六柱 承以石柱 神堂 祭器庫 廊廡及門 並皆改構 此 後館構築之略也 後築者 至今存 俗稱客舍 在府衙東南.『東京通志』권7.

부윤 김이용이 지은 객사 중수 상량문(1786, 국립경주박물관)

임란 후 객사를 중건할 때, 본래 터에 짓지 않고 남청방 유지에 정청과 동·서헌을 세웠다. 이를 줄곧 이용해 오다가, 1786년에 이르러 옛 제도를 본떠 중건하였다. 이때 북쪽 기둥은 돌기둥 16개를 받쳐 건립하였고, 신실神室과 제기고를 비롯하여 대문까지 모두 새로 지었다. 이를테면 객사는 종전 규모보다 훨씬 규모가 크고 웅장하였다. 이 같은 객사를 중건하게 된 동기는 전패와 궐패를 봉안한 공간이 협소했기 때문이기도 하였지만, 근본적으로 정조에 대한 충성심을 더욱 공고히 하고 사론을 응집하려는 데 그 목적이 있었다. 정조는 남인 세력에 대해 우호적인 태도를 보이고, 이를 우익으로 삼으려 했다. 이 같은 정조 심중을 헤아린 영남 인사들은 조야가 연대하여 만인소萬人疏를 올리는 등 활약하였다. 경주 문사들도 이러한 기회를 엿보고, 빈터만 남은 집경전을 복원해야 한다며 상소하였다. 마침내 정조로부터 '집경전구기集慶殿舊基'라는 어필을 받아내고, 1798년(정조 20)에 『집경전구기도集慶殿舊基圖』가 완성되기에 이르렀다.

부윤 김이용이 객사를 중건하고 중수기 등을 남겼을 것으로 보이나, 아쉽게도 전하지 않는다. 당시 객사를 중건하기 위해 수많은 장인과 부민을 동원하였고, 석재 등 엄청난 물력物力이 소비되었다. 수년간 모든 재력과 인력을 기울여 완공한 객사는 부민의 자부심이며 상징물이었다. 읍성 안에 우람하게 솟은 객사는 종전보다 규모가 더 웅대하였다. 그렇지만 이에 관한 어떠한 글도 전하고 있지 않다. 현재 경주 관부 문서가 거의 없기 때문에 굳이 췌언할 필요가 없다. 당시 문인들이 남긴 개인 문집에서도 이에 대한 글이 없어서 안타깝다. 다만 1933년에 편찬된 『동경통지』에서 앞서 글에서 보았던 내용을 간략하게 언급하고, 1786년(정조 10)에 신축한 객사가 오늘의 그것이라고 밝힌 것에서 그치고 있다.

4
객사의 운영運營과 실태

동경관은 공공기관으로, 그 운영과 관리는 관아에서 맡았다. 경주를 지나가는 관원이 이곳에 들렀을 때, 그들을 대접하는 비용도 적지 않았을 것이다. 특히 객사에 묵은 관원은 거의 국가적 책무를 띠고 다니는 사람들이므로, 이들의 대접이나 향연을 소홀히 할 수 없다. 또한 경주는 일본으로 오가는 행사行使들의 영송迎送이 잦았다. 그러므로 객사 건물의 기와나 토담 등을 관리하는 데 관아나 유향소에서 각별한 신경을 썼다. 화재에 대해 각별한 주의가 요구되었고, 물자 수송에도 많은 인력이 필요했다. 객사 관리는 도감都監이 총괄하였고, 그 아래 여러 명의 장색掌色이 업무를 분담하였다. 망궐례의 의례, 관원 접대에 대

한 의식, 각종 연회에 대한 준비, 건물과 담장 등의 관리에 이르기까지 모든 준비와 감독은 이들이 맡았고, 인근 주민들에게 갖가지 노역이 분담되었다.

그러나 지금 남아 있는 관련 문서로는 1711년(숙종 37)에 작성된 필사본『부중관사수보절목府中官舍修補節目』[83]과 1713년(숙종 39)의『객사색연역윤회정간 하客舍色烟役輪回井間 下』[84]가 전한다. 이를 통해 조선 중기 동경관에 관련된 한 단면을 알 수 있어서 더욱 값진 문서라 할 것이다. 먼저 앞의 책 전문을 읽으면서 그 직급과 책무를 대강 살펴본다.

『부중관사수보절목府中官舍修補節目』(신묘년, 1711)

본 경주는 큰 고을이고, 땅이 넓다. 그렇지만 성지城池와 관사는 비가 새고 퇴락하여, 모습은 본래 형체가 없고 보이는 곳마다 무너졌다. 이는 각 업무를 맡은 자가 부지런히 보살피지 않았기 때문이다. 그 가운데 성문城門과 포루炮樓는 모두 썩어 내려앉았다. 그러므로 충분한 수리가 요구되며, 더욱 심하게 훼손된 곳은 형편에 따라 우선 수보修補해야 할 것이다. 이제부터 매월 10일에 공형公兄은 잘못된 사실을 낱낱이 적발하여 근면함과 태만함을 알리고, 그 경중에 따라 죄를 다스려야 할 것이다. 만약 큰바람으로 기와가 깨어지고 비가 새어 허물어진 곳이 있으면, 각기 해당 담당자는 유향소留鄉所에 보고하고, 유향소는 관가官家에 품의하여 빠짐없이 보수해야 할 것이다. 그리고 담당자가 바뀔 때 만약 한 창고라도 보수하지 않았으면 각기 별도로 엄중히 다스리고, 후에 스스로 분담

---

83) 규격은 30×22이고, 개인 소장이다.
84) 규격은 41×23이고, 개인 소장이다.

한 일은 별도 규약規約을 작성한 뒤 배치하게 한다. 이를 두 개 절목節目으로 만들어 하나는 유향소에 두고, 다른 하나는 삼공형三公兄[85]에 내려보내 영구히 법도를 삼게 하고, 삼가 거행하도록 한다.

- 위의 두 아사衙舍 및 각처 객관과 공해公廨는 객사 공방工房이 모두 보살피며 다스리고, 객사 감고監考가 함께 힘을 도와 검사할 것
- 군기문軍器門과 네 곳 성문 및 종각鐘閣 등은 군기색軍器色이 맡을 것
- 대동청大同廳은 대동색大同色이 맡을 것
- 사창司倉은 창색倉色과 별색장무別色掌務 등이 맡을 것
- 관청官廳은 해당 호방戶房이 맡을 것
- 향사당鄕射堂은 장무서원掌務書員이 맡을 것
- 양무당養武堂은 유사초관有司哨官이 맡을 것
- 무학당武學堂은 도색고자都色庫子 등이 맡을 것
- 수조소受租所는 도서원都書員과 장무서원掌務書員이 맡을 것
- 아이들이 새를 잡을 때 기와를 파손하는 일이 있다. 새 잡는 자를 각처 색장色掌은 유향소에 알린다. 유향소는 이들을 경중에 따라 벌을 주되, 그들에게 스스로 분담하게 할 것
- 형옥刑獄은 둘러싸인 담장 내외의 고가庫家가 책임진다. 그 퇴락에 따라 형방刑房과 쇄장鎖匠 등은 유향소에 알리고, 그들로 하여금 관에 보고하도록 한다.

---

85) 조선 시대 각 고을의 승발(承發)·호장(戶長)·수리(首吏)를 통틀어 이른다. 일설에 의하면 고을의 아전인 이방(吏房)·호장(戶長)·수형리(首刑吏)를 이른다고 한다.

앞에 거행한 일은 수보修補할 때의 일로 삼을 것

辛卯四月日 官舍修補節目

本州 乃雄藩大地也 而城池官舍 雨漏頹落 模樣無形 所見埋沒 此則 各其典守
者 不勤看護之所致也 其中 城門炮樓 盡爲腐破 故十分料理 尤甚毀破處 爲先隨
便修補爲在果 自今以後 每於朔末 公兄 一一摘奸 告其勤慢 則從輕重治罪事是昆
如有風摧盖瓦 雨漏頹落處 則各其該色 告于鄕所 鄕所稟于官家 這這修補爲乎矣
掌色等 遞改時 若有一庫未及修補 則各別重治 後使之自當事乙 別立科規條 列于
後 而作爲二件 一件則 留于留鄕所 一件則 下于三公兄 以爲永久之式爲去乎 惕
念擧行事

■ 上二衙舍 及各處客館公廨 則客舍工房都檢治察 與客舍監考 同力顧檢事

■ 軍器門 城四處 及鐘閣等 則軍器色次知事

■ 同廳 則大同色次知事

■ 司倉 則倉色 與別色掌務等次知事

■ 官廳 則當該戶房次知事

■ 鄕射堂 則掌務書員次知事

■ 養武堂 則有司哨官次知事

■ 武學堂 則都色庫子等次知事

■ 受租所 則都書員 掌務書員次知事

■ 小童輩捉鳥時 不無致破盖瓦是置 捉鳥者乙 各處色掌 告于鄕所 鄕所從輕重施
  罰 使之自當事

■ 刑獄 則圍垣內外庫家 隨其頹落 刑房鎖匠等 告于鄕所 使之轉告官 前擧行 以

爲修補之地事

이 글 뒤에 부윤 수결手決이 뚜렷이 남아 있다. 경주는 영남의 큰 고을이지만,
읍성·해자·동헌·객사 등 모든 관아 건물이 허물어져 비가 새어 형편없는 모
습이었다. 이는 각 책무를 맡은 담당자가 적극적으로 보살피지 않았기 때문이
다. 그중에 성문과 포루炮樓가 모두 썩어 보수가 시급하고, 나머지 건물도 형편
에 따라 보수해야 한다고 했다. 그리고 매월 10일에 수리首吏는 각종 건물이 부
실하게 관리되고 있지 않은가를 살펴서 담당자의 근무 평가를 엄정하게 하고,
잘못이 있으면 경중에 따라 죄를 묻도록 하였다. 그러나 태풍이 불고 비가 쏟
아져 기와가 깨지고 담장이 무너진 곳이 있으면 유향소에 알리고, 유향소는 다
시 이를 관부에 품의稟議하여 즉시 보수하도록 했다. 담당 책임자가 바뀔 때, 혹

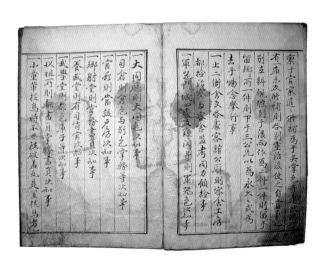

『부중관사수보절목(官舍修補節目)』(신묘년, 1711)

시 보수하지 않은 일이 있으면 그의 죄를 엄중히 다스리고, 후에 분담한 사실을 별도의 규약으로 만들어 배치하도록 했다. 그리고 절목 가운데 첫 번째 객사 건물 관리는 객사 내 공방이 책임지고, 객사 감고監考와 같이 돕도록 규정하고 있다. 또한 겨울철에 새 잡는 아이들에 의해 기와 파손이 심하므로 담당자는 이들을 붙잡아 유향소에 알리고, 엄하게 꾸짖을 뿐 아니라 파손된 부분을 배상하도록 하고 있다. 1706년(숙종 33)에 대동법이 전국에 실시된 후, 지방 이속吏屬과 주민들은 세제稅制와 잡역이 달리 부과되었다. 지방마다 대동청을 설립하여 담당자를 두었고, 이에 따른 노역은 더욱 복잡하였다.

1713년(숙종 39) 7월에 작성된 성책『객사색연역윤회정간客舍色烟役輪回井間』에 따르면, 대동법 시행으로 잡역이 불가피하였고, 그로 인하여 여러 가지 폐단이 발생하여 연역烟役에 따른 새로운 시행 규칙이 절실히 요구되었다. 이때 만들어진 시행 조목은 모두 8개 항목으로, 이를 요약해서 보면 다음과 같다.

각처 담장과 토우土宇 및 동당에서 시재試才할 때 임시 가옥 등 여러 가지 잡역은, 종전에는 팔부종정간八夫從井間에 의해 부역하였다. 그러나 서울에서 대동법을 시행한 후

『객사색연역윤회정간(客舍色烟役輪回井間)』
(1713년)

에 다른 방법 없이 연호烟戶 부역의 일로써 결정이 내리자, 작통作統[86] 차례에 있어서 많은 잡탈이 생겼다. 그러므로 각 면의 풍헌風憲 등은 이러한 탈을 없애는 취지에서 다음의 작은 책자를 만들었다. 이후에 농간하는 폐단이 있으면, 해당 아전은 각각 중벌로 다스린다. 성책 둘을 만들어 하나는 향청에 두고, 한 부는 색리色吏에게 주어 영원히 준수하도록 했다. 작통 중에는 역리驛吏도 포함된다. 앞서 팔부제八夫制에는 역리 부역이 거론되지 않았다. 양반 가운데 거느린 장정이 없고, 과부가 군관이 없으면 가려서 차출하지 않는다. 각 면에 약재藥材를 진상하는 사람들이 연호 부역을 면하고자 하는 자는 글을 올려 사정을 말해야 한다. 대동법이 설립된 후, 팔부제八夫制는 영원히 거론하지 않고, 크고 작은 부역을 모두 연호에 따라 출역시키도록 했다.[87] 그리고 이 조목에 따라 좌우도

---

86) 조선 시대 매 5호를 하나의 통(統)으로 만든 것이다. 5호를 1통으로 하고, 1통마다 통주(統主)를 두었다.

87) 癸巳七月日 客舍色境內大小烟役輪回井間

1. 各處垣牆盖覆土宇 及習陣興試才東堂時 陣場假屋 各項雜役 自前段以行 用八夫從井間 知委赴役爲如乎 一自京大同設立之後 他無變通之策 以烟戶使事役 旣已報使定奪爲有等 以作統次第 傳書出役 則作統中雜頉 亦多有之 無不稱冤之端 故各面風憲約正等處分付 有頉除之時 存者叱分 小名成冊 捧上元戶籍憑準後 知委赴役爲旀 各項出役時 容入役軍鄕所 親執計抄爲乎矣 如有中間弄奸之弊是去等 當該色吏 各別重治爲旀 出役井間 二件成出 一件鄕廳上 一件給付色吏 以爲永久遵行之地事.

1. 作統中 驛吏卒亦 入中其中 而曾前八夫赴役時 不爲擧論乙仍于 依前分揀爲乎矣 驛里中 亦有閑雜人是置 此類乙良 依他抄出使役事.

1. 作統內 兩班 及無率丁 老人寡女無率軍官等乙良 分揀勿抄事.

1. 各面中 進上藥材採納人民等 欲免烟戶之役 呈狀者有之是乎所 各村各里 皆有應役 則藥材採納 隨其里所産叱分不喩 爲此藥材 營膳所納柴炭 旣已量減 則烟役之事 不可全減 依他村例使役事.

1. 諸色軍兵 與京各司匠人 及束伍別隊等 鄕大同時段 八夫赴役 故雖有烟役除減之事是如乎 京大同設立之後 八夫以永勿擧論 大小之役 皆以烟戶出役 則境內居民 皆有身役 閑遊者 絶無前頉 諸般身役 不可頉免是置 依他使役事.

1. 假家作造役軍 則每間三十名式 所入盖草材木等物 各持入役爲旀 土宇造作 亦依此例擧行事.

1. 各面各里 次第井間 列後爲有置 以此永久遵行事.

1. 氷庫八格六間 盖草貳百參旨 各五把式
浮紙家五間 盖草參拾五旨 各八把式
草芚拾伍張 各參把式.
搗砧家八格五間 盖草肆拾貳旨 各八把式.
草芚拾捌張 各參把式.
盖草草芚等量 入數謄錄 自今以後 知委擧行事
鄭 手決 鄭 手決 李 手決 鄕所 權 手決

옥적(玉笛, 국립경주박물관)

리左右道里[88]와 황오리皇吾里는 객사 수리를 전담하였고, 사정리沙正里·성서리城西里·노동리路東里·노서리路西里 등 4개 리는 진영아鎭營衙의 수리를 맡는다. 황남리皇南里와 교리校里는 향교 전사殿舍와 담장 수리 등을 전담하고, 성내 한잡인閒雜人은 성의 잡역을 전담하도록 규정하였다.

요컨대 대동법 시행으로 종전에 팔부제八夫制를 대체하여 연호 잡역을 부과한 데서 작성한 문서이다. 객사는 부민府民들의 부역赴役 실태가 매우 유기적으로 운영되고 있었다. 부민들에게 부과한 잡역은 조직적이고 체계적으로 이루어졌으며, 이를 어기면 벌칙이 내려졌다. 양반에서 역리驛吏에 이르기까지 특별 조항이 없는 한 동참해야 했다. 또한 가까운 황오동과 성동동 사람들은 객사 담장과 지붕 등이 무너졌을 때 부역을 전담하였다고 기록되었다. 물론 위의 두 성책은 객사 관리만을 위해 작성된 것이 아니고, 관아 전체에 대해 관리 분담한 내용을 적었다. 그러나 관아 건물 가운데 객사가 가장 규모가 크고 상징성을 지니고 있었기 때문에 객사 중심으로 기술되었음이 주목된다.

동경관을 말할 때, 신라 유물 옥적玉笛에 대해 언급하지 않을 수 없다. 1706년 (숙종 32)에 부윤 이인징李麟徵이 부임하여 남긴 글이『부선생안』에 실려 전한다.

---

88) 성동동(城東洞)을 말한다.

이 글에 따르면, 신라 산하山河는 변한 게 없으나 다만 남아있는 유물은 한 자尺 남짓한 옥적玉笛뿐이었다. 그러나 중간에 화재로 인하여 시커멓게 그을렸고, 부서진 채 10여 조각이나 되었다. 지난 1692년(숙종 18)에 경주에 사는 김승학金承鶴이란 자가 객사客舍 무너진 토담 속에서 이 옥적 한 개를 주워 사사로이 숨겨 놓았다. 그러다 조심하지 않고 그만 깨뜨려 가운데를 부러뜨린 후에 다른 사람에게 발각되어 관아로 가지고 왔다. 그 모양은 세 마디에 아홉 구멍[三節九孔]이 뚫렸다. 둥글고 곧은 것[圓直]은 대나무를 본 뜬 것으로, 그 파편을 살펴보면 대나무 모양이었다. 그 빛깔이 희고[白] 푸른 것[碧]은 특이하여 분명 신라 시대의 유물일 것이다. 부윤은 이를 보고 매우 안타깝게 여겼다. 10여 조각이나 난 파편을 백랍白蠟인 흰 밀 찌꺼기를 녹여 부러진 곳을 붙여 잇고, 백금으로 감싸 궤짝에 소장한 후에 그가 직접 쓴 글이 「옥적전말기玉笛顚末記」[89]이다. 옥적이 어떠한 과정을 거쳐 객사 토담 흙더미 속에 묻혀 있었는지 알 수 없다. 이를 통해 객사에는 옥적과 청동화로 등 신라 유물뿐 아니라 많은 귀중품을 소장하고 있었을 것이다. 서원의 전여기傳與記처럼 서책이나 비품 장부를 만들어 두고, 일정 기간이 지나면 관리자의 인수 점검 과정이 필요했을 것으로 보인다.

---

89) 上之三十二年丙戌 余尹東京 不變山河 物惟經尺玉笛 然中入回祿 今藏薫黯乳粉碎者 十數片也 歲壬申 州人金承鶴者 於客館毁垣堀土 得一枚而私閟之 守不謹而折其央 然後爲人所發 而輸諸官 其制三節九孔 圓直象竹 徵于破片頗近 特其色白碧殊 盖亦羅代舊物也 嗟夫 白旣歷數千年 碧亦歷數千年 經變故不一再 而白顯則碧沉 白毁則碧出 古國遺器 將泯而復傳 命物者 意亦豈偶然也 然鄭劒再合 爲千古異事 若使白 不歸灰燼 而碧前前却其出 更唱迭和於月城鳳臺之間 則物之神 而迹之異 奚遽不若哉 重爲慨也 於是 漬白 蠟融粘之 裝以白金藏諸匵 而并記其顚末于此 以爲後人考云 上任之翌年正月人日識 『府先生案』

5

근대 동경관의 변천

　필자는 병오년(1786) 중수 이후 객사 관련 문헌을 찾을 수 없었다. 광무 연간

(1897~1906) 이후 책자로 간행된 사료를 통해 보면, 객사의 변형 과정을 알 수 있

다. 이 시기에 이르러 객사의 본질적 기능이 점차 상실되고, 객사지기[홈숨直] 1

명이 건물을 관리할 뿐 유숙한 사람도 책무를 맡은 사람도 거의 없었다. 그러나

객사는 관아에서 가장 큰 건물과 면적을 차지하였기 때문에 점차 다른 목적으

로 사용하였다. 1907년에 대청과 동·서헌 건물 구조를 일부 변경하여 공립경

주보통학교公立慶州普通學校 교사校舍로 활용하였고, 다른 부속 건물은 헐리고 말

았다. 1910년에 읍성 철거령이 내려지고, 1912년에 읍성 남문이 철거되었으며,

1914년에 행정구역 통폐합에 따라 읍성은 급속히 원형을 잃었다. 1922년에 최준崔浚 등이 경주고적보존회慶州古蹟保存會를 설립하여 신라 유물을 수집 보존하고, 동경관을 전시 공간으로 활용하였다. 이 단체는 뒷날 국립경주박물관 전신이 되었고, 1926년 6월에 총독부박물관경주분관總督府博物館慶州分館이란 이름으로 개관하였다.

1930년대 동경관 모습, 정청에 '東京館' 편액이 걸렸고, 뜰 앞의 목책(木柵)은 경주군청과의 경계

1950년대 동경관 모습

현재 동경관

1928년경에 경주부성의 기본 구도를 일괄 정비하여 새로운 도로를 내고, 기존의 관아 건물은 대거 철거하였다. 이때 동헌 앞에 있던 박의장수복동도비朴毅長收復東都碑 등 많은 선정비는 비각을 헐고 비신만 여러 곳에 아무렇게나 옮겨 세웠다. 1934년에 옛 동헌 자리에 있던 경주군청은 동경관 뜰과 남은 부속 건물을 헐고 일본식 2층 건물을 지어 새 청사로 옮겼다. 옛 동헌은 그 자리에 세무서가 들어서고, 지금의 법장사로 건물을 옮겼다. 이로써 동경관 면적은 크게 줄어들었다. 동경관과 군청 사이에 낮은 목책木柵을 쳐 두고 경계로 삼았다. 그렇지만 일제 강점기까지

동경관 본청은 헐리지 않았으나 본래 기능을 잃은 채 퇴락한 건물로 남아 있었다. 해방 후 만주 등지로 갔던 사람들이 한꺼번에 고향으로 돌아오자, 갈 데가 없었다. 이들이 우선 동경관에 짐을 풀며 거처를 정하자, 동경관은 그만 해방 귀국인의 임시 수용소가 되었다. 그 후 객사 주변에는 걸인들이 뒤끓으며 걸식하였고, 6·25전쟁 때 임시 대피소로 사용되기도 했다.

1952년에 이르러 동경관 동헌이 동편부터 허물어져 서까래가 땅에 닿을 정도로 기울어졌다. 마침 경주교육청을 서편에 신축하면서 동경관 대청과 동헌을 헐어버렸다. 남은 건물이 지금의 동경관 모습이다. 구전에 의하면, 당시 유인달柳寅達의 적극적인 노력으로[90] 서헌 15칸은 다행히 철거되지 않았다. 그러나 교육청 자리가 협소하다는 이유로 건물 위치를 변경하였다. 즉 서헌을 동헌 쪽으로 약간 옮겨 세우고, 병오년(1786) 중수할 때 동경관 뒷기둥으로 세운 석주石柱를 모두 교체하였다. 그 석주는 지금 삼락회관三樂會館 들어가는 입구에 정원석으로 길게 누워 있다. 이를테면 객사 본래의 모습을 완전히 잃은 채 서헌마저 위치가 옮겨졌고, 정문도 뜰도 없이 전체 건물의 2/3가 헐리고 서헌만 황량하게 남았다. 옛 사진을 보면 구 경주문화원인 내아에는 정문이 없다. 그런데 지금 있는 삼문 건물을 두고 여러 가지 말이 있다. 필자는 동경관 정문을 철거할 때 이를 내아 정문에 옮겨 세운 것으로 보고 있다. 읍성 내 삼문은 집경전과 객사 그리고 동헌에만 있었다. 집경전은 화재로 소실되었고, 일승각 앞의 삼문은 이와 다르다. 그렇다면 객사 정문의 건물이 지금 내아 정문임이 틀림없을 것이다.

---

90) 황재현, 「東京館의 어제와 오늘」, 『慶州文化』창간호, 1995. 106쪽

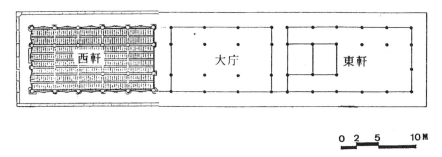

경주객사 평면도(한삼건 제작)

1955년에 경주군이 시로 승격되자, 경주시와 월성군으로 청사가 나뉘었다. 시청은 노동동으로 옮겨가고, 군청은 그 자리에 있다가, 1982년 동천동에 새 청사를 지어 옮겨갔다. 이후 동경관 마당을 차지하고 있던 군청이 떠나자, 그 건물과 부지가 개인에게 매각되어 대형건물을 세운 것이 탑마트다. 동경관 바로 앞에 담장을 높게 쌓아 올려 그만 절해고도의 처지가 되고 말았다. 그 후 2004년 3월 4일부터 '경주문화원 동경관 전통교육장'으로 활용하였다.

한편, 객사 측문에는 영조 때 명필 최석신崔錫信[91]이 쓴 '동경구도東京舊都'라는 네 글자가 걸려 있었으나, 측문이 헐리면서 잃어버렸고 사진만 남아 있다. 본관 정면에 그가 쓴 '동경관東京館'이란 세 대자가 1960년대까지 걸려 있었으나, 근래에 와서 그 현판마저 어디 있는지 알 수 없다.[92] 임오년(1882)에 부윤 정현석

---

91) 그는 최영린(崔永嶙)의 후손으로 글씨를 잘 썼다. 일찍이 쇠막대기로 모래 위에서 자획을 익혔는데, 그 획이 매우 힘차고 곧았다. 동도 관아의 큰 액은 모두 그가 쓴 글씨다. 원근에서 찾아온 사람이 매우 많으니, 세상에서 그를 김생(金生) 이후 제일 필법이라 칭찬하였다. 호는 지족당(知足堂)이다. 『慶州邑誌』권5.
92) 『경주시지』, 1970. 434쪽

鄭顯奭이 쓴 '동경관東京館'이라는 대형 현판이 국립경주박물관에 소장되어 있다. 이 현판의 글씨를 보면 '東' 자의 가운데 세로획이 누군가 칼로 오려낸 듯 떨어지고 없다. 필자가 처음 볼 때 세로획은 긋지 않았는가 했을 정도로 의심할 정도다.

'동경구도(東京舊都)'라 적힌 편액(소재를 알 수 없음)

근래 졸렬한 막대기 획을 다시 붙여 넣었는데, 전체 글씨의 품격이 맞지 않아 안타깝다.

동경관(東京館) 편액 보수하기 전

지금의 동경관 편액(국립경주박물관)

6
맺음말

　경주 객사 동경관에 대해 요약하고 정리하면 다음과 같다. 객사는 읍성 관아 건물 가운데 가장 중심지에 위치하였고, 수령이 집무하는 동헌보다 그 규모가 훨씬 크고 웅장하였다. 객사는 크게 두 가지 기능이 있다. 하나는 전패殿牌를 봉안하여 매월 초하루와 보름에 부윤이 이속吏屬을 거느리고 그 앞에 나아가 임금이 계신 궁궐을 향해 망배하는 의식을 한다. 다른 하나는 왕의 명을 받든 사신使臣을 접대하는 곳이다. 따라서 객사는 일반인이 유숙할 수 없는 신성한 곳이기도 했다. 태종 때부터 망궐례 의식이 있었으나 객사에 위패를 모신 것은 언제부터인지 알 수 없으나 동경관의 문헌을 보면 조선 중기 이후에 비로소 문헌에

기록이 나타난다. 경주 집경전에는 태조 어용을 봉안하고 있었으나 임란 때 소실되고, 어용은 강릉으로 옮겨졌다가 화재로 없어졌다. 빈터만 남은 곳에 '집경전구기集慶殿舊基'라고 쓴 정조 어서가 내려져 비각을 건립하고, 선왕을 숭봉하는 의례를 행하였다. 경주 읍성 안에는 임금의 권위를 상징하는 두 곳이 있었던 것이다. 또한 객사에서는 내왕하는 관원을 위해 각종 연회가 베풀어졌고, 충효에 뛰어난 사람을 포상했으며, 그 행의行誼를 게시하여 타의 모범을 삼게 했다. 심지어 가뭄이 극심했을 때는 기우제 장소로 활용되었고, 객사를 기준으로 하여 거리와 방향을 측정하는 기점으로 삼기도 했다.

경주 객사가 언제 창건되었는지 알 수 없다. 997년(성종 16) 8월에 고려 성종이 동경을 찾아 여러 신료 및 군사들을 위로하고 효열이 뛰어난 사람을 포상하며 한 달 동안 머문 적이 있다. 경주읍성이 축조되기 이전의 일이지만, 객사 기능의 객관客館이 있었을 것이다. 객사의 최초 기록은 폐위된 고려 의종이 경주에 와서 객사에 머물렀다는 기록이다. 이후 설당雪堂 김군수金君綏가 관원으로 동경에 와서 시 한 편을 남겼다. 시제가 '동도객관東都客館'으로, 이것이 동경관에 관한 최초 시문으로 꼽힌다.

1320년(충숙왕 7) 화재로 객사 상방上房과 대청 등 71칸이 소실되었다는 기록으로 보아 오래전부터 객사가 있었을 것이다. 1463년(세종 9)에 부윤 정흥손鄭興孫이 옛터에 규모를 더 확장하여 지었다. 객사의 화재는 빈번하게 일어났다. 이 가운데 1552년(명종 7)에 객사에서 대형 화재가 발생하여 의풍루와 대청 등 1백여 칸이 불탔다. 이후 중건을 거듭하였다.

객사는 1590년 화재로 소실되었고, 임란 때에는 일부 건물과 초석만 남아있었다. 임란 중 1593년(선조 26) 7월에 「동도벽상기東都壁上記」의 기문과 제영시, 그리고 전후 선온연의 사실이 모두 객사에 걸려 있었던 것으로 기록되어 있다. 당시 객사는 빈현루賓賢樓이거나, 아니면 가옥假屋을 지어 임시로 사용했을 가능성이 높다. 1602년(선조 35)에 남청방南廳房 빈터에 정청正廳 및 동·서헌을 지었는데, 그 규모가 자못 가려佳麗하였다. 1726년(영조 2)에 부윤 조문명趙文命이 객사를 중수하였고, 1786년(정조 10)에 부윤 김이용金履容이 도임하여 객사를 새로 지으니, 곧 지금의 객사이며 당시 상량문이 전한다. 옛 제도를 본떠 지었고, 객관 뒷기둥은 16개 돌로 세워 규모를 확장 일신하였다.

객사 관리와 운영 실태를 파악할 수 있는 문헌이 거의 없으나, 다행히 18세기 초에 작성된 두 건의 성책이 전하고 있다. 이를 보면, 대동법 시행으로 종전에 팔부제八夫制를 대체하여 연호잡역烟戶雜役을 부과하면서 작성한 절목節目이다. 객사는 부민府民 부역赴役 실태가 매우 유기적으로 운영되었고, 부과한 잡역은 조직적이고 체계적으로 이루어졌다. 또한 가까운 황오동과 성동동 사람들은 객사 담장과 지붕 등이 무너졌을 때 부역을 전담했다. 물론 위의 두 성책은 객사 관리만을 위해 만들어진 문건이 아니고, 관아 전체에 대해 관리 분담한 내용을 적었다. 관아 건물 가운데 객사가 가장 규모가 크고 상징성을 지니고 있었기 때문에 객사 중심으로 기술되었음이 주목된다.

광무 연대로 내려오면서 읍성 변화에 따라 객사 또한 본래의 기능을 상실한 채 크게 변모하였다. 1907년에 대청과 동·서헌의 일부 건물을 변경하여 공립 경주보통학교公立慶州普通學校 교사로 활용하고, 1912년에 읍성 남문이 헐리면서 다른 부속 건물도 철거되었다. 1922년에 최준崔浚 등이 결성한 경주고적보존회慶州古蹟保存會에서 신라 유물 등을 수집 보존하였는데, 동경관을 전시 공간으로 이용하였다. 1934년에 옛 동헌 자리에 있던 경주군청이 동경관 부속 건물 일부를 헐고 일본식 2층 건물을 지어 옮겨왔다. 1982년 동천동에 새 청사를 지어 옮겨 간 후, 그 자리에 현대식 대형건물이 들어섰다. 객사는 해방과 6.25를 맞아 몰려든 난민들의 임시 수용소로 이용되었다. 1952년에 경주교육청을 객사 서편에 신축한다는 명목으로 기울어져 있던 객사 대청과 동헌을 철거하고 말았다. 서헌 15칸은 헐어서 동쪽으로 약간 옮겨 세워 오늘에 이르고 있다. 그리고 1882년(고종 19)에 부윤 정현석鄭顯奭이 쓴 '동경관東京館'이란 현판은 국립경주박물관이 소장하고 있다. 이처럼 경주 객사 동경관은 신라 이후 1천 년 동안 거읍鉅邑 경주의 공공기관으로서 역사성을 지니고 있을 뿐 아니라 읍성의 심장이며 상징적 건물이다. 따라서 동경관은 읍성과 같이 하루속히 본래의 모습을 되찾아 다음 세대에게 전승하고, 아울러 관아 역사에 대한 교육의 장場이 되어야 할 것이다.

〈표〉 동경관 중요 연표

연대	중요 기사	비고
935년 11월	신라 멸망	삼국사기
997년 8월	성종이 경주에 행차하여, 한 달간 머무름	고려사
12세기 말경	김군수金君綏가 경주 객사에서 '동도객관東都客館' 시를 남김	
1320년 12월 27일	화재가 발생하여 의풍루 등 71칸 소실됨	경주선생안
14세기 중엽	이곡李穀이 「의풍루기依風樓記」를 지음	동경잡기
15세기 중엽	정인지鄭麟趾가 「빈현루기賓賢樓記」를 지음	
1464년(세조 10)	객사를 중건하고, 서거정徐居正이 「동헌기東軒記」를 지음	동경잡기
1464년 3월 1일	화재가 발생하여 30여 칸이 소실됨	
1552년 12월 2일	대형 화재가 발생하여 신라 때부터 전해져온 청동화로를 태우고, 건물 100칸이 소실됨	경주선생안
1555년	부윤 이몽필李夢弼이 객사 100칸을 중건함	
1590년 12월 11일	화재가 발생하여 대청과 동헌 등이 소실됨	
1592년 4월	임란 때 최락崔洛이 관부 귀중 문서를 뒷마당에 묻음	경주선생안
1592년 9월 8일	임란 때 왜구가 객사를 점령하였으나, 비격진천뢰가 뜰에 떨어져 폭발하자 성을 비우고 달아남	상동
1593년 7월	부윤 윤인함이 「동도벽상기」를 지어 객사에 걸었음	
1599년 12월 27일	임란 후 지제교 윤휘 등을 보내 경주 의병장과 관민을 위로한 선온연宣醞宴이 객사에서 열림	
1602년	남청방 터에 정청과 동·서헌을 새로 지음	
1602년경	구재懼齋 김득추金得秋가 「경주객사상량문」을 지었다고 그의 문집 『구재집』에 실려 있음	구재집
1613년	부윤 이안눌이 「경주관작慶州館作」 시를 남김	동악집
1706년	부윤 이인징이 객사 담장에서 발견한 옥적을 보고 「옥적전말기玉笛顚末記」를 지음	경주선생안
1711년	유향소에서 작성한 「관사수보절목官舍修補節目」이 전함	개인 소장
1713년	유향소에서 작성한 「객사색연역윤회정간客舍色煙役輪回井間」이 전함	개인 소장
1725년	이순상李舜相이 「객사중수기客舍重修記」를 지음	송국재집

1786년	부윤 김이용이 옛 제도에 따라 객사를 중건하고 상량문을 지음	현재 건물임
1882년	부윤 정현석이 '동경관東京館'이란 현판을 씀	
1907년	공립경주보통학교 교사校舍로 이용함	
1922년	경주고적보존회에서 신라 유물을 전시함	
1952년	대청과 동헌이 퇴락하여 기울자 헐고, 서헌만 남음	
2004년 3월	경주문화원 동경관 전통교육장으로 활용함	

Ⅲ

집경전
集慶殿

1
머리말

　조선 시대 각 고을에는 읍성이 있고, 그 안에는 관아의 각종 건물이 처마가
서로 맞닿아 있었다. 객사와 수령이 집무하는 동헌은 읍성 중심지에서 비교
적 높고 넓은 곳에 있었고, 나머지 유향소를 비롯한 호적·세무·병무 등의 관청
은 이들 주변에 밀집해 있었다. 이곳에서 나라에 보낼 각종 공문서와 민원 업무
를 처리하였다. 그렇다 보니 읍성 주변에는 항상 많은 사람들이 내왕하며 북적
거렸다. 또한 읍성 남문 거리에는 각종 물건을 파는 시장이 형성되었다. 이러
한 읍성의 기본 구도와 배치는 전국의 모든 고을이 조금씩의 차이는 있으나 거
의 비슷하였다. 읍성 내에 최고의 건물이며 가장 중앙에 자리한 것은 동헌이 아

닌 객사지만 경주 읍성에는 객사보다 더 신성시했던 집경전集慶殿이라는 특이한 공간이 있었다. 경주 최고의 성역이었다. 태조 이성계가 살아있을 때, 자신의 진용眞容을 그려 경주에 모시게 한 데서 비롯되었다. 당시의 정황을 보면, 경주부민의 의사와 상관없이 봉안했던 것으로 보인다. 이것은 경주가 그만큼 웅부雄府였음을 말해준다. 태조 어용을 처음 모시고 왔을 때는 봉안할 장소가 마땅하지 않았는데, 아마도 관아 어느 정결한 곳을 택해 모셨을 가능성이 있다. 태종 때 태조진전이라 불렀다가, 세종 때에 '집경전'이라는 전호가 내려지고 전우를 고쳐 지었다. 곧 세종대에 집경전의 모든 체제가 완성되었다. 태조 어용을 모신 곳은 경주만이 아니었다. 함흥의 준원전濬源殿, 전주의 경기전慶基殿, 평양의 영숭전永崇殿, 개성의 목청전穆淸殿 등 전국 5개 전殿에 모셨다. 전국 다섯 개 고을은 조선 왕조와 깊은 연고가 있거나 조선 왕조에서 주요시한 지역으로 분류된 곳이다. 경주는 물론 후자의 경우에 속한다. 또한 집경전 어진御眞은 경기전의 모본이고, 임란 이후 강원 집경전 역시 경주 집경전의 어진을 모셨다.

집경전에 대한 글이 몇 편 있다.[93] 또한 필자가 「조선 시대 경주의 오리수五里藪와 보문평 소고小考」[94]에서 부분적으로 언급하였고, 『경주문집해제』[95]를 집필하면서 관련 자료를 제시한 바도 있다. 앞의 논고에서 집경전의 변모와 구기도 등에 관해 연구가 상당히 이루어졌다. 그러나 집경전의 역사성과 그 전체에 대

93) 이춘희, 『集慶殿舊基圖』, 국학자료원 장서각, 1970
   김태중, 「慶州邑城·集慶殿」, 『穿古』 통권 제55호, 신라문화동인회, 1989
   김기조, 「집경전구기 유감」, 『경주문화』 제10권, 경주문화원, 2004
   윤현숙, 「慶州 集慶殿에 대한 연구」, 경주대학교 석사학위논문, 2006
94) 조철제, 「朝鮮時代 慶州의 五里藪와 普門坪 小考」, 『新羅學研究』 제4집, 위덕대학교 신라학연구소, 2000.
95) 조철제, 『慶州文集解題』, 경주시·경주문화원, 세종인쇄출판사, 2004.

해 논구가 다소 미흡한 점이 없지 않다. 이 장에서는 집경전의 역사적 의의와 변천을 상술하고, 아울러 경주 민의民意가 어떻게 반영되고 있었는가를 조명하려 한다. 앞서 논의를 다소 참고하되『실록』과『승정원일기承政院日記』를 1차 자료로 삼았다. 또한 개인 문집이나 개인이 소장한 고문서에서 관련 자료를 발췌하였다. 여러 집경전에 대한 자료가 너무 빈약한 것이 참으로 안타깝다. 경주 지역 인사들이 남긴 시문에서도 이에 대해 인색하기는 마찬가지다. 더구나 구한말 퇴락 일로에 있는 구기나 비각을 그대로 방치하면서 아무도 언급한 사람이 없었다. 체제와 관리가 엄연히 구분되었기 때문인지도 모른다.

─

2

집경전 설립과 체제 수용

1) 설립 배경과 체제

임금의 초상화는 어용御容·진영眞影·어진御眞·수용晬容 등으로 불린다. 어용을 그려 후세에 남겨둔 것은 선왕에 대한 위용을 드러내며 숭모하기 위해서이다. 따라서 조선 시대 태조나 정조 등 여러 군왕의 어용이 현전하고 있다. 특히 태조 이성계는 재위 때 자신의 어용을 그려 각 지방에 모시게 했다. 화공이 그린 초상화를 직접 보냈던 것이다. 참으로 진영眞影이 아닐 수 없다. 1398년(태조 7) 2월 에 태학사 성석린成石璘을 시켜 자신의 진영을 고향 함흥에 봉안하도록 한 것이

태조 이성계 어진

준원전濬源殿이다.[96] 이것이 태조 어용을 모신 최초의 전우이다. 그해 3월에 태조는 다시 판삼사사 설장수偰長壽로 하여금 계림부(경주)에 보내 어용을 모시게 하고, 형조전서 이귀령 등에게 명하여 일을 돕도록 했다.[97] 당시 전우는 특별한 이름 없이 어용전御容殿이라 불렀다.

설장수는 본디 회골回鶻, 곧 중국 위구르 사람이었다. 공민왕 대에 아버지 설손偰遜이 홍건적의 난을 피해 고려에 들어올 때 같이 귀화하였다. 그는 1362년(공민왕 11) 문과에 급제하고 여러 관직을 역임했다. 공양왕 때 충의군에 봉해졌으며, 이듬해 정난공신定難功臣의 호를 받았다. 1392년에 판삼사사判三司事로서 지공거를 겸하였다. 그러나 그 해 정몽주가 살해될 때 그 일당으로 지목되어 경상도 장기에 유배되었다. 조선이 건국된 뒤에는 태조의 특명으로 복직되고 본관을 계림雞林으로 하사받았으며, 연산부원군燕山府院君에 봉해졌다. 그는 전후 8차에 걸쳐 명나라 사신으로 왕래하였다. 앞서 태조가 어진을 모시고 설장수를 계림으로 보낸 이유는 계림이 그의 관향이었기 때문이다.

태조가 이처럼 자신의 진영을 그의 고향 함흥과 경주에 봉안하게 한 이유는 무엇일까? 함흥은 그의 잠저潛邸이기 때문에 태조는 자신의 진영을 모셔 두고 숭앙의 대상으로 삼게 했다. 그런데 문제는 경주이다. 조선이 건국된 지 7년 만

---

96) 遣藝文春秋館太學士成石璘 奉安上影于咸州濬源殿.『朝鮮王朝實錄』太祖 7年(1398) 2月 26日
97) 遣判三司事偰長壽 奉安上影于雞林府 上在留後司 命刑曹典書李貴齡等視事.『實錄』太祖 7年(1398) 3月 6日

에 왜 그의 진영을 경주에 모셔 두게 했을까? 진영을 모신 것은 우선 백성들이 경모敬慕하게 하고 오래도록 잊지 않게 하려는 목적일 것이다. 아마도 이밖에 또 다른 뜻이 있었을 것이다. 고려 태조가 일찍이 어용을 평양과 서북면에 모시게 했다. 반란을 일으켰던 사람들이 태조 왕건의 어용을 부모처럼 모시며 섬으로 피했다가 마침내 수복한 일이 있었다.[98] 이처럼 전우를 지어 어용을 모시게 한 것은 주요 지역의 진무鎭撫 또는 안민安民과 무관하지 않다. 고려를 멸망시킨 조선은 대의大義가 없었고, 국기國基도 공고하지 못했다. 이 점에 대해 태조는 원대한 사려와 계획을 세우지 않을 수 없었다. 자신을 대신해서 영구히 경모 대상으로 삼을 그 무엇이 필요했다. 역사상 창업주의 원모遠謀는 후세 사람이 미칠 바 아니었다. 따라서 그는 먼저 고향에 준원전을 지어 자신의 진영을 봉안하게 하고, 다시 계림부에도 모시게 했다. 특히 경주는 전조前朝 신라의 유민이 사는 곳으로, 전왕에 대한 추모의 정이 끊이지 않았고, 고려 시대부터 반항 세력이 많은 지역이었다. 이곳의 민심부터 안정시킬 필요가 있었다. 조선 시대 경주 인사들은 집경전 건립 이유를 신라의 옛 도읍지이고 남방을 중히 여긴 것으로 꼽았으나,[99] 더 깊은 의미가 있었을 것이다. 함경도 함흥의 준원전과 전주의 경기전은 태조의 고향과 관향이라는 의미가 있지만 평양의 영숭전, 개성의 목청전, 경주의 집경전은 그 의미가 다르다. 모두 전조의 왕화王化와 유택遺澤이 높았던 지역이다. 신흥 왕조에 대해 쉽게 받아들일 수 없는 명분과 저항 의식이

---

98) 太祖眞殿告成 元肅以前日上王所命 議于柳廷顯 朴訔等 訔曰 置眞殿 所以使人敬慕之 久而不忘也 高麗 置太祖眞殿于平壤及西北面 叛人之慕太祖 如父母 奉太祖眞 避入于島 終能收復 今使民之敬慕 若此 則豈 不幸哉 其佛堂命名 而屬宗門 量給田民甚便 蕭其啓 上曰 將如卿等之議.『實錄』世宗 1年(1419) 5月 3日

99) 伏以臣等 洪惟我世宗大王 命建集慶殿于本州 奉安太祖康獻大王晬容 蓋以本州 乃新羅舊都 而在本朝爲 南方重地故也. 代慶州士民禁普門坪開渠疏『雙峯集』권2

강했다. 이런 점을 유의해서 주요 지역에 전우를 세워 태조의 어용을 봉안하게 했던 것으로 사료된다.

태종대에 이르러 태조 어용을 봉안한 전우殿宇 이름이 필요했다. 1412년(태종 12) 11월에 전주·경주·평양·함흥에 다 같이 어용전을 태조진전太祖眞殿이라 고쳐 불렀다.[100] 개성 목청전의 전신은 계명전啓命殿이다. 이 글에서 계명전에 대한 기록은 보이지 않지만, 계림부의 것과 비슷한 시기에 건립되었거나 아니면 더 빨랐을 것으로 생각된다. 또한 태조 영전影殿은 경주부 동쪽 모퉁이에 있었다.

세종은 즉위하자 바로 진전眞殿 곧 전우를 건립하기 시작하였다. 종래 태조어전은 별채의 전우가 없이 부아府衙의 정한 곳에 어용을 모셔 둔 것으로 볼 수 있다. 세종은 각 진전에 무명 1백 필과 베 1백 필을 하사하여 건축비용으로 쓰게 했다.[101] 이듬해 각 지방의 진전이 공사가 끝나 낙성되었다. 7개월가량 공사가 지속되었고, 1차 공사는 1419년(세종 1) 5월에 완공되었다. 그해 8월 진전에 어용을 봉안하는 의식이 장엄하게 거행되었다. 관찰사와 각 지방 수령이 참례한 가운데 창홀에 따라 엄숙히 진행되었다. 계명전의 봉안 의식 때 기록이 상세히 남아 있다.[102] 아마 경주 진전의 봉안 의식도 계명전과 비슷했을 것이다.

1432년(세종 14)에 지방 진전을 혁파하자는 논의가 대두되었다. 이미 준원전과 목청전을 두고 춘추로 향과 축문을 보내 제를 드리고 있으니, 여러 곳에 진전을 두면 성경誠敬하는 마음이 전일專一하지 못할까 염려되었다. 세종은 예조

---

100) 完山 雞林 平壤御容殿 改號太祖眞殿.『實錄』太宗 12年(1412) 11月 15日

101) 賜留後司 綿布百匹 正布百匹 以爲營眞殿之備 還次于海豊.『實錄』世宗 卽位年(1418) 10月 21日

102)『실록』세종 1년(1419) 8월 8일조에 참조. 계명전(啓命殿)은 세종 4년(1422) 1월에 고려 태조의 진전 이름을 피해 목청전(穆淸殿)으로 개호하였다.

개성 목청전(일제 강점기)

에 명을 내려 법을 찾아보고 보고하라[103]고 했으나, 예조의 보고가 없었다. 선왕이 정한 전우와 의례를 쉽게 바꿀 수 없었을 것이다.

　1442년(세종 24) 6월에는 종래 태조진전太祖眞殿에 대해 새로운 전호殿號가 내렸다. 종래 태조의 어용을 봉안한 곳을 똑같이 어용전이라 했다가, 1412년 11월에 태조진전이라 개호改號하였다. 물론 함흥의 준원전은 어용을 봉안할 때 이름이 먼저 지어졌고, 개성의 목청전도 앞서 계명전에서 개호되었다. 이해 7월에 전주 진전은 경기전慶基殿, 경주는 집경전集慶殿, 평양은 영숭전永崇殿이라고 했다. 이로써 전국 5개 지역에 각각 전호가 내렸다. 그리고 각각 전직殿直을 2명씩 두어 관리하게 하고, 관찰사는 전직의 성적을 심사하여 그 결과를 나라에 보

---

103) 上 謂知申事安崇善 曰州縣御容殿事 予欲待黃喜回還更議 然更思之 誠敬之心分 則不專 旣有穆淸 璿源　二殿 於此兩處 春秋遣香祝 其餘慶州 全州 平壤奉安影子 革之爲便 令禮曹 考古制立法以啓. 『實錄』世宗 14年(1432) 6月 3日

고하도록 했다.[104] 이로써 경주 진전은 집경전이라 불리며 조선 시대 경주 지역 최고의 성역으로 그 위상을 갖게 되었다.

전주 경기전의 어용은 집경전의 것을 모사하여 봉안했다. 앞서 전주는 어향 御鄕이라 해서 완산유수부完山留守府로 승격하였다. 1409년(태종 9) 2월 17일에 완산부에서 어용을 봉안해 줄 것을 조정에 요청하였다. 그리하여 경상도 관찰사 이원李原이 계림부에 봉안돼 있던 어용을 모시고 서울에 갔다. 각사各司의 관원 1명씩이 숭례문 밖까지 나와 어용을 맞았고, 이를 임시로 계성전啓聖殿에 모셨다.[105]

어용을 모사하는 데는 한 달이 채 걸리지 않았다. 관찰사 이원이 2월 17일에 어용을 옮겨 갔고, 3월 15일에 어용을 다시 계림부로 환봉하였다.[106] 당시 화공이 누구인지 알 수 없으나 어용 초안을 그려 두고 원본은 계림부로 되돌려 주었을 가능성이 있다. 이듬해 9월 28일에 평성군平城君 조견趙狷을 보내어 태조 어용을 완산부에 봉안[107]함으로써 뒷날 전주 경기전이 되었다. 집경전 어용은 태조가 살아 있었을 때 그린 것으로 이는 경기전의 모본이 되어 전해져 왔다.

1443년(세종 25) 10월에 전주 경기전에서, 11월에 경주 집경전에서 태조 어용의 봉안 의식이 거행되었다. 당시 효령대군의 큰아들 의성군 이용이 경주에 내

---

104) 議政府 據禮曹呈啓 太祖晬容殿 開城府則稱穆淸殿 咸吉道永興府則稱璿源殿 皆置殿直二人 全羅道全州 慶尙道慶州 平安道平壤 亦有影殿 然 未有稱號 且無殿直 請全州稱慶基殿 慶州稱集慶殿 平壤稱永崇殿 各置殿直二人 使監司殿最 從之.『實錄』世宗 24年(1442年) 6月 22日

105) 慶尙道都觀察使李原 奉太祖眞容 至自雞林 各司一員 迎于崇禮門外 權安于啓聖殿 初 完山府請奉安太祖御容 故命奉迎至京而模寫也.『實錄』태종 9년(1409) 2月 17일

106) 慶尙道都觀察使李原 奉太祖眞容 還雞林 各司一員祗送于崇禮門外.『실록』태종 9년(1409) 3月 15일

107) 遣平城君 趙狷 奉安太祖眞于完山府.『實錄』太宗 10年(1410) 10月 28日

전주 경기전(慶基殿)

려와서 참석하였다.[108] 어용은 다시 모시고 온 것이 아니라 전호가 내린 것을 기념하여 종래 있던 것을 새로 봉안식을 열었다. 아마도 큰 잔치가 베풀어진 성사盛事로 꼽았을 것이다.

1444년(세종 26) 10월에 각 전의 영정을 개모하고 전우를 다시 단장했다. 당시 전우를 어떻게 중신重新했는지 알 수 없으나, 지극히 미려했다[109]고 기록되었다. 건물을 신축한 후 화려하게 단청했을 가능성이 높다. 또한 각 전우의 건축 양식은 지금의 경기전이나 능재陵齋처럼 모두 '丁'자 모양이다. 집경전을 창

108) 遣誼城君䂓 奉安太祖晬容于慶州集慶殿.『實錄』世宗 25年(1443) 11月 9日
109) 初 上 命畵太宗聖容 太宗覽之 日古人云 若有一毫未盡 卽非吾親 卽命火之 上 不忍藏之 歲至癸亥 上聚畵工于禁內 命畵上 及中宮晬容, 又命改畵太祖 太宗之容 旣成 遂命奉安于璿源殿 太祖御容 在慶尙 全羅 咸吉 平安道者 悉皆奉迎改畵 其殿宇 亦皆重新 極其美麗.『實錄』世宗 26年(1444) 10月 22日

건할 때는 '一' 자 형이었다고 주장하는 학자도 있지만 집경전도 역시 '丁' 자 모양으로 지었을 것이다. 태조 건원릉을 처음 조영할 때 재궁은 정자각으로 지었다. 그렇다면 집경전 역시 정자丁字 형의 전우일 것이고, 집경전의 가로, 즉 남북향 입구는 견고한 돌로 쌓았는데, 그때 석축石築한 것이 지금의 구기舊基다. 신라 때 탑재석이나 장대석 등의 거대한 돌을 운반하여 빈틈없이 쌓았다. 조선왕조의 국운이 이 석재와 더불어 만대에 전할 것을 염원하며 쌓았을 것으로 생각된다.

임란 때 읍성이 잿더미로 변하고 집경전도 불에 탔으나, 이 석축만은 온존하였다. 임란 이전에 남은 집경전의 유일한 유적으로 '집경전구기集慶殿舊基'라 불렸다. 이를 주전소鑄錢所 운운하는 안내문이 게시된 적도 있다. 이러한 석축 양식을 두고 여러 가지 의견이 있으나 '丁' 자의 입구가 틀림없으며, 이는 뒤에 기술하였다. 이를 언제 쌓았는지에 대한 기록은 없다. 1419년(세종 1) 5월이 아니면 1444년(세종 26) 11월에 쌓았을 것으로 추측된다. 집경전을 비롯하여 전국 5개 전殿은 세종 때 전호와 어용 개모, 건물의 증개축 및 운영 체제를 완성하였다. 따라서 각 지방 전우는 세종대에 이르러 나라의 최고 성역으로서 그 장엄한 위용을 자랑하게 되었다.

2) 어용御容 제작과 관리

조선이 개국된 직후에 많은 영정을 그려 봉안하였다. 태조의 아버지 환조桓祖와 태조와 태종의 어용을 그려 모셨고, 좌명공신 40명의 영정을 그렸다. 이러한 사례는 고려 시대부터 널리 유행했던 것으로 볼 수 있다. 특히 태조 이성계는 재위 시절에 화공에게 자신의 초상을 그리게 했다. 국초에는 나라의 기틀이 공고하지 못했으므로 그 권위의 대상물이 필요했었다. 전국 각지에 자신의 영향을 두루 미치게 하려 했으나, 친임親臨하는 것도 한계가 있었다. 이러한 취지에서 자신의 초상을 그려 각지에 봉안함으로써 백성들이 경복敬服하게 하고 왕권을 강화하려 했다. 당시 화공이 누구였는지 모르지만, 어용을 매우 잘 그린 명공名工으로 알려져 있다. 태조는 자신의 초상화를 보고 매우 흡족했던 것으로 생각하는데, 준원전과 경주 어용전에 내린 어용이 그것이다. 태조 어용은 26본이 후세에 전했던 것으로 알려져 있다.

국왕 생시에 어용을 그리는 것은 어려움이 많았다. 세종은 화공을 시켜 아버지인 태종 어용을 그리게 했다. 그런데 자신의 초상을 본 태종은 덜컥 화를 내며 털 하나라도 미진한 바 있으면 곧 자신의 모습이 아니라 하면서 불에 태워 없애라고 지시했다. 자신의 초상화에 강한 불만을 토로했던 것이다. 세종은 차마 이를 불에 태우지 못하고 간직해 두었다. 세종은 재위 26년(1444) 10월에 각 지방에 봉안하고 있던 태조와 태종의 어용을 개모하라고 명했다. 이러한 명에 따라 모든 전의 어용을 다시 그려 봉안하면서 종전의 것과 바뀌었다. 1398년(태조 7) 3월에 봉안했던 집경전의 어용은 47년 만에 새 어용을 모시게 되었다. 태조와 태종의 어용이 크게 퇴색되지 않았는데도 세종이 왜 새로 제작하게 했는지 알 수 없다. 선왕 특히 태종의 어용이 마음에 들지 않았는지, 아니면 왕권의 위상을 확고하게 정립하고 싶었는지 모른다. 그런데 이때 각 전의 어용은 명공名工이 매우 잘 그린 진영眞影으로, 후세에 수준 높은 신묘神妙한 작품이라고 평가되었다.

임란 전 경주 집경전 시대에 두 차례 화재가 발생하였다. 하나는 집경전 전사청典祀廳 화재이고, 다른 하나는 객사 화재이다. 1494년(성종 25) 3월에 경상도 관찰사 이극균은 집경전 전사청에 화재가 났다고 나라에 글을 올렸다. 성종은 정전正殿이 아니라서 안심된다고 하고, 의금부에서는 참봉을 잡아다가 문초하라고 했다. 윤필상 등이 정전은 아니지만 대신을 보내 제사를 드리는 것이 예라고 하자, 성종은 신이 놀랐을 것이니 예문을 찾아 적절하게 제사를 드리도록 했다.[110] 다음날 집경전 참봉 김희金曦가 의금부에 잡혀와 화재에 따른 신문과 벌을 받았다. 전사청에 불이 났기 때문에 제복과 제기祭器 등이 모두 소실되었다. 또한 관련 전례가 없었기 때문에 시복時服을 만들어 간소하게 제사를 지낼 수밖에 없었다.

다음은 집경전과 가까운 경주 객사의 대형 화재이다. 1552년(명종 7) 12월 2일 밤 8시경에 객사 서헌西軒에서 화재가 발생하였다. 불길은 서쪽으로 옮겨 의풍루 동쪽 및 대청과 동헌, 그리고 새로 지은 별실別室 남쪽 행랑 등 모두 백여 칸이 소실되었다. 화재를 경상도 감사에게 알려 조정에 보고하였다. 나라에서 특별히 도 승지 권철權轍을 파견하자 경상감사 정응두丁應斗가 수행하였다. 이듬해 정월 9일에 권철이 경주부에 들러 3일간 머무르며 집경전에서 위안제를 드렸다.[111] 위안 제의 글은 퇴계 이황이 지었다. 하룻저녁의 화재로 객사는 잿더미로 변했고, 그로 인해 어용이 크게 놀랐으니, 위안을 드린다고 퇴계는 적었다.[112] 객사 화재는

---

110) 慶尙道觀察使李克均 馳啓 集慶殿典祀廳 災 上 謂承旨 曰初疑正殿 心甚驚愕 此非正殿 乃典祀廳也 參奉 令義禁府拿來推考 尹弼商 李克培 盧思愼 啓 曰雖非正殿 遣官致祭 禮亦宜之 傳曰 今所災 雖非正殿 神必驚動 欲遣大臣致祭 考禮文以啓.『實錄』成宗 25년(1494) 3월 21日

111) 府尹 李純亨 通政 壬子四月初二日 到任 同年十二月初二日亥時量 火起于客舍西軒 房內房子 失火 西延倚風樓東 及大廳東軒 與新別室南行廊 合百餘間燒盡 羅代所傳 靑銅大火爐並燒 其重三百二十五斤十五兩也 報監司馳啓 特遣都承旨權轍 監司丁應斗隨行 癸丑正月初九日 入府 留三日 行集慶殿慰安.『府先生案』

112) 渠渠廟館 密邇廟墺, 一夕燔燒 蕩悉爲烟, 爆裂撼地 鬱攸屬天, 焦頭爛額 擧城熬煎, 震驚我祖 神其蹦蹋.『退溪集』45, 慶州館舍失火遣近臣慰安集慶殿

단순히 건물 소실만의 문제가 아니었다. 집경전의 어용이 크게 경악하며 진노했을 것으로 생각했다. 어용을 초상화 이상의 생령生靈으로 모시었고, 살아있는 군왕과 같은 격으로 높였다. 집경전 화재는 나라의 재앙으로 간주하였기 때문에, 위안제를 지내고 관련자를 처벌했다.

임란 때 어용을 이봉移奉하는 과정에서 약간 손상을 입었다. 전란이 일어나자, 경주 집경전 참봉 홍여율洪汝栗과 정사성鄭士誠 및 종과 승려 등 5~6명이 어용을 수호하며 피란길에 올랐다. 낮에는 적을 피하고 밤이면 이동하여 예안禮安 청량산과 민가로 옮겼고, 1595년(선조 28) 7월에 퇴계의 도산서당으로 이봉하였다. 험한 산길을 피해 가며 다녔으니, 영정은 어쩔 수 없이 손상되었다. 더구나 도산서당은 좁고 허술하였다. 참봉이 가까이에서 어용을 모시고 있지만, 중들이 밥을 짓느라 불을 때니 연기에 뒤덮여 그을렸다. 또한 비가 새어 얼룩져 볼품이 없을 정도였다.[113]

임란 이후에 어용은 강릉 객사 곁으로 옮겨졌는데, 이를 강릉 집경전이라고 한다. 1628년(인조 6) 6월 20일 집경전에 모시고 있던 어용의 옥축玉軸과 장식한 장황粧繡을 쥐가 갉아 먹어 파손된 사건이 발생하였다. 이 죄를 물어 참봉 윤익원은 매 80대를 맞고 고신告身 3등을 박탈당했다.[114] 전란을 겪고 또한 관리 소홀 등으로 어용의 본래 모습은 상당히 퇴색되고 말았다. 1628년 9월 11일에 어용을 개수하고 다시 봉안하였다.[115] 예조 참의 정백창鄭百昌이 강릉으로 내려가 어용

113) 大司憲金劤啓 曰 集慶殿御容 今在禮安李滉書堂 而房屋窄狹 參奉所在 迫近於奉安處 而令山僧 炊飯而食 烟火相通 極爲未安(『實錄』宣祖 28년(1595) 7월 18일)과 인조 6년(1628) 9월 17일 참조

114) 禁府 集慶殿參奉尹益元 影幀玉軸粧繡處 鼠咬穿破 罪杖八十 奪告身三等. 『承政院日記』인조 6년 (1628) 6월 20일

115) 改修江原道江陵集慶殿影幀 行遷安祭. 『實錄』인조 6년(1628) 9월 11일

환봉식에 참석하고 돌아왔을 때 인조에게 보고한 내용을 살펴보면 다음과 같다.

예조참의 정백창鄭百昌이 태조의 영정을 개수하여 집경전에 도로 봉안하고 돌아왔다. 인조가 인견하고 물었다. "파손된 곳은 얼마나 되었으며, 화공이 채색을 잘 보완했던가?"라고 하자, 정백창이 "왜란 때 비가 새어 얼룩진 곳이 있고, 최광원崔光遠이 참봉으로 있을 당시에 지붕이 새어 젖게 되었으니 매우 불경한 일입니다. 그에게 큰 벌을 내려야 하겠습니다."라고 답했다. 인조가 묻기를, "본도에서 왜 보고하지 않았는가?"라고 하자 그는, "수령이 감사에게 보고했는데, 감사 조존성趙存性이 바로 나라에 알리지 않았다고 합니다. 화공 이징李澄이 채색을 매우 잘 보완했습니다. 금욕錦褥도 다시 깔고 전우도 수리했는데, 봉안한 뒤에 신이 바로 들어가 뵈니, 반백班白의 어용이 우러러보기에도 숙연하여 감히 앞으로 접근할 수 없었습니다. 국초의 화사畵師는 정말 신묘한 솜씨를 지녔다 하겠습니다."라고 하였다. 인조는 "혹시라도 진영眞影의 모습을 잃을까 염려했는데, 이제 그대의 말을 듣고 보니 정말 다행이다."라고 말했다. 116)

이 글에서, 임란 때 지붕이 새어 어용이 훼상되었음을 말하고, 다시 화공 이징李澄이 개수했는데 매우 잘 보완하였다고 했다. 이뿐만 아니라 배후에 비단을 다시 깔고 강릉 집경전 역시 개수하여 숙연한 분위기였다고 한다. 인조는 어용

---

116) 禮曹參議鄭百昌 改修太祖康獻大王影幀 還安于集慶殿而來 上引見問 曰 破汚處幾許 畵工能善着采乎 百昌對 曰倭亂時 有雨漏破汚處 且崔光遠 爲參奉時 致令屋漏霑濕 不敬甚矣 當被大罪 上曰 本道 何不以聞乎 對曰 守令 報于監司 而監司趙存性 不卽啓聞云矣 畵工李澄 頗善着采 且改設錦褥 修理殿宇 奉安之後 臣卽奉審 則御容班白 仰之肅然 不敢近前 國初畵師 可謂神妙 上曰 恐或失眞 今聞爾言 誠幸也. 『實錄』인조 6년(1628) 9월 17일

관리에 소홀함이 없도록 하고, 정백창 등에게 상을 내린 것을 알 수 있다. 1444년(세종 26) 10월에 그린 어용은 184년만인 1628년(인조 6) 9월에 화공 이징이 다시 채색하며 보완했다. 국초에 제작한 어용은 얼마나 잘 그려졌던지 어용의 위의가 준엄하여 가까이 갈 수 없을 정도로 엄숙했으며, 그 기법은 거의 신묘에 가까웠다고 높이 평가한 글이 주목된다.

그러나 개모한 지 3년 뒤인 1631년(인조 9) 3월 3일 집경전에 화재가 발생하여 어용은 소실되고 말았다. 그로 인해 인조는 3일간 곡을 하고 소복하며 정시停市하였고, 빈궁도 3일간 소복과 소찬을 했다. 화재의 책임을 물어 강릉부사 민응형閔應亨은 1백 대의 매를 맞고 2천리 밖으로 유배되었고, 전사관典祀官 이초로李楚老는 1백 대 매를 맞고 3천 리 밖으로 유배되었으며, 그 밖의 아전들도 모두 죄를 받았다.[117] 이로써 집경전의 태조 어용은 끝내 봉안하지 못하고 있다.

3) 운영과 관리

집경전의 제일祭日은 준원전의 예에 따라 매년 명일名日에 지내도록[118] 했는데, 이는 여러 차례 기록이 보인다. 명일은 설·한식·단오·추석·동지·납일臘日 등 육별제六別祭이다. 여러 산릉의 제사와 마찬가지로 크고 작은 제품祭品을 정

---

117) 禁府 閔應亨等 集慶殿失火事 決杖一百 流二千里 李楚老 決杖一百 徒三年徒流 以公罪收贖 功減一等 啓假執事洪可榮 崔慶榮 全文績 放送. 『承政院日記』인조 9년(1631) 3월 27일
118) 禮曹啓 留後司眞殿 乃我太祖舊居龍興之地 今則其地作殿 奉安太祖聖眞 請以啓命爲號 依濬源殿例 每歲有名日 遣使行祭 從之. 『實錄』세종 1년(1419) 7월 12일

하여 실시하였다. 원래 진영眞影을 모셔 두고 소찬을 드리는 의식은 불교에서 유래하였다. 중국에는 한나라 초부터 시작하여 송나라 인종 연간에는 그 제도가 매우 성하였다. 수천 칸의 전당을 지어 행례하였는데, 종묘보다 진전眞殿을 더욱 소중히 여겼다. 조선 시대에는 1405년(태종 5) 12월에, 처음으로 태조가 환조와 계성전 어용 앞에 나아가 제사를 지냈다.[119]

제사를 지낼 때 상을 차리는 진설陳設이 있다. 제탁 위에 화초가 있다. 첫째 줄에 중박계中朴桂 네 그릇이고, 둘째 줄에 붉고 흰 산자散子 다섯 그릇이다. 셋째 줄에 다식茶食 다섯 그릇이고, 넷째 줄에 과일 여섯 그릇이다. 면협面俠의 탁자에는 화초가 없다. 첫째 줄에 떡 네 그릇이고, 둘째 줄에 면과 잡탕 등 다섯 그릇이며, 셋째 줄에 잔이 셋이다.[120]

제사를 지내려면 제기와 제복 등 관련 물품이 필요하다. 이들 물품은 전사청 典祀廳에서 수장하고 관리하였다. 1494년(성종 25) 3월 집경전 전사청에 화재가 발생하여 제기와 제복 등 관련 물품이 모두 소실되었다. 나라에서 대신을 보내 위안제를 지내려 했지만, 아무런 물품이 없었다. 어쩔 수 없이 간단한 시복時服 은 만들어 행사했다는 기록이 있다. 이로써 집경전에는 명일 제사 때 쓰이는 많은 제품이 비치되어 있었음을 알 수 있다.

집경전에는 제위전祭位田이 있었다. 전주 경기전의 제위전은 모두 8결 99복 6속이었으나, 나머지 진전에는 이러한 토지가 없었다. 따라서 제위전을 개혁하

---

119) 太上王 親奠于啓聖殿 遂入舍利殿 禮佛 啓聖殿 卽桓王眞殿也.『實錄』태종 5년(1405) 12월 21일

120) 穆淸殿 濬源殿 慶基殿 集慶殿 永崇殿 六別祭 卓有花草 第一行 中朴桂四器 第二行 紅白散子五器 第三行 茶食五器 第四行 實果六器 面俠卓無花草 第一行 餠四器, 第二行 雜湯等五器 第三行 盞三.『實錄』 세종 29년(1447) 11월 2일

여 모두 국고에서 변제하도록 했다.[121] 또한 집경전에는 품관과 노비 등 많은 사람들이 상주하였다. 1년에 최소 여섯 차례 이상 제사를 올렸고, 관원들이 수시로 들락거렸다. 국고에서 모든 경비를 지출한다는 말은 집경전에 따른 제위전을 마련해서 그 비용을 충당했다는 것이다. 집경전의 제전이 얼마였는지 알 수 없으나, 경기전의 예에 준했을 것이다.

1412년(태종 12)에 어용전을 태조진전으로 고쳐 불렀다. 2년 뒤에 경주 태조진전의 제사는 명일에 행하고, 품관品官 10명이 하루 두 차례씩 나눠 교대로 시위侍衛하였으며, 당간堂干 10명을 하전下典으로 삼았다.[122] 품관은 국가 규정에 따라 정식 품계를 가진 벼슬아치들이었다. 이들을 시위관으로 삼았고, 노비 10명을 두어 진전을 관리하게 했다. 세종 24년(1442) 6월에는 집경전에 전직殿直 2명을 두었다. 관찰사는 전직의 업무 성적을 매겨 그 우열을 나라에 보고하도록 했다. 이는 집경전뿐 아니라 각 진전에 모두 그렇게 한 것으로, 관리가 얼마나 철저했는가를 보여준다. 그런데 전직을 누구로 임명하느냐 하는 것이 문제이다. 집경전은 경기전이나 영숭전과 같이 영흥 준원전의 예를 따라 관찰사의 천망에 의해 그 지방 토관土官을 임명하였다. 토관이란 그 지방에서 덕망이 있는 사람을 골라서 내린 벼슬아치이다. 전주와 경주에는 토관이 없었기 때문에 서울의 예에 따라 벼슬을 주어 임명하였다.[123] 곧 그 지방에 사는 사람을 택해 벼슬을

---

121) 全州慶基殿祭位田八結九十九卜六束 其餘諸道 眞殿無之 今革位田 以國庫供辦. 『實錄』 세종 27년 (1445) 7월 13일

122) 置慶州太祖眞殿侍衛 議政府 啓曰 請於慶州府太祖眞殿 當有名日行別祭 且以品官十人分爲二番 更迭 侍衛 以堂干十名定爲下典 從之. 『實錄』 태종 14년(1414) 2월 8일

123) 議政府 據吏曹呈啓 全州慶基 慶州集慶殿 平壤永崇殿直 請依永興濬源殿直例 從監司薦望差遣 全州 慶州無土官 其殿直 依京中例遷轉 從之. 『實錄』 세종 24년(1442) 8월 8일

주었다는 말이다. 이로써 경주와 전주에 토관직 벼슬이 생겨났다. 집경전의 토관은 곧 참봉參奉으로, 1442년(세종 24)부터 설치되었다. 품관의 시위관에서 토관의 참봉으로 불렸던 것이다.

태종 때에 노비 10명을 두어 각 전우를 관리하게 하였으나, 세월이 지날수록 그 수가 다르고 일정하지 않았다. 1426년(세조 8) 8월에 경기전에는 관노 1명과 양민 18명, 집경전에는 제사諸司의 노비 8명이 있었다. 또한 양민과 노비의 수도 같지 않았다. 따라서 경기전 수복守僕의 예와 같이 부근에 사는 양민 20명을 뽑아 번으로 정해 수직守直하게 했다.[124] 집경전의 관리 체제는 참봉을 정점으로 삼고, 아래로 인근에 사는 양민 20여 명과 서너 명의 노비가 번갈아 가며 번을 정해 수호하였다. 집경전에 번을 서는 관원들 사이에서는 불미스러운 일도 있었다. 본디 행실이 좋지 못한 강응겸이라는 자가 있었다. 그는 일찍이 집경전에서 번을 서는 날 밤에 몰래 기생을 재소齋所에 데리고 와서 자다가 발각되었다. 그는 도망갔다가 뒷날 어떤 연유로 인해 경주 판관에 제수되었다. 그러나 앞의 사건으로 말미암아 파직되고 말았다.[125]

집경전에는 시간을 알려주는 물시계와 해시계가 있었다. 1469년(예종 1)에 경상도 관찰사가 나라에 글을 올렸다. 제사 때마다 시간을 알 수 없으니, 물시계와 해시계를 만들어 보내 달라고 하자, 나라에서 관상감에게 명하여 내려보냈

---

124) 禮曹啓 今考諸道御容殿守僕之數 濬源殿則司瞻寺奴八名 穆淸殿則司瞻寺奴四名 都官奴四名 慶基殿則官奴一名 良民十八名 集慶殿則諸司奴八名 或良或賤 而數又不同 請依慶基殿守僕例 各以傍近良民二十名抄定 番休守直 從之. 『實錄』세조 8년(1462) 8월 6일

125) 司憲府啓 新授慶州判官康應謙 嘗爲集慶殿直 奸妓於齋所 事覺亡命 豈宜作倅 請改差 從之. 『實錄』成宗 7年(1476) 7月 4日

다.[126] 이런 기기는 당시 과학 문명의 정수로 진귀하게 취급되었으나, 임란 때 소실되었던 것으로 보인다.

집경전에는 다음과 같은 일화가 있다. 회재晦齋 이언적李彦迪(1491~1553)은 10살 때 아버지를 여의었는데, 이때 아우 농재聾齋 이언괄李彦适(1494~1553)은 7세였다. 효우가 두터웠던 이들 형제는 어머니 손 씨를 극진히 봉양하였다. 회재는 24세 때 문과에 급제하여 벼슬길에 나아갔으나, 아우 농재는 고향에서 어머니를 모시고 있었다. 회재는 계속 벼슬하여 관직이 병조참판 겸 세자우빈객世子右賓客에 이르렀고, 그가 50세 되던 1540년(중종 35)에 사헌부 대사성에 임명되었다. 회재는 어머니를 시봉하려고 여러 차례 벼슬을 사양하고 외직을 구했으나, 중종은 허락하지 않았다. 1541년(중종 36) 7월에 아우 농재가 집경전 참봉에 제수되었다. 회재는 아우에게 벼슬길을 터주고 자신은 사직하여 어머니를 모시고 싶었다. 당시에 어머니 손 씨는 73세였다. 벼슬하다가 고향으로 돌아가 부모님 모시는 것을 귀양歸養 또는 귀성歸省이라 한다. 회재는 나라에 글을 올려 지난번 귀성했을 때 어머님과 눈물로 작별했다며 시봉할 날이 많지 않다고 했다. 또한 아우가 참봉으로 벼슬에 나아가 형제가 모두 노모를 떠나 있을 수 없으니, 귀양을 허락해 달라고 하였다. 중종은 비답을 내렸다. 아들 하나만 있었을 때와 둘이 있었을 때는 귀양하는 법이 다르다고 하며, 아들이 하나라도 국가의 주요 임무에 관계되는 인물이라면 귀양을 들어줄 수 없다고 했다. 따라서 '그대는 현직 시종侍從이며 동궁을 보양하는 중요한 직위를 겸하고 있다. 벼슬

126) 禮曹據慶尙道觀察使關啓 集慶殿無漏刻 故未知祭享時刻 請令工曹 造漏刻日影 授觀象監 下送教習 從之.『實錄』睿宗 1年(1469) 11月 25日

하면서 자주 어머님을 뵙는 것이 좋겠다.'라고 하며 귀양을 허락하지 않았다.[127] 형제간의 우애와 군신 간의 신임이 어떠하였는가를 보여주는 글이다.

집경전에는 참봉이 있었으며 일부 인사의 명안이 전한다. 앞서 이언적의 아우 이언괄이 참봉을 역임했으며, 또한 퇴계 이황의 큰아들 이준李寯도 재임하였다. 임란 이전 경주부에는 관판본官版本의 책판冊版 수천 장이 소장돼 있었고, 19세기 말까지 전해져 왔던 것으로 알려져 있다. 지금까지 밝혀진 경주부판은 모두 125종이고, 간본명이 밝혀진 것은 79종이다. 이 가운데 1394년에 간행된 『삼국사기』가 최초로 나왔고, 1512년에 중간되었다. 『삼국유사』도 1512년에 중간되었다.[128] 『삼국사기』 50권 9책 책판은 500여 장에 이른다. 이를 관부에 소장해 두고 간행하여 열읍列邑에 배부한 적도 있지만, 간혹 사비로 찍어 가는 사람이 있었다. 회재가 지은 「원조오잠元朝五箴」을 퇴계가 썼는데, 정혜사가 이 책판들을 소장했을 때 문사들이 찾아와 사비로 복사해 간 경우와 같았다.

1555년(명종 10) 이준이 참봉으로 있을 때 아버지 이황이 아들에게 보낸 편지글 가운데 주목해야 할 부분이 있다. '경주부에『삼국사기』책판이 있다는데, 이를 간행해 오는 좋은 기회를 놓쳐서는 안 된다. 다만 종이가 부족하다고 하니 이곳에서 보내줄 것이다. 몇 장이 필요한지 모르겠구나. 필요한 종이의 수를 알려주면 좋겠다'라고 했다. 한 달여 지난 뒤 퇴계는 다시 아들에게 편지를 보

---

127) 弘文館副提學李彦迪呈歸養狀(其狀云 母年七十有三 羸病轉深 氣力日耗 近日受由歸省 身未解職 不可久留 母子涕泣 相別痛念 餘年之無多 猶幸逮養之有日 臣之一弟 今爲集慶殿參奉 兄弟俱在官 衰病之親 傍無奉養之人 乞許令依法歸養) 答曰 人君以孝理國 故有歸養之法 雖可以申明 亦有一子 二子 諸子歸養之差 如關係者 則雖一子 不可聽其歸也 況卿 時任侍從 又兼東宮輔養之職 其任重矣 亦有違於一子歸養之法 往來覲親可也.『實錄』中宗 36年(1541) 7月 16日
128)『경주읍성과 관부』(1), 박장승, 경주문화원, 505쪽

『삼국사기』(옥산서원)

내 인쇄를 다 했다니 이 기쁨이 얼마나 큰지 모르겠다고 답했다. [129]

앞서 두 통의 퇴계 편지를 보면 그는 경주부에 있는 『삼국사기』 책판이 있다는 사실을 알고 집경전 참봉으로 있는 아들에게 편지를 보내 인쇄해 오도록 했다. 아마 부족했던 종이는 안동에서 보냈을 것이다. 이로써 퇴계는 『삼국사기』 전질을 인쇄했다는 말을 듣고 매우 기뻐하는 글을 남겼다. 그런데 도산서원 서책 중 『삼국사기』는 없는 것으로 안다. 중간에 일실했는지는 알 수 없다.

이러한 일이 있은 근 20년 뒤에 1572년(선조 5)에 옥산서원이 건립되자 이듬해인 1573년 8월에 경주부에서 『삼국사기』 한 질을 인쇄하여 보내며, 책 맨 앞장에 '萬曆元年八月日 玉山書院上'이라 적었다. 경주부에서 이 책을 옥산서원에

---

129) 三國史印出事 甚好不可失 但恐其紙不足奈何 欲送此處之紙以補之 未知厥數幾何 而方足 故停之 所入紙數問而知來爲可. (退溪)『家書』(2011), 乙卯(1555)七月二十日
三國史 家禮皆印 何喜如之. (退溪)『家書』(2011), 乙卯(1555)八月晦日

준다는 내용이다. 옥산서원의『삼국사기』는 장정이 양호한 상태로 잘 보관되어 있으며 2018년 2월에 국보로 지정되었다.

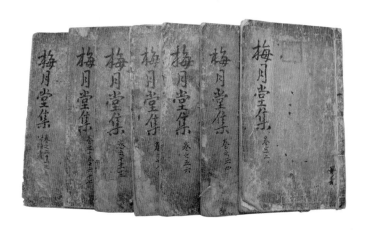

『매월당집』(기림사 소장)

매월당 김시습(1435~1493)이 30대에 금오산 용장사에 칩거하며 경주 유적을 두루 관람하고 시를 남겼다. 이때 집경전을 둘러보고 남긴 시는 다음과 같다.

고려가 망하려 할 때	麗朝將亡日
우리 임금님 창의하였다.	吾王倡義時
간하는 말 듣지 않더니	納言猶不聽
천명을 버리고 어딜 가느냐.	負命向何之
압록강 건너자 군사들 마음이 괴롭고	渡鴨軍心苦
회군해 오니 백성들 원망이 풀어졌다.	來蘇民怨夷

천 년에 은혜를 드리우니   垂恩億千載

전우 앞에서 머리를 조아린다.   稽首拜彤墀.

『梅月堂集』권12, 「遊金鰲錄」 「集慶殿」

　이 시에서 '오왕吾王'은 태조 이성계이고, 함련은 고려 말의 왕을 일컫는다. '내
소來蘇'는 임금이 백성의 고통을 덜어주었음을 말한다. 미련 '동지彤墀'는 궁정의
뜰인데, 여기서는 집경전을 의미한다. 이밖에도 점필재 김종직金宗直(1431~1492)
과 태허太虛 조위曺偉(1454~1503) 등이 배알하고 남긴 시문이 전한다. 점필재의 시
는 생략하고, 조위의 시는 규장각본 『집경전구기도』에 실려 있어서 뒤에 전문을
옮겨 실었다.

3
임진왜란과 어용

　임란이 일어나자, 관민은 황망하였다. 관원은 자기 관속을 거느리고, 백성들은 남부여대하여 인근 산속으로 도망가기 바빴다. 무엇을 챙기고 거둘 겨를이 없었다. 선조 25년(1592) 4월 14일에 부산포를 함락한 왜구는 승승장구하여 경주를 핍박했다. 경주부윤 윤인함尹仁涵은 포망장으로 읍성을 빠져나갔고, 판관 박의장 역시 어쩔 방도가 없었다. 왜구가 거침없이 쳐들어와 21일에 무혈입성하였다. 이러한 와중에 자기 직분을 끝까지 지켜야 할 사람이 있었는데, 바로 집경전 참봉이었다. 특히 어용은 잘못 모셨거나 화를 입었을 경우, 그 책임은 참봉에게만 국한된 것이 아니라 부윤에게도 영향이 있었다. 이는 뒷날 강

릉 집경전에 화재 났을 때 문책에서 알 수 있다. 당시에 전 참봉은 정사성鄭士誠 (1545~1607)과 홍여율洪汝栗(1563~1600?)로, 목숨보다 더 귀한 태조 어용을 수호해야 했다. 읍성 함락이 임박하자, 이들은 어용을 안전하게 수호할 방법을 빨리 찾아야 했다. 물론 향교 대성전에 모신 문묘 선성의 위패는 교생 문응성文應星 등 8명이 갖고 금곡사金谷寺로 갔다가 얼마 후에 옥산서원으로 이봉하였고 다시 도덕암으로 옮겼다.[130]

사태가 급박해지자, 부윤 윤임함은 어용을 이대로 둘 수 없다고 여겨 경주 남쪽 30리에 있는 산성을 생각했다. 예로부터 이 산성은 피란하는 곳이니, 어용을 산성으로 옮기자고 했다. 참봉 홍여율은 혹시 불행한 화가 미칠 수 있으니, 어용을 말아 궤짝에 넣어 전내 정결한 곳에 파묻어 두자고 했다. 정사성은 어용은 향교 위판과 다르니 차마 땅속에 묻을 수 없다며 내지內地로 이봉하여 나라의 명을 기다리자고 했다. 부윤도 동의했으나, 홍여율은 쉽게 동의하지 않았다. 서로 논의하면서 경상도 감사에게 긴급 보고했으나, 회답이 없었다. 나라의 명령 없이 어용을 함부로 옮길 수 없지만, 비상시였기 때문에 정사성은 자신이 모든 책임을 지겠다며 어용을 이봉하기 시작했다.[131] 앞서 글에서, 부윤 윤인함도 참

---

130) 壬辰四月十三日 倭船自對馬島 蔽海出來 十四日陷沒釜山 十六日連陷東萊 兇賊自此 乘勝長驅 分道並進 府尹尹仁涵 聞賊已陷東萊等巨鎭之奇 使集慶殿參奉鄭士誠洪汝栗 侍奉御容 移遷于安東禮安等地 文廟先聖 與諸賢位版 則校生文應星等八人 賁奉藏匿于深山 二十一日 兇賊已逼本府 府尹以捕亡將 預出城外 仍而退北 守城將本府判官朴毅長 長鬐縣監李守一 領軍迎擊 賊氣鴟張 我勢瓦解 不得相敵 敗潰奔散.『府先生案』

131) 且府尹言內 眞殿遷動 事體極重 必待朝廷處分 而萬一不幸 倉卒圍城 則影幀決不可在此圍城之中 府南面三十里 有山城 古之避亂處也 事急則 奔避如何 同官洪汝栗 以爲若不幸之甚 則捲入櫃中 埋置殿內潔地 如何 府尹曰 此言 亦似有理云云 矣身曰 聖容與鄉校位版不同 臣子埋置 似不可忍焉 雖不得已奉避山城 而屋宇窄陋 有同野處 當急奔避 則內地奉安 似爲明正 奉安處所 必於州郡淨潔之地 而觀勢變通 似爲萬全之策 然 此等事體 必有朝命然後 乃可處之云云 府尹亦以爲然 與同官洪汝栗論說 晝夜思量矣 …… 輕自擅便 遷動影幀 極爲重難.『芝軒集』권3 陪晬容避亂事 槀報本道監司狀

양동마을 수운정

봉에게 안동 등지로 이봉하도록 했었다. 어용이 갖는 의미와 상징성은 참으로 지대하였다. 생민을 안전한 곳으로 대피시키고, 관아의 중요 기물과 문적도 피란시켜야 했다. 이것이 목민관의 막중한 책무였다. 그러나 집경전의 어용은 성전 위패와 비교가 되지 않아 당시 관부의 최고 존엄성을 지니고 있었기 때문에 신중히 대처하지 않을 수 없었다.

먼저 정사성은 어진을 양동 수운정水雲亭으로 옮겼다. 청허재淸虛齋 손엽孫曄 (1544~1600)의 시문집『청허재집淸虛齋集』「용사일기龍蛇日記」를 보면, 당시 절박했던 사실을 읽을 수 있다. 임란 직후에 어용을 어디 모셨는지는 알 수 없다. 그해 8월 2일에 참봉 정사성이 어용을 수운정으로 모셨다.[132] 전란 직후에 가장 참혹했던 넉 달 사이의 경위는 자세하지 않다. 수운정에 모신 어용은 4일에 예안으

---

132) (壬辰八月)初二日 同參奉鄭士誠 權奉集慶殿康獻大王晬容于水雲亭.『淸虛齋集』龍蛇日記

로 옮겨갔다. 5일에는 경주부 관원과 이속吏屬이 피란해 있던 죽장竹長으로 옮겼고, 7일에 예안 이영도李詠道(1559~1637)의 서당 서쪽 서재에 봉안하였다.[133] 이영도의 조부는 퇴계 이황이고, 아버지는 이준이다. 그는 임란 때 창의하여 공을 세웠고, 청송부사와 원주목사 등을 역임하였다. 이영도의 호가 동암東巖으로, 그는 상계종가에서 하계下溪로 분가한 파조派祖이다. 하계에서 그는 서당을 세워 후학을 지도하였다. 어용이 임시 봉안된 곳은 현재 퇴계의 상계 종택에서 머잖은 하계 종택이었다. 뒤에 보이듯 어용은 동암서당에 이어 도산서당에도 잠시 모셔진 인연이 있다.

『청허재집』을 좀 더 보면, 1592년 12월에 손엽은 어용을 호종한 공으로 집경전 참봉에 제수되었다. 손엽은 전란 중에 의외로 내려진 벼슬에 감격하였다. 이듬해 3월에 안집사 김륵金玏이 어용을 배알하였고, 현감 신지제가 배종하였다. 4월 7일 이조 공문에 의해 전 참봉 정사성은 신임 참봉으로 교체됨으로써 예안으로 가지 않았다.[134] 여기서 예안에 가지 않았다는 말은 이들 참봉이 제천과 원주에서 내려와 청량산 인근에 있다가 다시 도산서당으로 가지 않았다는 뜻이다. 이들이 홍여율과 불화를 빚자, 이조에서 참봉을 교체한 것이다. 이해 12월 10일 집경전 전우가 불에 타 소실되었다.[135] 이때 목조 건물은 완전히 소실되고 석축 골조만 앙상하게 남은 것이 지금의 잔영이다.

그런데 1592년 9월 8일에 경주읍성은 관민의 합동작전으로 수복하였다. 14일에 청허재 손엽은 부윤 윤인함과 함께 읍성으로 들어와 보니, 모든 건물은 잿

---

133) 初四日 陪晬容 向禮安 初五日 宿竹長 初七日 到李奉事聖與(詠道)書堂 奉安于西室. 上同
134) (癸巳四月) 初七日 見吏關 前參奉鄭士誠 因新任參奉 見遞 以是 停禮安行. 上同
135) (癸巳) 十二月 初十日 集慶殿 災. 上同

더미로 변해 있었다. 물론 집경전도 소실되었다. 전우 앞에 구덩이가 파여 있었는데, 왜구들이 죽은 시신을 이곳에 파묻은 곳이라고[136) 했다. 전란 때의 참상을 사실대로 기록해 두었다.

한편, 참봉 홍여율과 정사성이 호위한 어용 이봉 경로가 『실록』에 실려 전한다. 먼저 정사성과 홍여율에 대해 살펴볼 필요가 있다. 정사성은 홍여율보다 18세 연장자고 안동 사람이며 퇴계 이황의 문인이다. 어용이 이영도의 서당이나 도산서당에 모셔지게 된 것은 그의 힘이 작용했을 개연성이 높다. 반면 홍여율은 서울 사람이고, 아버지 홍진洪進은 문과에 급제하고 선조를 호종했으며 이조판서까지 오른 인물이다. 『청허재집』과 『실록』을 참고해 보면, 1592년 11월에 홍여율은 어용을 잘 호위했다 하여 선조에게 6품에 오른 상을 받았다.[137) 대단한 고속 승진이며 영광이 아닐 수 없었다. 그해 12월에 손엽이 집경전 참봉에 제수되었고, 이듬해 4월에 정사성은 어용 호송에 동참하지 않았다는 이유로 파직되었다. 그런데 어찌된 영문인지 동관同官 홍여율이 상을 받은 5개월 후에 정사성이 파직되었다. 정사성은 과연 유고가 생겨 어용을 수호하지 않았을까? 결론적으로 말하면 뒤의 글에서 알 수 있듯 그렇지 않았다는 사실이다.

정사성의 시문집 『지헌집芝軒集』 연보年譜를 보면, 임란 때 정사성은 48세였다. 그는 자기 책임하에 어용을 서울로 이봉하려 계획을 세우고 경주를 떠났다. 이

---

136) (九月) 十四日 府伯往城內 自四月 一府爲賊窟 官員竄伏深山 是日 府伯以鑛集民心 吹角爲官員 狀觀者 或墮淚 余陪府伯 省視 殿宇蕩殘 殿閣前 有掘發穴 或云埋尸處 客舍則 西淸館在焉 倉穀 則西倉依舊 東倉米千餘石 爲賊所食 城中 毁屋舍爲板柵 築墻爲放砲穴 或圓或方 凶巧莫測 設使當日進軍 必敗殘無餘 不勝寒心 夕還安康. 『淸虛齋集』龍蛇日記

137) 備邊司啓曰 集慶殿參奉洪汝栗 衛護晬容 終始不怠 前日 自本道來者 多稱其忠 今觀初報 極爲可嘉 六品超敍 仍察本任 上從之. 『實錄』宣祖 25年(1592) 11月 6日

들은 풍찬노숙하고 온갖 고생을 하며 안동을 경유해서 제천에 이르렀다. 앞길
은 순탄치 않았다. 진퇴양난에 처한 정사성이 충청도 감사에게 대처할 방법을
물으니, 감사는 본도로 돌아가서 안전한 곳으로 피란하라고 회답을 보냈다.[138]
그러나 행재소가 있는 곳을 향해 다시 원주와 평창까지 갔으나, 왜적이 길을 막
고 있어서 더 나아가지 못했다. 원주로 올라간 이유는 서울 또는 행재소로 가기
위해서였다. 이때 왜적이 조령을 넘자, 할 수 없이 영남으로 되돌아와서 예안에
이안하였다. 당시 김륵金玏이 장계狀啓한 글에서 정사성과 홍여율이 같이 호종
했다고 『지헌집』에서 밝히고 있다.[139] 이들 참봉이 어진을 모시고 여러 고을을
지날 때면 그 지방 수령이 나와서 같이 호송하며 도왔다.

  1593년(선조 26) 7월에 어용은 제천과 원주를 거쳐 다시 청량산 근처에 임시
봉안되었다. 이글에 나타난 백동서당柏洞書堂은 어딘지 모른다. 청량산 부근의
서당인지 또 다른 서당을 말한 것인지 알 수 없다. 어쨌든 이곳 청량산도 어용
을 안전하게 봉안할 입지가 되지 못했다. 관찰사의 도움을 받은 관원 2명이 파
견되어 어용을 호위하고 있었지만,[140] 전란 속에 마땅한 곳은 아니었다. 불의의
변을 당하면, 그 책임이 막중했기 때문에 지방 수령이 수호하여 얻은 공功보다

---

138) 『芝軒集』권3, 到堤川 稟報忠淸道監司狀 참조.

139) 二十五年壬辰(公四十八歲) 四月 倭寇猝發 奉御容向京城【倭 先陷東萊 直向東都 公以眞殿避難事 稟報
  本道監司 而回啓未來 同官洪汝栗曰 當埋置殿內潔地 公曰 埋置聖容 臣子所不忍爲 不如陪向京城 若後
  有擅動之罪 則吾請自當 遂決移奉之計 顚沛難關 風餐露宿 過安東鄕家 而不入 詳見日記】行到堤川 報
  湖西伯 還向嶺南 權奉于禮安柏洞書堂【踰竹嶺 聞大駕西狩 道路梗塞 卽以晬容避狀 馳報忠淸監司尹先
  覺 自原州 平昌 轉向嶺南 奉安于退溪書堂 本道監司韓孝純 來到奉審 以竭忠奉避之意 啓達于肅川行朝
  ○金柏巖玏狀啓略曰 集慶殿參奉鄭士誠 洪汝栗等 陪奉御容 指向都城 行至原州 賊已踰嶺 道不得通 還
  到禮安 …… (下略)】『芝軒集』年譜.

140) 集慶殿御容 方在禮安地淸涼山近處 亦不可謂堅固可恃 左觀察使韓孝純書狀 今適來到 或可下諭 令其
  兩官員 作速陪詣于此 俾無後悔 臣等 俱以庸陋 久忝近密 目覩時艱 至於此極 凡有所懷 不得不達 惶恐
  萬死 傳曰 此意極當 下備邊司 議爲之 如有所懷 後亦啓之.『實錄』宣祖 26年(1593) 7月 21日

과過가 더 두려웠다. 조정에서는 참봉들이 최선을 다하고 있으므로 그들에게 호위하는 임무를 일임하자는 의견을 모음으로써 참봉의 책무가 무거울 수밖에 없었다.[141] 전란이 조금 소강상태로 접어들자, 예관을 보내 봉심奉審하였다. 그리고 후미진 예안에 어용을 둘 것이 아니라 큰 고을로 이봉하자고 논의했으나, 실현되지 못했다.

1594년 5월에 집경전 참봉 정사성에게도 상이 내려졌다. 판돈녕부사 정곤수鄭崑壽가 선조에게 아뢰어 전란 중에 어용을 옮기며 참봉 두 사람이 노고를 같이 했는데, 한 사람만 상을 받는 것은 옳지 않다고 했다. 선조는 이를 몰랐다며 두 사람에게 모두 상을 내렸다.[142] 앞서 홍여율은 1592년 11월에 6품으로 올랐는데, 정사성도 같은 특전을 입은 것으로 사료된다.

청량산 근처 여염집에 있던 어용은 1595년 7월에 도산서당으로 옮겨 모셨다. 선조가 대사헌 김륵과 나눈 대화가 『실록』에 실려 있어서 주목된다.

　　임금이 신하들에게 묻기를, "신들은 각자 생각하고 있는 바를 왜 말하지 않는가?" 하자, 대사헌 김륵金玏이 아뢰었다. "집경전의 어용이 지금 예안 이황의 서당에 있습니다. 방이 협소하고 참봉이 거처하는 곳과 봉안한 곳이 가까이 있으며, 산승山僧에게 시켜 밥을 지을 때 연기에 그을려 매우 미안합니다. 왜적이 바

---

141) 集慶殿御容 移奉于行在所事 宰臣中 或有是意者 但奉陪參奉 年前之變 東西遷徙 不憚勞苦 竟得無事 以其功 已爲陞敍 臣等之意 此時道路極難 不若專付此人 使之進退 恐或無妨 敢禀 上 并從之. 『實錄』 宣祖 26年(1593) 7月 21日

142) 崑壽曰 慶基集慶晬容 皆移他處 慰安似可施行 而朝廷未遑矣 上曰 如此事 禮官當爲之 崑壽曰 兩殿避亂時 參奉二員 一體陪行 而一員蒙賞 一員未蒙 同是一體功勞 或受或否 似爲未安 上曰 予不知之 令該司察爲. 『實錄』 宣祖 27年(1594) 5月 26日

안동시 도산서원 내 도산서당

다를 건너 떠난 뒤 계속해서 그곳에 봉안한다면, 날씨가 춥기 이전에 수리해야 합니다. 이는 조정에서 결정해 주셔야 할 일입니다." 임금이 이르기를, "예조에서 의논하여 처리하라."라고 하였다. 김륵이 아뢰기를, "처음에 참봉 홍여율이 제천堤川으로 어용을 모시고 오는데, 왜적들이 가득하고 도로가 막혀 예안으로 되돌아갔습니다. 그때 정사성은 사고가 생겨 오지 않았는데도 홍여율과 함께 상을 받았습니다. 인심이 매우 흉악하여 뜻밖에 변고가 있을까 염려되며, 여율은 수복守僕 두 사람, 산승山僧 두 사람과 함께 시종 보호하였습니다. 신이 그 지역에 왜적이 접근했다는 소문을 듣고 달려가 보니, 여율이 수복 및 산승과 함께 어용을 짊어지고 왔으므로 도중에서 서로 만나 통곡하였고, 신은 홍여율에게 청량산으로 가서 피하도록 했습니다. 그 간에 홍여율은 성의를 다하였으니 그

공로가 큽니다. 그런데 정사성 또한 승진의 명을 받았으니 그 까닭을 알 수 없습니다. 산승 및 수복의 이름을 신이 기억하지 못하겠으나, 열심히 애쓴 공으로 상을 주어 격려해야 옳을 듯합니다."라고 하니, 임금이 이르기를, "이 말이 매우 옳으니, 유사로 하여금 보살펴 거행하도록 하라. 어수선한 전란을 당하여 홍여율이 성의를 다해 봉안한 일은 나도 알고 있다. 그 성의가 어찌 우연이라 하겠는가."라고 하였다.[143]

이 글에서 몇 가지 사실을 알 수 있는데, 『지헌집』과 『실록』의 내용이 서로 다르다. 본디 제천에서 서울로 이봉하려다 도중에 왜적을 만나 가지 못하고 되돌아왔기에 어용을 청량산 기슭에 모셨다. 어용은 선조 25년(1592) 8월 이영도 서당에 모셨고, 1593년 7월에 청량산 근처로 옮겼다가, 1595년 7월에 도산서당으로 이봉하였다. 어용을 도산서당에 모신 것은 긴급한 피란이었다. 도산서당은 여러 사람이 기거하기에 좁았고 전란 중에는 이곳에 많은 사람이 붐볐을 것이다. 그런데 어용과 참봉이 갑자기 들어와 한 공간씩 차지하고 있어서 더욱 복잡했다. 산승이 이들을 시중들었다. 중들이 불을 지펴 밥을 지으니 연기가 서당을 뒤덮었다. 어용이 검게 그을리고 변색하였으나, 어찌할 방도가 없었다. 어용을 수호하고 이봉할 때 인원은 참봉과 종 2명 및 승려 2명이었다. 전담 인원

---

143) 上 御別殿 講周易 上 謂左右曰 盍各言其所懷 大司憲金玏 啓曰 集慶殿御容 今在禮安李滉書堂 而房屋窄狹 參奉所在 迫近於奉安處 而令山僧 炊飯而食 烟火相通 極爲未安 賊若渡海 而仍爲奉安于其處 則日寒前當修理 必有朝廷定奪而後乃可 上曰 禮曹議處 金玏曰 當初參奉洪汝栗 奉來于堤川 賊已充斥 道途阻梗 乃還于禮安 其時鄭士誠 則有故不來 而與汝栗 同蒙賞典矣 人心甚惡 慮有意外之變 汝栗與守僕二人 山僧二人 終始保護 臣 聞賊近其境 馳往見之 汝栗與守僕及山僧 負持晬容而來 中路相逢痛哭 臣令汝栗 向清凉山避焉 其間 汝栗盡誠之事 其功大矣 鄭士誠 亦受陞品之命 未知其故也 其山僧及守僕 臣不記其名 而奔走勞苦之功 似冝有施賞勸勵之擧矣 上曰 此言甚當 令攸司察而擧行 當兵戈搶攘之日 汝栗盡誠奉安之事 予亦知之 其誠豈偶然哉 『實錄』宣祖 28年(1595) 7月 18日

5~6명이 이곳에 덧붙어 살 곳이 못 되었다. 겨울이 오기 이전에 어용을 봉안할 공간을 새로 짓든가, 아니면 현재 공간을 수리해야 한다고 김륵이 청하였다.

그런데 김륵의 말 가운데 집경전 참봉 홍여율과 정사성의 공을 서로 달리 말하고 있다. 홍여율은 어용을 수위하며 노고를 아끼지 않았고, 그를 따른 종과 승려들도 역시 수고가 많았으니 상을 내려야 한다고 했다. 특히 정사성은 유고가 있어서 호종하지 않았는데도 은전을 입었다. 공이 없는 사람에게 상을 내림으로써 종과 승려들이 불만이 많다며 수복과 산승에게도 상을 내려야 한다고 선조에게 청하였다.

이들 참봉이 어용을 이봉하는 과정에서 어떠한 일이 있었을까? 아마도 참봉 두 사람은 이봉 경로와 상황 대처 등으로 알력이 있었을 것이다. 앞서 어용 수호와 이봉은 참봉 두 사람에게 전권이 맡겨져 있었다. 어용을 어떻게 모시느냐에 따라 입신(立身)이 달려 있으므로 서로 의견이 다를 수 있었다. 임란 초기 양동 수운정에 어용을 모실 때, 정사성의 이름만 보이고 홍여율은 없다. 1592년 12월에 손엽이 집경전 참봉에 제수되었고, 이듬해 4월에 정사성은 파직되었다. 곧 예안 이영도의 서당까지 정사성도 홍여율과 함께 참봉직을 수행하였다. 두 사람이 모두 참봉으로서 직무를 다했다. 1592년 11월에 홍여율은 6품으로 상을 받았고, 정사성에게는 아무런 상이 없었다. 홍여율이 은전을 입은 1년 6개월 뒤인 1594년 5월에 정사성도 상을 받았다. 정사성이 1593년 4월에 참봉직을 그만둔 지 1년여 세월이 지난 뒤였다. 앞서 김륵이 선조에게 아뢴 글 가운데, 제천으로 가려다가 길이 막혀 예안으로 되돌아올 때 정사성은 '유고불래有故不來'라고 했다. 어떤 일이 생겨 오지 않았다는 말이다. 그러나 뒷날『실록』의 글을 보면, 정사성이 앞장서 어용을 짊어지고 단양과 제천 사이로 피란했다고 하였다. 정사성의 문집『지헌집』에도 '행도제천行到堤川'이라 하여 제천까지 갔음을 기록하였다. 김륵이 선조 앞에서 한 말과『지헌집』에 실린 장계狀啓의 말이 각기 다르다. 정사성과 홍여율의 관계가 미묘하여 김륵이 자세한 내막을 알 수 없다. 김륵이 정사성을 좋게 보지 않았던 것은 분명하다. 당시 참봉은 같은 임무를 띠고 노고와 생사를 같이했다. 그런데 한 사람만 먼저 특전을 받은 데 대해 석연치 못한 일이 있었다. 임무에 대한 역할보다 충성심에 대한 경쟁과 같은 감정이 내재하고 있었을 것이다. 어쨌든 참봉 두 사람의 역학 관계는 미묘하고 복잡했다.

홍여율의 아버지 홍진은 행재소에서 선조를 모시고 있어서 대사헌 김륵과 자연히 교분이 있었을 것이다. 김륵이 선조에게 홍여율의 공을 치하하고, 정사성을 제천 등지까지 호종하지 않았는데도 상을 내린 것은 잘못이라고 지적한 것은 홍진의 힘이 작용한 것으로 보인다. 또한 뒤의 글을 보면, 홍여율은 아버지와 서로 통하여 정사성을 파직시켰다고 했다. 본디 참봉 홍여율은 품행이 좋지 않았는데, 이는 다음 글에서 읽을 수 있다.

1600년(선조 33) 10월경에 홍여율이 죽었다. 아버지인 홍진이 선조에게 글을 올려 아들의 죽음에 대해 슬픔을 말하고 벼슬을 그만두겠다고 했다. 선조는 홍여율이 나라를 위해 공이 많았다고 치하하고, 홍진을 약방제조藥房提調로 체직하여 위로했다. 여기서 사신史臣의 말을 덧붙여 기록한 글에 따르면, 홍여율은 사람됨이 간사하고 영악하며 흉물스러웠다. 정사성과 같이 집경전 참봉이 되었으나, 임란 때 정사성이 앞장서 창도하여 어용을 짊어지고 단양과 제천 사이에서 왜적을 피했다. 그 뒤에 홍여율은 아버지가 있는 행조行朝에 은밀히 내통하여 때때로 발설하기를, "여율은 함께 일하던 관료가 도망친 뒤에 온 힘을 다

기울어 보호했음으로써 어용이 화를 면하였다."라고 하였다. 이에 정사성은 벼슬에서 쫓겨나고, 여율이 홀로 승진되었다. 사람들은 모두 그가 간교하게 다른 사람을 죄에 빠뜨렸다고 하였다. 그런데도 어떤 간특한 재상이 경연에서 홍여율이 힘을 다한 것처럼 아뢴 까닭에 임금이 이처럼 전교한 것이라고 했다.[144]

이처럼 홍여율은 아버지 홍진이 있는 행재소에 내통하여 자신의 공을 퍼뜨리고 정사성을 무고하여 참봉직에서 쫓겨나게 했다. 그런데도 간악한 재상은 홍여율이 최선을 다했기 때문에 어용이 화를 면했다고 선조에게 아뢰었다. 이 말만 들은 선조는 그에게 상을 내렸고, 그가 죽자 다시 나라를 위해 마음을 다했다고 애통하였다. 선조는 끝내 홍여율이 어떠한 인물인지 몰랐고, 주위 신하들만 그의 사람됨을 알았다는 것이다. 임란 때 집경전 어용을 이봉하는 과정에서 정사성과 홍여율 두 참봉의 이견 차이가 있었고, 이로써 공과를 따지면서 조정에까지 비화되고 있음을 보여준 글이다.

도산서원에 있던 어용을 정유재란(1597) 때 강릉 객사 임영관 곁에 모셨다.[145] 당시 정황을 알 수 있는 자료가 없어서 아쉽다. 임진년 1차 피란지는 행재소였으나, 뜻을 이루지 못하고 안동에 머물렀다. 정유년 2차 피란의 대상 지역 역시 서울이었으나, 왜적에게 길이 막혔다. 할 수 없이 강릉으로 임시 이봉했던 것이 강릉 집경전 시대를 열게 하였다.

---

144) 左參贊洪進箚子 臣自聞子喪 精神昏耗 疾病沈痼 本職及兼帶乞遞 答箚曰 聞卿哭子 良用惻然 曾聞卿子 盡心國事【進之子名 曰汝栗 爲人奸佞闇邪 與鄭士誠 爲集慶殿參奉 壬辰之亂 鄭士誠主倡負影幀 避賊于 丹陽 堤川之間 其後 汝栗密通於父 在行朝時 倡言汝栗於同官逃走之後 戮力保護 其影幀得免云 鄭士誠 反爲革職 汝栗獨爲超遷 人皆以爲奸巧陷人 而至於有一姦宰相 達於經筵 以汝栗盡力之事 故自上如是 傳敎】予爲惜 脩短有命 喪明之厄 古之聖賢所不免 卿宜寬心卿患病云 玆遞藥房提調 卿宜知悉.『實錄』 宣祖 33年(1600) 10月 12日
145)『강원도지(江原道誌)』, 1940.

한편, 임란 중에 전주 경기전의 어용도 이봉하는 데 많은 어려움이 있었다. 전란이 일어나자, 참봉 오희길吳希吉과 수복 등이 어용을 정읍 내장산 은적암에 옮겼다가, 배를 이용하여 행재소 의주義州로 피란시켰다. 선조는 의주에서 태조 어용을 맞이할 때 슬피 울며 제를 올렸다. 어용은 다시 영변 묘향산 보현사로 이봉되었고, 경기전 전우는 정유재란(1597)에 소실되었다. 본디 태조 어용은 26본이 전해졌으나, 임란을 겪으면서 거의 소실되었다. 경기전은 광해군 7년(1614)에 중건하여 어용을 다시 봉안하였다. 1636(인조 14) 호란 때 어용을 무주 적상산성赤裳山城으로 옮겼다가 환봉하였고, 1675년(숙종 1)에는 위봉산성에 별전을 지어 전란이 일어나면 어용 이안 장소로 이용하려 했다. 그 후에도 화재 등 여러 차례 재난을 겪었으나 화를 면했다. 1872년(고종 9) 영희전의 태조 어용을 새로 그려 봉안할 때, 2본을 모사했다. 그중에 1본은 경기전에 가져와 모셨는데, 개국 초에 그린 구본이 낡았기 때문이었다. 신본을 봉안하고, 구본은 세초洗綃하여 백자 항아리에 넣고 본전 북쪽 계단 위에 묻었다. 당시에 모사한 것이 현재 유일하게 남은 태조 어용이다. [146]

---

146)『慶基殿』, 전주시, 2008. 18쪽 참고

4
강릉 집경전 화재와 재건 논의

　　1597년(선조 30)에 정유재란이 일어났다. 왜구가 지나간 곳에는 온전히 남은 것이 없고, 많은 민가와 문화유산이 파괴되었다. 심지어 저들이 신라 왕릉을 파헤쳤다는 기록도 있다. 도산서당 등지에서 5년간 머물렀던 어용은 서둘러 강릉으로 옮겨졌다. 전란의 화염 속에 어용은 죽령-단양-제천-영월을 경유하여 강릉 객사 임영관에 권봉權奉하였다. 당시 참봉은 홍여율 한 사람뿐이었는지, 아니면 또 다른 사람이 있었는지 모른다. 그 후 임영관 곁에 강릉 집경전을 건립하여 모셨다.

　　1628년(인조 6) 4월에 당시 좌승지인 이민성李民宬(1570~1629)이 강릉 집경전을 살펴보고 돌아가 인조에게 보고한 글에 따르면 당시 어용 상태가 엉망이었다. 임란을 겪으면서 손상을 많이 입었고, 또한 강릉으로 옮긴 후 관리가 매우 부실하였다. 어용을 모신 어탑御榻 아래 쥐가 갉아 먹어서 열다섯 군데나 구멍이 뚫렸고, 배후에도 여러 곳이나 낡아 떨어졌다. 이뿐만 아니라 어포御袍 오른쪽 아래에 오점이 묻어 있고, 빗물이 스며들어 얼룩진 데가 많았다. 빗물이나 쥐가 침투한 것 이외에 단청이 해지고 떨어진 곳도 많으나 다행히 어용에는 미치지 않았다. 이를 서둘러 수치修治해야 한다고[147] 했다.

이로써 그해 9월에 전우와 어용을 개수하기에 이르렀다.[148] 어용이 경주를 떠나고 36년이 지난 뒤였다. 이를 통해 보면, 강릉 집경전은 임란 이후 곧 창건하여 어용을 봉안했던 것으로 사료된다. 이때 집경전 개수는 단순히 전우만 고친 것이 아니라 단청까지 했다. 화동畫棟과 비맹飛甍이 임영관과 조화되어 화려했다. 이뿐만 아니라 이를 기념하는 뜻으로 경시慶試가 열렸다. 경시는 나라에 경사가 있을 때 보았던 과거시험이다. 경시에서 문과 4명과 무과 9명이 뽑혔다.[149] 집경전의 이건에 따른 지역 주민들에게 일종의 특전이 주어졌던 사례이다. 또한 그해 10월에 어용을 개모하였다. 임란 때 연기에 그을리고 손상 입은

---

147) 集慶殿奉審後狀啓, 臣於本月初四日 到江陵府 連値陰雨 不得奉審 初六日巳時開霽 與監司臣李顯英 府使李命俊 肅拜後 眼同奉審 則自 御榻以下至玉軸粧繢處 鼠破十五穴 後褙亂破處五十餘 而或有磨破 似非盡出於鼠咬者 惟御袍帶下右偏 有點汚處 狀如油暈 所見可駭 粧繢左邊有雨漏痕二條 自上徹下 右邊上白地亦有漏痕處 取考所藏報狀 則在於己未壬戌等年 而掩置不爲申稟 守直官之所爲 極爲駭愕 雨漏鼠破之外 丹靑渝色處剝落處摺損處亦多有之 所幸不犯 睟容爾 幷圖形上送 且審殿內外法具 則棟宇欹傾 門戶不得正閭 殿內斗帳油芚亦多鼠損 紅蓋綴扇亦皆鹵薄 不合儀式 殿內坑上 有罅隙處 煙氣相通 不可不從速修治 而影幀有頉處 修改之功 專在於畫手 當此暑月 色膠易渝 待稍涼後方可下手云 凡所聞見幷爲馳 啓云云,『敬亭集』권13
148) 改修江原道江陵集慶殿影幀 行還安祭,『實錄』仁祖 6年(1628) 8年) 9月
149)『增修臨瀛誌』참고

것을 고쳐 그렸다. 당시에 참가한 화원은 이징李澄과 이신흠李信欽이었다. 이들은 어용을 개모한 공으로 실직 6품에 제수되는 영광을 입었다.[150]

1631년(인조 9) 3월 3일에 강릉 집경전에 화재가 났고, 4일 뒤 3월 7일에 나라에 보고되었다. 어용과 신주는 물론 신연神輦과 향정香亭이 모두 소실되었다. 참혹한 전화戰禍 속에서도 신민臣民이 목숨을 걸고 수호했던 어용이 아니던가. 진전眞殿은 곧 종묘이고, 영정은 신주神主와 다를 바 없는 일체一體의 존엄성을 지니고 있었다. 왕릉의 화재보다 훨씬 더 중대한 일이었다. 이 말을 들은 인조는 황망하여 어쩔 줄 몰랐고, 조정은 발칵 뒤집혔다. 신료들과 상의한 끝에 인조는 백관을 거느리고 3일간 숭정전 뜰에 나아가 망곡례望哭禮를 올렸고, 또한 종묘 태조의 신위 앞에서 위안제를 지냈다. 강릉에 신하를 보내 화재 경위를 알아

강릉 객사 임영관

---

150) 備忘記 集慶殿影幀修改時 禮曹參議鄭百昌熟馬一匹 監司李顯英 府使李命俊半熟馬一匹 賜給 禮曹佐郎李岾 陞敍 畵員李澄 李信欽東班六品實職 除授.『承政院日記』인조 6년(1628) 10월 3일

보게 했다. 내전과 빈궁도 아울러 3일간 소복과 소찬을 하며 근신했다. 또 인조는 조시朝市를 정지하라는 명을 내렸다.[151] 조선 왕조의 정신적 지주는 태조 강헌대왕이었고, 어용은 그를 상징하며 항상 강림하고 있다고 했다. 따라서 이러한 재이災異는 군주의 해이한 마음에서 비롯된 것이고, 곧 천심이 격노한 것으로 간주되었다.

이튿날 우부승지 강홍중姜弘重을 강릉에 보내어 화재 원인을 조사하고, 임시 신위를 설치하여 위안제를 지내도록 했다. 3월 16일 의금부에는 실화 책임자로 참봉 김광안金光顔과 수복 등 9명이 잡혀 왔다.[152] 조선이 개국한 이래 미증유의 변이라 규정하고, 다른 죄와는 구별하여 다스렸다. 그리하여 관련자를 모두 잡아들였다. 먼저 강릉부사 민응형閔應亨은 그 책임을 물어 장杖 1백 대를 맞고 2천리 밖에 유배되었으며, 전사관이자 평릉 찰방 이초로李楚老 역시 장 1백 대에 3천 리 밖으로 유배되었다. 그렇지만 이들은 공죄公罪로 인정되어 형벌 대신 재물로 속죄되었으며 1등급이 감해졌다. 가집사加執事 홍가영洪可榮・최경영崔慶榮・전문적全文績 등은 방면되어 보내졌다.[153] 참봉 김지안金志顔・향소 최신일崔信一・색리 전영철全英喆 등이 죄를 받았다. 얼마 후에 이들도 모두 풀려났고, 참봉

151) 江陵集慶殿火 卽太祖眞殿也 禮曹 啓曰 禮云 有焚先人之室 則三日哭 故曰 新宮火 亦三日哭 註曰 先人之室 宗廟也 神主所入 故曰新宮 以此見之 眞殿與宗廟無異 影幀與神主一體 自上似當素服 率百官三日哭而止 行慰安祭於宗廟太祖大王神位前 遣官江陵 亦設位 行慰安祭 看審失火之處然後 眞殿參奉 及守僕等 各別議罪 答曰 依啓 且慈殿亦當變服 更議以啓 回啓曰 自前各陵失火 則自上變服 而內殿則無變服之例 但今此影幀之災 比陵上失火尤重 自上亦三日哭 則自內服膳 視常日無變 情所未安 慈殿 內殿 嬪宮 竝進素服 素膳 三日而止似當 上從之 翌日 上行望哭禮于崇政殿庭 三日 又命停朝市 兩司亦竝停前啓 禮曹判書金尙憲 欲自往看審 政院以爲 當此多事之時 宗伯不可遠去 宜遣他堂上 答曰 遣承旨可也.『實錄』仁祖 9年(1631) 3月 7日

152) 禁府 集慶殿參奉金光顔 守僕等九名 拿囚.『承政院日記』인조 9년(1631) 3월 16일

153) 禁府 閔應亨等 集慶殿失火事 決杖一百 流二千里 李楚老 決杖一百 徒三年徒流 以公罪收贖 功減一等 啓 假執事洪可榮 崔慶榮 全文績 放送.『承政院日記』인조 9년(1631) 3월 27일

김지안과 최신일만 오래 갇혀 있었다. 마침 5월에 극심한 한해旱害로 인해 이들도 모두 풀려났는데, 김지안은 곤장을 맞은 뒤에 풀려났다.[154] 참봉은 화재 문책으로 가장 중벌을 받았다. 그는 오랫동안 영오의 몸에서 마침내 풀려났다.

그해 3월 27일 강릉에 내려갔던 강홍중이 돌아와 인조에게 보고한 글이 전한다. 당일 집경전 수복守僕은 제관이 출타한 틈을 타서 불에 타다 남은 나무를 몰래 가져와 풀더미 밑에 두었다가 그만 불을 냈다고 했다. 인조가 고을에 사람들이 많은데 왜 불을 못 껐느냐고 하자, 전우 문이 굳게 닫혀 있고 불이 삽시간에 번져서 어찌할 수 없었다고 했다. 또한 전우를 새로 지을 때 감사와 부사가 있었기 때문에 예조의 낭관은 따로 보낼 필요가 없었다[155]고 했다. 결국 화재의 모든 책임은 수복 한 사람에게 돌아갔다. 직접적 원인과 과오는 알 수 없지만, 종에게 모든 죄를 뒤집어씌우는 결과로 끝났다.

강릉 집경전 화재 이후에 전우를 중건하자는 논의가 일찍부터 대두되었다. 조정에서 화재 소식을 접한 지 4일째 되던 1631년 3월 11일에 예조에서 먼저 아뢰었다. 준원전에 모시고 있는 어용을 모사하여 집경전에 봉안해야 한다는 것이었다. 다만 전우 중건의 역사가 한두 달에 끝날 일이 아니므로 너무 서두를 필요가 없고, 전우를 중건할 곳은 대신들과 상의해서 결정하되, 강릉에 세우는 것이 옳은 듯하다[156]고 했다. 이때는 화재 이후의 민심 수습과 사고 규명 및

---

154) 『增修臨瀛誌』 참조

155) 左副承旨姜弘重 奉審集慶殿 來啓曰 本殿守僕 乘祭官之出 偸取燒餘之木 置諸草芚之下 仍致失火云矣 上 召問曰 本邑人民衆多 何不能撲滅乎 對曰 殿門旣閉 而火焰易熾 勢不能及矣 且殿宇重創時 有監司府使 不必遣禮曹郞官也 上曰 令該曹酌處. 『實錄』 仁祖 9年(1631) 3月 27日

156) 禮曹啓曰 璿源殿御容奉審後 當卽爲摸寫, 奉安于集慶殿 殿宇重建之役 亦非一二月可了之事 必須前期下諭然後 可無窘迫之患 且建殿處所 大臣之意以爲 仍建于江陵 爲宜云 並下諭于江原監司處 何如 傳曰 允. 『承政院日記』 인조 9년(1631) 3月 11日

문책으로 겨를이 없었다. 이해 3월 29일 예조에서 다시 아뢰었다. '준원전의 어용을 모사하여 새로 지은 집경전에 봉안해야 하며, 다만 강릉의 전우가 언제 건조될지 모른다. 통문을 보내 전우 준공의 답을 기다린 후에 모사 시기를 정하자'라고 했다. 그러나 인조는 5월에 모사하여 7월에 봉안하자는 논의는 너무 성급하며, 막중한 일을 쉽게 서두를 일이 아니라고 하고, 농번기를 피해서 어용을 모사하고 전우를 짓는 것이 좋겠다[157]고 했다. 인조는 백성의 고통을 헤아려 민력民力을 함부로 동원할 수 없으며, 나라가 안정되고 농한기를 기다리자고 했다. 그러나 문제는 경주에서 일어났다.

강릉 집경전 화재 직후에 경주 인사들을 중심으로 전우를 경주에 다시 지어야 한다는 여론이 비등했다. 앞서 강릉에 전우를 짓는다는 말을 들은 경주 사람들이 하나로 뭉쳐 분연히 일어났다. 나라에 글을 올려 강릉이 아닌 경주에 전우를 다시 지어야 하는 이유와 논리를 적극 주장하기에 이르렀다. 마침내 나라에서 이를 받아들여 경주에 중건하기로 했으나 계속 지체되었다. 이는 1634년(인조 12) 10월 예조판서 이홍주李弘胄가 인조에게 아뢴 말에서 알 수 있다. 집경전 화재 이후에 경주 사람들이 올린 소에 의해 경주에 전우를 중건하기로 정한지 4년이 지났다. 아직 거행하지 못하고 있는데, 명년 봄에 중건하여 어용을 봉안하려 한다고 했다. 이때 윤방尹昉과 김상용金尙容 등이 양전量田이 끝나는 때를

---

157) 禮曹啓曰 璿源殿影幀 旣已奉審 無毫髮熹微之事 集慶殿影幀 某月內模寫事 必俟睿裁命下然後 先爲知委于該道 本曹堂上 郎廳 中使 承旨 次第下去 模寫卽時 移御于新建殿宇矣 但江陵影殿 完役遲速 未能詳知 移文通問 待其回報後 模寫時月 申稟定奪乎 傳曰 知道 前日未模寫影幀 五月望前模寫 待七月移安如何 此是莫重之事 一路小弊 不可顧念 民生 若或以此廢農 則在天之靈 亦必不安 不得不念及耳.『승정원일기』인조 9년(1631) 3월 29일

기다려 거행하는 것이 좋다고 하여 뒷날로 미루어졌다.[158] 아마도 강릉과 경주 두 지역에서 전우 중건 유치 작전이 치열했던 것으로 볼 수 있다. 결국 1631년에 구기舊基가 완연한 경주에 중건하기로 했으나, 농번기 등을 이유로 지연되고 있었다. 그런데 이후 『실록』 등에는 관련 글을 찾을 수 없다. 2년 후에 병자호란이 일어났고, 국내의 여러 가지 사정이 복잡하여 민력을 반영할 수 있는 상황이 아니었을 것이다. 그러나 경주 인사들은 끊임없이 중건 상소를 올리고 논의를 지속하였다.

집경전을 중건하자는 논의는 저변에 몇 가지 다른 의미를 담고 있어서 주목된다. 경주는 여름철 홍수 때마다 북천 제방의 위험을 안고 있는데, 이는 곧 전우의 안위와 관련되었다. 또 한지원을 두고 품관과 역리驛吏의 이권 싸움에서 야기된 논쟁 가운데 집경전의 위상이 관련되었으며 부민의 순수한 여망으로 어용을 다시 봉안하자는 논의도 있었다. 이를 다시 정리해 보면 다음과 같다.

첫째, 1466년(세조 12) 1월의 일이다. 경주 북천 물길이 바로 읍성을 향해 흐르고, 또한 해자垓字가 모두 막혀 있었다. 경주는 집경전이 있어서 관원들이 자주 경유하는 곳이었다. 따라서 농한기를 이용해서 주민을 징발하여 제방과 해자를 수축했다.[159] 주민을 동원하여 제방을 쌓으려면 나라의 허락을 받아야 했다. 신라 때 북천이 무너져 수백 명이나 죽은 일이 있었고, 고려 때 삼도三道의 장정

---

158) (李)弘胄 又曰 集慶殿影幀遭火之後 因慶州士民之疏 已定奉安于慶州 而今至四年 尙未擧行 請待明春 營造奉安 上曰 問于大臣 其後 尹昉 金尙容等 以爲宜待量田畢後 擧行 上從之. 『實錄』 仁祖 12年(1634) 10月 10日

159) 工曹 據慶尙道堤堰巡察使宣炯啓本啓 慶州北川水道 直向邑城 且城下海子 皆已塡塞 本州 非他官之例 集慶殿所在 且客人經由之處 請於明年農隙 抄發本州民 修築堤防及海子 從之. 『實錄』 世祖 12年(1466) 1月 19日

을 불러 모아 제방을 쌓은 일이 있었다. 집경전을 읍성 중앙에 건립한 이후에 이를 수호한다는 명분으로 주민을 징발하여 북천 제방을 견고히 쌓았다. 전우 수호와 주민의 안위를 서로 연계한 것이었다. 후세에 사론士論이 야기되었을 때도 같은 주장을 되풀이하였다.

둘째, 황룡사 동북 들녘을 보문평普門坪 또는 한지원閑地原이라 불렀다. 조선 중기에 이들 유한지인 늪지대를 두고 사리역沙里驛 역리와 경주 지역 품관品官의 이권 다툼이 근 2백여 년간 지속되었다. 이에 관한 글은 쌍봉雙峯 정극후鄭克後 (1577~1658)의 '경주 사민士民을 대표하여 보문평에 도랑을 뚫지 말아 줄 것을 청하는 소[代慶州士民請禁普門坪開渠疏]'160)와 노암魯庵 김종일金宗一(1597~1675)의 '역졸이 한지원 개간을 금하게 해 줄 것을 청하는 소[禁驛卒墾閑地原疏]'161)가 대표적이다. 경주읍성의 지형은 낮고 동서북 3면은 모두 하천이 흐르며, 동쪽 한 면만 낭산 狼山으로 이어졌다. 명활산은 경주의 진산鎭山이고, 그 서쪽 평원은 예로부터 나라에서 특별히 금호禁護해 둔 곳이 한지원이었다. 한지원에서 읍성까지는 5리이고, 그 사이에 구릉도 없었다. 큰비가 올 때면 홍수 흐름을 꺾을 수 없을 정도로 위태로웠다. 가정 연간(1522~1566)에 일부 무리가 낭산 기슭에 도랑을 파서 동천 물을 한지원 가운데 전답으로 끌어넣었다. 이 사실을 알게 된 부윤은 감사에게 보고하여 주모자를 처벌하고 동천 제방은 금호禁護시켰다. 임란 후에 울산에서 피란 온 군민이 낭산 기슭에 살면서 또 동천 둑을 잘라 물길을 끌어다 농경지에 대었다. 이후 사리역 역리들이 감사에게 "보문평 가운데 한지원은 가정

160) 『雙峯先生文集』권2 참조
161) 『魯庵先生文集』권2 참조

경주 동천과 보문평

可耕할 토지로서, 동천 물을 끌어다 대면 좋은 농토가 될 것이다."라고 허위로 보고했다. 감사가 영문도 모르고 허락하자, 수천 명을 동원하여 한지원에 물길을 뚫었다. 마침 암행어사 이명준李命俊이 알고 공사를 중지시켰다. 경주 지형은 고도孤島와 같다. 만약 동천 물이 낭산 서남쪽으로 뚫고 흐르면 물길이 오릉의 숭덕전에 닿아 남천으로 들어가고, 서쪽으로 도랑을 뚫게 되면 물길이 읍성으로 들어와 집경전에 부딪혀 서천으로 합류하게 된다는 것이었다. 또한 역리들이 한지원을 개간할 때, 분황사 부근 신사리新沙里로 이주하여 새 터전을 닦은 것은 1623년(인조 1)이었다. 그러나 역리들은 품관들에 의해 1669년(현종 10)에 구사리舊沙里로 쫓겨나고 말았다. 역리들은 품관들의 주장에 불응하고, 장편의

「보문평작자등장普門坪作者等狀」[162]을 나라에 올리려 했으나 뜻을 이루지 못했다. 역리들은 경주 진산은 북쪽에 있는 고양산高陽山이라고 했다. 그래서 경주의 집경전과 민가가 모두 남향이라며 명활산이 주맥이라는 설을 반박했다. 또한 물길을 크게 뚫는 것이 아니라 작은 도랑을 냈다가 가을이면 막아 둔다고 했다. 한지원이란 본디 역사에 없는 말을 품관들이 지어냈다. 이를 집언執言하기 위해 『동경잡기』를 편찬했다는 놀라운 말을 했다. 몇몇 품관들에 의해 연간 1천여 석을 수확하는 옥토를 놀릴 수 없다고 역리와 경작자는 강력히 주장했다. 품관과 역리들의 다툼은 18세기까지 지속되었으며, 이와 관련된 고문서가 다수 전하고 있다(이에 관해 필자가 논한 글[163]이 있다). 그런데 품관들의 논리 가운데 주목되는 부분은 역리들의 한지원 개간이 곧 집경전의 안위와 연계된다는 설이다. 이들의 투쟁은 중세 경주 역사의 한 단면을 보여주고 있다는 데 특징이 있다.

셋째, 경주 집경전에 태조의 어용을 봉안했으며, 임란 때 강릉에 옮겨졌다가 소실되었다. 이후 경주 사람들이 나라에 여러 번 글을 올려 집경전을 다시 지어 달라고 했다. 그렇지만 중건되지 못한 채 불에 타버린 옛터는 잡초 더미 속에 파묻혀 있었다. 이것은 나라의 큰 잘못이며, 경주 부민의 마음을 많이 상하게 하였다. 그러므로 하루속히 중건하여 제례 의식과 첨모의 장소가 되게 해 주길 염원하였다. 학고鶴皐 이암李巖(1641~1696)이 올린 '태조 어진의 집경전을 경주에 중건해 달라는 표문[請太祖大王御眞集慶殿重建于慶州府奏議表]'[164]은 부민의 간절한 여망을

---

162) 계해년(1683)에 역리들이 작성한 것으로 불발 소지이며, 개인 소장이다.

163) 조철제, 「朝鮮時代 慶州의 五里藪와 普門坪 小考」, 『新羅學研究』 제4집, 위덕대학교 신라학연구소, 2000, 253-285쪽

164) 『鶴皐逸稿』권1 참조

| 일제 강점기 때 집경전 옛터 | 현재 집경전 옛터 |

담은 것으로, 집경전 중건에 따른 상소가 이후 지속되고 있었음을 보여준다.

결론적으로 홍수 때 집경전의 안위가 달려 있으니 북천 제방을 굳게 쌓아야 한다는 설, 역리들이 한지원을 개간하여 물길을 열면 역시 홍수 때 전우가 위험하다는 품관의 논리, 부민이 제례하고 첨앙瞻仰할 수 있는 장소를 마련해 달라는 글 등이다. 어쨌든 나라에서 경주에 집경전을 중건하기로 하였으니, 속히 그 약속을 지켜달라는 뜻이 담겨 있었다. 그렇지만 병란 이후에 워낙 피폐해진 민심을 고려하여 나라에서 쉽게 허락하지 않았다.

조선 시대 경주 지역 또는 타지의 문사들이 경주의 여러 고적을 관람하고 남긴 기행문이 있다. 1760년(영조 36)에 석당石堂 김상정金相定(1722~1788)이 적은 「동도방고록東都訪古錄」이 전한다. 그는 지금의 구기 석축구조를 석감石龕이라 하고, 전우의 부엌으로 보았다.[165] 하지만 어주御廚는 이처럼 큰 석재로 정교히 쌓을

---

165) 日曛 下山 入東門 登古殿基 有石龕 去地丈許 石厚尺 余引集慶殿御廚爲證 以爲竈道. 石堂 金相定 (1722~1788) 東都訪古錄

이유가 없었다. 김상정이 너무 안이하게 구기를 보았다. 지금의 경기전이나 능재陵齋처럼 정자각丁字閣의 입구이다. 석조 구조물 위에 지붕을 덮고 기와를 올렸다. 김상정이 떠나간 3년 뒤에 강와剛窩 임필대任必大(1709~1771)가 역시 집경전을 찾았다. 그는 옛 전우 터를 관심 있게 살펴보고도 특별한 언급이 없었다. 다만 섬돌과 돌다리만 완연히 남았다고 기술했다.[166] 이처럼 석조물을 두고 선인들 사이에도 구구하게 해석되었음을 알 수 있다.

또한 조선 중기에 사무를 인계할 때 남겨둔『중기重記』라는 성책이 있다. 지금까지 경주에 남아 있는『중기』는 임란 직후에 쓰인 것으로 알려진 10여 책이 전한다. 이들『중기』는 유향소에 보관했으며, 책에는 여러 가지 기물 명칭과 문서

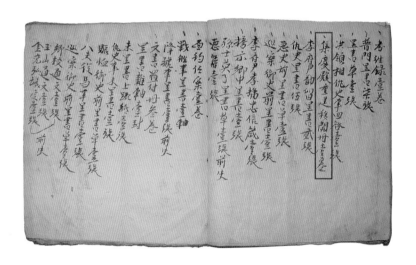

『중기(重記)』에 나타난 집경전 관련 글

166) 北過集慶殿舊址 蓋我太祖影幀奉安之所 而移安後 石砌層梯 猶宛如也. 剛窩 任必大(1709~1771), 遊東都錄(1763)

목록 등이 적혀 있다. 예를 들어『신사년중기책辛巳年重記冊』가운데「숭정이년십월일한지원사정순사등장일崇禎二年十月日閑地原事呈巡使等狀一」,「자인사등서책일권慈仁事謄書冊一卷」,「구사향안일부仇史鄉案一部」등이 있다. 한지원과 관련해서 관찰사에게 올린 글과 자인현 및 구사仇史 분속에 따른 글이 있었다는 뜻이다. 또한『중기을유重記乙酉』에「숭정칠년진전사이부관전정서일崇禎七年眞殿事以府官前呈書一」,「천계사년보문사상소초일天啓四年普門事上疏草一」등 개인소장 문서가 있다. 집경전 중건에 따른 글을 부윤에게 올린 글과 보문평에 대한 상소문 초안에 있었다는 말이다. 이러한 글은 모두 조선 중기 경주 지역의 주요 사안으로 꼽을 수 있으나, 여기서 논하지 않는다. 이는 목록만 전하고 있을 뿐 관련 문서를 찾을 수 없어서 아쉽다.

5
구기비舊基碑와 구기도舊基圖

1) 구기비舊基碑

1769년(영조 45) 8월 18일의 일이다. 동부승지 홍술해洪述海가 경주를 다녀와서 영조에게 아뢴 이야기이다. 영조가 "승지가 경주를 다녀왔는데, 신라 왕릉은 어떻게 되었던가?"라고 하자, 홍술해는 "비석이 있었습니다."라고 했다. 영조가 "병풍석이 있던가?"라고 묻자, 홍술해는 "그렇습니다. 신라 태조(시조) 능에서 평판석을 사용했는데 좌향은 알 수 없고, 다른 능은 조금 알 수 있었습니다. 그리고 봉분 크기는 조산造山만 하고, 24방위에 짐승을 돌에 새겨놓았습니다. 자子

방위에는 쥐를 다듬은 돌이 앉아 있고, 축 방위에는 소를 다듬은 돌이 앉아 있는데, 12위가 모두 같았습니다."라고 대답했다. 영조가 다시 "전궐殿闕은 어떠하던가?"라고 하자, 홍술해는 "그 화려하고 풍성함은 삼국에서 최고였습니다. 아직 첨성대가 우뚝 솟아 있으며, 밖은 원형이고 안은 비었으므로 사람들이 안에서부터 타고 꼭대기를 오릅니다."라고 했다. 또 영조가 "그것이 어디 있던가?"라고 하자, 그는 "(첨성대는) 읍성 남쪽 5리에 있고, 왕전王殿(경순왕전을 말한 듯)은 동쪽 5리에 있습니다. 집경전은 임란 후에 다시 보수하지 않아서 옛터만 남아 있었습니다."라고 대답했다. 영조가 "경순왕릉이 있던가?"라고 하자, 그는 "능은 없고 사당만 있을 뿐이었습니다."라고 했다. 영조가 다시 묻기를, "그 위판은 어떠하던가?"라고 하자, 그는 "태조(시조)의 위판보다 조금 작았습니다."[167]라고 대답했다.

　당시 경주의 역사적 유물을 잘 보여주는 글이다. 홍술해가 말한 것 중에 집경전은 보수補修를 하지 않아서 옛터만 남았다고 했는데, 중건하지 않았다는 말이다. 경주 인사들의 끊임없는 중건 요청이 있었던 것을 영조도 알고 있었다. 그런데 나라에서 허락하지 않은 이유는 무엇일까? 병자호란(1636) 이후에 흩어진 민심을 수습하는 데 국력을 모으지 않을 수 없었다. 다시 북벌론이 대두되고 당쟁이 격화되면서 국론이 분열되었다. 17세기 말 남인이 조정에서 쫓겨났고, 영

---

167) 上曰 承旨新自慶州來 羅王陵寢 何如 述海曰 有碑石矣 上曰 有屛風石乎 述海曰 然矣 太祖陵用於平坂 故不知其坐向 他陵 則稍知坐向 而封築大似造山 二十四方 石以獸形 刻之 子方位鼠石以坐 丑方位牛石以坐 十二位 皆如此矣 上曰 其殿闕 何如 述海曰 其富盛 比三國爲最 其瞻星臺屹然 而外體圓 內腹虛 故人由腹而登臺矣 上曰 何處立乎 述海曰 邑南五里也 王殿 則在邑東五里矣 集慶殿 壬辰後 更不修補 而舊址猶在矣 上曰 敬順王陵 亦有之乎 述海曰 無矣 只有祠堂矣 上曰 其位板 何如 述海曰 比太祖位板稍小矣 仍書傳敎曰 承旨自慶州來 故下問新羅四十餘陵中 六陵外 皆在本州 而昔年有申飭之敎 新羅千有餘年最盛 三姓相傳 至於敬順王 來前朝 凡事久則弛 以昔年申飭 着實守護之意 下諭本道 出榻敎 遂命諸臣退出.『承政院日記』영조 45년(1769) 8월 18일

조 초기 이인좌의 난(1728)까지 겹치면서 남인의 길은 더욱 험난해졌다. 이러한 정치적 역학 관계에 얽매여 집경전 중건이 어려웠는지, 아니면 국력과 민심 동향과 관계가 있었는지 알 수 없다. 한 가지 분명한 사실은 경주 인사들이 지속적으로 중건에 따른 소疏를 올렸다는 점이다. 앞서『중기』에서도 보았듯이 유향소에 집경전 중건에 대한 초본을 소장해 두고, 기회가 있을 때마다 상소했을 가능성이 높다. 그렇지만 집경전 중건은 전우를 다시 짓는 데 국한할 문제가 아니었다. 어용 봉안과 관리 등에 많은 인력과 재정이 뒷받침되어야 했다. 이런 사유로 계속 미루어졌을 수도 있다.

　정조가 즉위하자, 영남 유림의 상황이 달라졌다. 관련 문건을 찾을 수 없으나, 집경전 중건이 다시 공론화되기에 이르렀을 것이다. 정조는 영남 유림에 대해 영조보다 친화적 정책을 갖고 있었다. 이런 의중을 간파한 유생들이 정조의 아

정조 어필의 '집경전구기(集慶殿舊基)'
비석(1798년)

버지 사도세자와 정조의 의리義理를 밝혀야 한다고 올린 것이 이른바 만인소萬人疏이다. 시대의 흐름에 기민하게 움직인 것이다. 경주 지역의 민감한 사항은 집경전 중건이었다. 여러 문사들이 상소하거나 동참했을 가능성이 높다. 이와 관련된 글이 질암質庵 최벽崔璧(1762~1813)의 문집에 짤막하게 보인다. 정조에게 집경전 비각의 일에 대한 상소를 올리며 극언을 서슴지 않았다[168]는 내용이다. 시기를 1797년(정조 21)으로 기록하고 있

---

168) 丁巳 除司諫院正言 行到新寧 聞親癠徑還 上疏 極言集慶殿碑事,『質庵集』行狀

으나, 아마도 연대에 착오가 있었을 것이다. 왜냐하면 집경전 비각은 1796년에 이미 건립되었기 때문이다. 질암은 21세 때 소과에 급제하고, 동년에 대과를 장원 급제한 수재였다. 1790년(정조 14)에 초계문신으로 발탁된 그는 정조의 두터운 신임을 받았다. 질암이 상소하여 집경전 전우나 비각을 옛터[舊基]에 건립해야 한다는 논리는 경주 지역의 민의를 적극 반영한 것이었다. 이런 뜻에서 그의 상소는 또 다른 의미를 지닌 것으로 볼 수 있다.

마침내 정조는 집경전 옛터에 문소전文昭殿의 예에 따라 비를 건립하도록 명했다.[169] 문소전은 태조의 신의왕후 한씨韓氏를 모신 사당으로, 조선 시대 전우의 표상이 되고 있었다. 1796년(정조 20) 11월의 일이니, 임란 때 태조 어용이 경주를 떠난 2백여 년 만에 내린 성전이었다. 정조가 친히 '집경전구기集慶殿舊基'라는 다섯 글자를 써서 내려보냈다. 글씨는 해서체인데, 웅건하면서도 중후했다. 전면의 어필 오른쪽 위에 작은 전서체 글씨로 '어필御筆'이라고 새겼다. 뒷면에는 작은 글씨로 '숭정기원후삼무오사월일립崇禎紀元後三戊午四月日立'이라 썼다. 정조 22년(1798) 4월에 세웠다는 말이다. 비문에 새긴 것처럼 터를 닦고 비신을 다듬어 정조 22년(1798) 4월에 비각의 낙성을 고했다. 당시에 부윤 유강柳烱은 이 일을 감독하여 마무리한 후, 비문을 탁본하여 나라에 바쳤다. 정조는 그의 공을 기려 부윤을 비롯하여 장교와 공장工匠 등에게 차등하여 상을 내렸다.[170] 비각은 단청으로 말미암아 화려했다. 낙성 고유제 때 경주 사람들이 많이 모인

---

169) 命慶州集慶殿舊基 依文昭殿例 竪碣以記之 卽舊日虔奉我太祖睟容之所也.『實錄』正祖 20年(1796) 11月 5日

170) 慶州集慶殿碑閣成 先是 命集慶殿舊基樹碑 刻御筆集慶殿舊基五字 府尹柳烱董役 進搨本 府尹以下施賞.『實錄』正祖 22年(1798) 4月 22日

가운데 성대한 잔치가 베풀어졌던 것으로 알려진다. 문사들이 많은 시를 지었을 것으로 사료되지만, 지금 전하는 것이 거의 없다. 다만 필자가 소장한『유고遺藁』라는 책이 필사본으로 있다. 저자 미상이나, 책 뒤 표제에 '박규동朴奎東'이라는 이름이 보인다. 보통 문집의 2책 분량이지만 한 권의 성책이고, 필사 글씨는 아주 정교하게 잘 썼다. 책 전체 내용을 검토해 보았을 때, 저자는 아마도 경주 서리층의 문사로 보인다. 그는 경주 고적에 대해 여러 시편을 남겼고, 그 가운데 집경전 낙성식 때 지은 시 한 수[171)]가 전한다.

2) 구기도舊基圖

집경전구기도集慶殿舊基圖는 2본이 있다. 국립고궁박물관 소장『집경전구기도集慶殿舊基圖』와 서울대학교 규장각 소장『집경전구기도첩集慶殿舊基圖帖』이다. 고궁박물관본은 경주읍 전체를 그린「경주읍내전도慶州邑內全圖」와 집경전 비각 영역을 중심으로 그린 '집경전구기도'가 있는데, 관련 내용을 적은 글이 3장 첨부되어 있다. 규장각 2본을 그린 사람은 화원 장교 천익수千益壽와 화원 양인 최동화崔東華로 알려져 있다. 집경전구기도첩은 집경전 비각을 중심으로 그렸는데, 비신과 관련 목재 등 치수를 적어 8장으로 구성되어 있다. 이에 대해서는 이춘

---

171) 集慶殿碑閣落成宴 晬容何日御斯盧 憶昔兵塵浩劫過 特地閣成群燕賀 自天書降五雲多 匠工才告磨碑力 父老旋酬望美歌 四百昇平誰所賜 慶民今古浴恩波.『遺藁』朴奎東(?)

『집경전구기도』(규장각)   『집경전구기첩』(고궁박물관)

희의 '집경전구기도 해제'[172]와 윤현숙의 논문[173]에 비교적 상세히 기술되어 있다. 이 글은 이 두 논문을 참고하여 약술한다.

고궁박물관에 소장된 경주읍내전도를 편의상 읍내전도라 하고, 집경전구기도는 박물관본이라 하며, 규장각에 소장된 집경전구기도첩은 규장각본이라 한다. 이들 3본의 보존 상태는 매우 양호하다. 먼저 읍내전도이다. 박물관본과 같이 실려 있는 것으로, 규격은 폭 38.2cm이고, 세로는 54.5cm이다. 제작 연대는 알 수 없으나, 집경전 구기비각이 완성되던 1798년(정조 22)경으로 추정하고 있다.

경주읍내전도는 경주읍성 전체를 잘 배치하여 한 장의 그림 속에 담았다. 경

---

172) 문화재청 장서각, 1972.
173) 윤현숙(2006), 전게 논문 16쪽 참조

주 주위의 산천을 배후에 둘렀고, 신라 고분과 첨성대 등 유적이 앞부분의 절반을 차지하고 있다. 읍성 성곽을 뚜렷이 구획한 뒤, 그 안에 관아 건물의 배치와 명칭을 적었다. 특히 내아內衙와 동경관 및 집경전 주요 건물에는 담장을 둘렀다. 읍성 남쪽에는 숭덕전과 향교가 보이고, 북쪽에는 고양산과 여단厲壇이 있다. 사직단은 서북쪽에 자리하였다. 서문 밖에 병진이 자리 잡고 있다. 호수헌虎睡軒 너머 연지淵池가 있고, 연지를 건너면 연병관 한 채가 있다. 그밖에 읍내 인가人家는 1,904호라 적었다. 경주 전도를 그린 화원 천익수와 최동화는 적어도 경주에 몇 개월 동안 머무르며 기초 자료를 충분히 조사했고, 많은 사람의 자문을 참고하여 그린 것으로 보이나, 분황사 전탑이 원형으로 그려져 있어서 실제 모든 건물과 유적을 답사했는지 의아스러운 면도 있다. 어쨌든 집경전의 배치뿐 아니라 조선 후기 경주읍성의 전체를 이해하는 데 중요한 사적史的 자료를 제공하고 있다.

박물관본은 읍내전도와 함께 실려 있다. 본 그림은 집경전 구기와 비각 두 영역으로 나눌 수 있는데, 모두 담장을 둘렀다. 주변에는 비보수와 민가가 들어서 있고, 구기 석조물 주위에 큰 나무 두 그루가 서 있는 것이 돋보인다. 앞에서 보면 동문로와 서문로가 있고, 남쪽으로 관아로 통하는 길이 뚫려 있다. 입구에서 들어가면 하마비를 지나 홍살문으로 통한다. 삼문에 이르면 2단의 계단이 있다. 이곳을 지나면 비각이 있는데, 2단의 기단 위에 세워져 있다. 기단 위에는 장초석에다 나무 기둥을 세웠고, 지붕은 팔작지붕이다. 정작 비각 안에 비석은 그림에 나타나 있지 않다. 비각 뒤에 중문으로 들어가면 집경전구기가 나온다. 곧 비각과 구기 입구는 정남향의 직선거리이다. 후중문은 앞의 삼문보다 훨씬 작다. 후중문에는 월대 같은 기단 위에 세운 듯하다. 후중문과 구기 주위에는

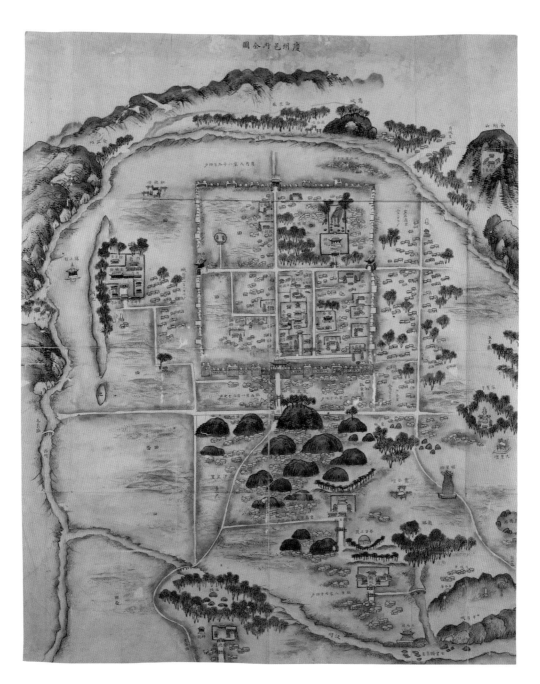

『집경전구기도』에 실린 「경주읍내전도」(1798년)

주춧돌 같은 일부 석재가 그려져 있다. 또한 박물관본은 간단한 글이지만 연혁, 구기에 대한 위치와 거리, 건축물의 자재 및 치수를 자세히 기록하고 있어서 더욱 귀중한 자료이다. 그리고 집경전 전체를 파악할 수 있도록 앞서 '경주읍내전도'를 따로 그렸다. 박물관본에 있는 3장의 글 전문의 내용을 국역하면 다음과 같다.

■ 집경전은 객사 북쪽에 있다. 태종 때 강헌대왕 쉬용을 봉안하였고, 세종 때 전우를 개조하였다. 임란 때 수용을 강릉으로 옮기자, 집경전 옛터에 섬돌만 남아 있다(『동경집기』에 실려 있음).

集慶殿 在客館北 太宗朝 奉安我康獻大王睟容 世宗朝 改造殿宇 壬辰兵亂 移安于江陵府 基址階砌 俱在(右載東京誌)

■ 집경전은 객사 북쪽에 있다. 강헌대왕 쉬용을 봉안하고, 참봉 2명이 숙직하였다(『경주읍지』에 실려 있음).

集慶殿 在客館北 奉安康獻大王睟容 參奉二人直宿(右在慶州邑誌)

■ 조위曹偉가 시를 지었다曹偉詩曰.

전우가 엄숙하고 깊숙한데	寶殿肅陰陰
새벽 햇빛이 밝게 떠오른다	晨光昇杲杲
요지瑤池에 채색을 벌여 놓은 듯	瑤池彩仗列
화려한 문간에 향연香烟이 감돈다.	繡闥香烟繞

큰문이 열고 닫힐 때	宮宮開闔闥
구슬 구르는 소리인 듯 깊고 그윽하네.	靑瑣深更窈
소신小臣이 머리 조아리며 절하고	小臣拜稽首
삼가 쉬용을 우러러 바라보니.	穆穆瞻天表
용안은 해와 더불어 같고	龍顏與日角
준상俊爽함은 천하에 드물다.	俊爽天下少
어쩌면 중동重瞳[174]의 광채가	何意重瞳光
신묘하게 붓끝에서 나왔을까?	出自毫端妙
두려워 감히 바라보지 못하고	蹴踏不敢仰
도포 자락에 땀이 흠뻑 젖는다.	汗流浹袍襖
아! 저는 뒤늦게 태어나	嗟余苦生晚
대왕의 어용을 못 뵈었다.[175]	鼎湖弓劍杳
위대하구나! 백성을 구제한 공은	大哉濟安功
하늘과 같이 넓고 컸었다.	與天同浩浩
고려의 국운이 이미 쇠하니	操鷄運已衰
병란兵亂이 연이어 일어났다.	湏洞兵塵擾
비바람에 군사를 이끌고	幾年勞櫛沐
남북을 정벌한 지 몇 년이던가?	南征與北討

---

174) 중동(重瞳)은 겹 눈동자이며, 태조 이성계가 중동이었다고 한다. 따라서 중동이라 했으며, 중국 순(舜)과 항우(項羽)도 중동이었다고 한다.

175) 여기서 정호(鼎湖)는 태조의 죽음을 말하고, 궁검(弓劍)은 태조를 상징한다. 곧 대왕이 돌아가시어 뵐 수 없었다는 말이다.

지략을 하늘과 같이 도모하자	睿略與天謀
뛰어난 병사들이 재빨리 소탕하였다.	神兵資迅掃
마침내 온 나라 백성들이	遂令三韓民
신음에서 벗어나 태평을 노래하네.	呻吟變熙皞
여섯 용이 하늘을 나니	六龍俄飛天
임금의 수레가 황도黃道¹⁷⁶⁾에 닿았다.	日馭當黃道
화산華山¹⁷⁷⁾ 남쪽에 도읍을 정하자	闢都華山陽
그 도읍은 풍호豊鎬¹⁷⁸⁾와 같구나.	神京等豊鎬
태평의 제도를 넓히자	恢張太平具
문물이 극히 아름다웠다.	文物極繪藻
전대 규범은 비루했으니	陋彼前代規
어찌 그 법을 후손에 전하랴.	貽謨豈草草
훌륭한 왕자왕손이 있어서	丕顯神聖孫
대대로 이으며 끊어지지 않으리.	繼繼無窮了
유상遺像이 고도에 게시니	遺像鎭古都
황령皇靈은 언제나 하늘에서 굽어살필 것일세.	皇靈在窮昊

『동경지』에 실려 있음(右載東京誌)

---

176) 임금이 다니는 길을 말한다.
177) 북한산을 가리킨다.
178) 주(周)나라 초기 풍(豊)과 호(鎬)의 두 도읍지이다.

■ 임진년(1592) 4월 13일에 왜선倭船이 대마도에서 바다를 건너 쳐들어왔다. 14일에 부산을 함락하고, 16일에는 동래를 함락하며 승승장구 길을 나눠 올라왔다. 부윤 윤인함은 적들이 이미 동래를 함락했다는 말을 듣고, 집경전 참봉 정사성鄭士誠과 홍여율洪汝栗에게 어용을 봉안하여 안동·예안 등 내지로 옮기도록 했다(『경주부윤안』에 실려 있음).

壬辰四月十三日 倭船 自對馬島 蔽海出來 十四日陷釜山 十六日連陷東萊 乘勝長驅 分道並進 府尹尹仁涵 聞賊已陷東萊 使集慶殿參奉鄭士誠洪汝栗 奉御容 移遷于安東禮安等內地(右載慶州府尹案)

■ 비보수裨補藪 동편의 집경전구기는 정남향이다. 각 쌓은 돌은 가로 5층이고, 밖에 또 5층이 있다. 돌의 좌우는 마치 여러 겹으로 쌓은 듯하지만, 15개의 장대석을 덮었고, 모든 면방面方은 좌우로 가로질러 놓았다. 내부 층석은 가운데가 뚫려 있어서 왕래하는 데 지장이 없다. 높이는 7척이고, 남북은 21척이며, 동서는 16척이다. 내부에서 좌우 거리는 6척 8촌이다. 전우 앞 정자각丁字閣 옛터 전면 및 좌우는 모두 계층석과 섬돌인데, 높이는 2척, 남북은 30척, 동서는 26척이다. 섬돌 윗면은 주초柱礎 10개의 계단이 있다. 전면 중앙에 일방一方의 돌이 있는데, 뚫어서 4계층으로 하고, 나눠서 두 길을 만들었다. 전우 터전 앞에서 정자각까지 4계층의 길이는 55척이다. 비보수 둘레는 356파把이다.

裨補藪東邊 集慶殿舊基 子坐午向 各累石 橫爲五層 外邊 又有五層 石左右 相似有若疊設 然覆以十五長石 而皆面方 橫越左右 內邊層石中通 往來無障碍 高七尺 南北二十一尺 東西十六尺 自內邊 左右相距六尺八寸 殿前丁字閣舊基前面 及左右 皆有階砌 高二尺 南北三十尺 東西二十六尺 階上面 有柱礎十

階 前面中央 有一方石 斲成四給 分作兩路 自殿基前 至丁字閣前 四給階 長

五十五尺 裨補藪周回 三百五十六把

조위曹偉는 조선 전기의 인물로, 경주에서 여러 편의 시를 남겼다. 집경전에 들러 태조 어진을 직접 보고 시를 지었다는 데 의미가 있다.

다음은 규장각본으로, 박물관본과 비슷한 구도이다. 비각과 석물구조가 그려져 있고, 주위에 민가와 나무가 있다. 서문로와 동문로를 통해 들어가면, 입구에 하마비와 홍살문이 있다. 안으로 들어가면, 외삼문이 1단의 기단 위에 있다. 원형 문양이 그려진 문을 통과하면, 역시 1단의 기단 위에 비각이 서 있고, 그 앞에는 4계단이 있다. 비각 기둥은 장초석 위에 나무 기둥이다. 비각 안에서 비신과 지대석, 이수螭首로 이루어져 있고, 팔작지붕이다. 뒤에 중문을 지나면 집

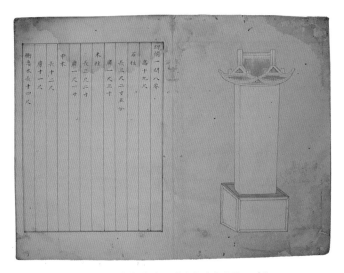

『집경전구기첩』에 있는 비석과 비각의 규모 치수

경전구기가 있다. 비각과 석구조물은 담장을 경계로 하여 독립된 영역이다. 석조물 서쪽 민가에 우물이 보이고, 그 앞으로 비보수가 있다. 규장각본은 전체 8장으로 구성되어 있는데, 집경전 구기와 비석이 각각 1장이고, 나머지 6장은 구기의 목재 등 치수를 적었다. 여기 나타난 비각과 비석 치수는 다음과 같다.

- 비각일간팔척碑閣一間八脊 : 높이 19척高十九尺

- 석주石柱 : 길이 3척 2촌 2푼, 너비 1척 3촌長三尺二寸五分 廣一尺三寸

- 목조木柱 : 길이 3척 2촌, 너비 1척 1촌長三尺二寸 廣一尺一寸

- 신목申木 : 길이 12척, 너비 11척長十二尺 廣十一尺

- 충혜목衝惠木 : 길이 14척長十四尺

- 부연목婦椽木 : 길이 1척 3촌長一尺三寸

- 연목첨하椽木簷下 : 길이 4척長四尺

- 외삼포外三抛

- 내칠포內七抛

- 내계이층석內階二層石 : 높이 1척 6촌, 동서 20척 3촌, 남북 19척 2촌高一尺六寸 東西二十尺三寸 南北十九尺二寸

- 비석碑石 : 길이 3척 8촌, 윗너비 1척 3촌 6푼, 아랫너비 1척 3촌, 두께 7척 2푼 長三尺八寸 上廣一尺三寸六分 下廣一尺三寸 厚七寸二分

- 농대석礱臺石 : 높이 1척 5촌, 길이 3척 3촌 5푼, 너비 2척 3촌 5푼高一尺五寸 長三尺三寸五分 廣二尺三寸五分

- 하전석下磚石 : 길이 5척 2촌, 너비 4척 6촌, 두께 3촌長五尺二寸 廣四尺六寸 厚三寸

- 가첨석加簷石 : 길이 2척 6촌 6푼, 너비 1척 9촌 5푼, 높이 1척 4촌長二尺六寸六分

廣一尺九寸五分 高一尺四寸

■ 내정로숙석內正路熟石 : 걸음 수 10보步數十步

■ 삼간일주문三間一柱門 : 길이 17척, 너비 7척 5촌長十七尺 廣七尺五寸

■ 석주石柱 : 길이 2척 5촌, 너비 1척 2촌長二尺五寸 廣一尺二寸

■ 목주木柱 : 길이 4척 5촌, 너비 1척長四尺五寸 廣一尺

■ 장원牆垣 : 높이 7척 5촌, 동서 58척, 남북 72척高七尺五寸 東西五十八尺 南北七十二尺

■ 북협일간일주문北挾一間一柱門 : 높이 9척, 너비 5척 6촌高九尺 廣五尺六寸

■ 구기환축단장舊基環築短墻 : 동서 29척, 남북 79척, 높이 5척 5촌東西二十九尺 南北

七十九尺 高五尺五寸

■ 외정로숙석外正路熟石 : 걸음 수 26보步數二十六步

■ 홍전문紅箭門 : 높이 21척, 너비 10척高二十一尺 廣十尺

■ 하마비下馬碑 : 높이 3척, 너비 1척 2촌, 두께 4촌長三尺 廣一尺二寸 厚四寸

집경전 구기 비각을 건립한 뒤 낙성 잔치의 시(『유고(遺藁)』, 작자미상)

6
근래 집경전의 변모

　1798년(정조 22) 4월에 집경전구기 비각의 낙성식이 성대하게 거행되었다. 임
란 전의 전우를 중건하여 태조 어용을 봉안하려 한 부민의 뜻은 이루지 못했다.
그러나 정조 어필로 쓴 비각이 건립된 것은 부민의 숙원이 어느 정도 반영된 것
으로 사료할 수 있다. 옛 전우가 있었던 구기舊基 앞에 화려하게 단청된 비각은
어용을 모신 전우만 못하지만 엄숙하고 신성한 곳이었다. 사방이 담장으로 둘
러싸여 있어서 함부로 접근할 수 없었다. 비각을 보려면 홍살문을 지나고 외삼
문을 통해야 했다. 전우가 있었을 때와 같이 참봉이나 숙직은 없었으나 부윤의
감독하에 관리가 철저했다. 굳게 닫힌 외삼문은 관원의 참배 등 특별한 일이 아

집경전의 석재(石材)

니면 열지 않았다. 높은 담장으로 구획을 그은 집경전구기와 비각에는 사람의 발길이 닿지 않는 곳이었다. 그런데 하나 이해되지 않는 점은, 비각이 건립된 이후에 이와 관련된 시문이나 자료를 한 건도 찾아볼 수 없었다는 사실이다.

세월이 흐를수록 관리가 허술하고 토담은 무너지기 시작하였다. 주변 주민들이 처음에는 신기한 듯 둘러보며 서로 보호했으나, 시간이 지날수록 거의 방치에 가까웠다. 경주 인사들의 관심도 예전과 같지 않았다. 전우 중건의 기대가 사실상 사라졌고, 시대가 변하고 있었다. 특히 나라의 기강 해이와 외세의 침략으로 경주 관아의 분위기는 날로 어수선해졌다. 일제 강점기에 접어들면서 옛 읍성의 건물과 성벽이 정비되고 새로운 도로가 개설되었다. 그들은 집경전 비각을 읍성 내 여러 선정비 중 하나 정도로 취급하며 방치했다. 담장이 허물어진 구기비와 비각은 주민과 어린아이들의 놀이터로 변했고, 건물은 퇴락 직전에 처했다.

화재 나기 전인 1930년대 집경전 삼문(三門) 모습 　　　　　 화재 직후의 삼문과 비각

1923년에 경주 김씨와 유지들의 성금으로 집경전 비각을 수리했다는 기록이 오사카 긴타로大坂金太郎의 글에 보이나 김씨들이 왜 보수했는지는 이해할 수 없다. 1938년 8월 6일 동아일보 기사를 보면, 당시 집경전의 모습이 잘 나타나 있다. 경주 지역의 문화재는 거의 방치되었고, 집경전은 행려자와 걸인의 휴식처로 변했다. 주민이 버린 오물과 폐기물로 미관상 좋지 않을 뿐 아니라, 1907년에 세워진 인근 소학교 학생들의 위생에도 악영향을 끼친다고 했다. 150여 년 동안 방치된 구기와 비각은 제 모습을 잃은 지 오래였다.

『각간실기角干實記』에 따르면 신라 때 김유신이 부하들과 같이 영현당迎賢堂에서 김춘추를 맞았고 그날 집경전에서 즉위하니, 이 사람이 태종 무열왕[179]이라고 했다. 『삼국사기』에는 영현당 또는 집경전이라는 말이 없다. 『각간실기』는 1902년에 나온 목활자본이다. 김유신의 충성과 애국을 나타내고, 그의 지략과 무용담을 연의소설演義小說 형식으로 서술한 책이다. 여기 나타난 집경전은 실

179) 先生 乃與百官 迎公子(金春秋)於迎賢堂 是日 卽位於集慶殿 是爲太宗武烈王.『角干實記』下

재 궁궐 전호가 아니다. 비록 신라 때 집경전이 있었다고 해도 지금의 집경전은 더욱 아니다. 구기비가 경주여중 교정에 있었을 때인 2006년이다. 안내판에는 '집경전구지集慶殿舊址'라 하고, 문무왕이 즉위식을 가진 이궁이라고 했다. 앞서 연의소설을 보고 쓴 내용으로, 틀리는 부분이 많다. 1442년(세종 24) 6월에 내린 집경전이 유일하며, 그 이전에는 없었다. 이궁離宮이라는 말도 터무니없다. 이 처럼 사실을 충분히 검토하지 않고 그 내용을 안내판에 써서 게시해 둔 적도 있었다.

의정擬定 또는 추정推定은 신중해야 한다. 한 번 그릇된 것은 여러 가지 뒷말을 낳게 마련이다. 언제부턴가 일부 사람들이 구기를 주전지鑄錢址라 불렀다고 한다. 1986년 문화재연구소 경주고적발굴조사단에서 시굴 조사를 했다. 조사 결과, 주전지라고 확인할 수 있는 유물이나 유구를 찾지 못했다. 그런데도 보고서에는 『추정주전지시굴조사推定鑄錢址試掘調査』[180]라고 했다. 어처구니없는 일이 아닐 수 없다. 집경전이 신라 때 태종 무열왕이 즉위한 궁전 운운하는 것보다 더 한심한 추정이다. 주전지라는 말이 최초 어디서 나온 말인지 확인할 수 없다. 어느 촌맹村氓의 말을 그대로 믿고 보고서를 작성한 것으로 보인다. 태조 어용을 만세에 전하기 위해 쌓은 석조물이 집경전이다. 조선 시대 경주 최고의 성역을 주전지라고 추정한 것이다. 유적을 발굴할 때 문헌을 충분히 검토했으면, 주전지 운운하는 사람이 있어도 진작 무시되었을 것이다. 한번 잘못 추정된 명명은 쉽게 고쳐지지 않는다. 본디 이를 '집경전구기시굴조사'라고 했으면, 이런 일은 일어나지 않았을 것이다. 한때 안내판에도 주전지 운운했다가 지금은

---

180) 문화재연구소경주고적발굴조사단, 『推定鑄錢址試掘調査』, 1986.

집경전에 딸린 물품 보관고라고 써 놓았다. 이뿐만 아니다. 어느 학자는 구기 지를 읍성 북문北門으로 추정하는 글을 썼다.[181] 추측은 책임이 뒤따른다는 사실도 알아야 할 것이다. 물론 조선 시대에도 이를 집경전의 '어주御廚(주방)' 또는 '조도竈道(부엌 길)'로 잘못 보는 이가 있었으니,[182] 더 말할 나위가 없다.

김기조 원장은 어릴 때부터 집경전 곁에 살면서, 집경전이 변모되는 모습을 누구보다 잘 알고 있었다. 그의 글[183]을 간추려 보면, 집경전 자리는 북부동 116-1번지이다. 삼문에서 신도를 따라 10m 정도쯤 가면, 비각 돌계단에 이른다. 전각의 네 귀퉁이에는 모방향으로 돌사자가 앉아 있었다. 전각 지붕은 골기와로 이었고, 빗물은 네모 돌사자와 댓돌 밖으로 떨어졌다고 한다. 일제 강점기에 집경전 구기와 비각은 동네 아이들의 난장판으로 변했다. 골기와 사이에 올라가 새집을 찾고, 돌계단 사이에서 동전 찾기 등 온갖 놀이가 이루어졌다. 마을 아이들의 놀이가 계속되면서 1939년 가을에 그만 화재가 나고 말았다. 그렇지만 일경은 불을 낸 아이나 그 부모에게 책임을 크게 묻지 않았다. 조선 왕조의 상징물은 서둘러 없앨 필요가 있었기 때문이다. 퇴락한 비각은 전소되었으나, 비신은 크게 손상을 입지 않아서 다행이었다.

일제 강점기에는 집경전의 비각 기와가 흘러내려 비가 새고, 사방 에워싼 담장은 곳곳이 무너진 상태였다. 일제 후반기에 야마구치 병원이 집경전 조금 앞에 세워졌다. 이 병원 원장이 인력거 두 대를 가지고 와서 구기 남북 양쪽으로

---

181) 『역사도시 경주』, 열화당, 1984, 134쪽
182) 日曛 下山 入東門 登古殿基 有石龜 去地丈許 石厚尺 余引集慶殿御廚爲證 以爲竈道. 石堂 金相定 (1722~1788), 『石堂遺稿』, 東都訪古錄(1760)
183) 김기조, 『남기고 싶은 경주 이야기』, 경주문화원, 2017.

밀어 넣어 댔다. 한 대는 원장 전용이었고, 다른 한 대는 왕진 갈 때 탔다. 집경전 구기가 차고로 사용된 적이 있었다는 말이다.

집경전 서쪽 비보림 터에는 1907년에 심상소학교가 설립되었고, 해방 이후에는 경주여자중·고등학교가 자리를 잡았다. 경주여자고등학교가 지금의 자리로 옮겨가자, 경주여자중학교만 남았다가 이마저 충효동으로 옮겨진 뒤에는 2011년 4월 한국원자력환경공단이 들어섰다. 2017년 12월에 학교 건물은 모두 헐리고 맨 뒷동 3층 9개 교실만 남았다. 2023년 12월에 황오동 동사무소를 건립하기 위해 이들 교실마저 철거했다.

집경전 비각 자리도 경주여자중학교 운동장 부지로 편입돼 있었다. 여자 중고등학교가 합쳐져 교사가 부족하였고, 1965년 손일봉 교장 때 동편 교사 건물

집견전 구기와 비각이 있었던 곳(2020년)

을 새로 지었다. 학교 교정에는 정조 어필의 구기비, 하마비, 전우와 비각에 사용되었던 각종 석재가 남아 있었다. 하마비는 임란 때 불타버리고 정조 때 만들어 세운 것이다. 임란 이전의 하마비는 이보다 훨씬 크고 아름다웠을 것으로 추정되는데, 전주 집경전의 하마비를 보면 알 수 있다.

집경전 터는 학교 교사 건물로 되어 있었다. 원자력환경공단이 이주한 뒤 2017년 12월에 옛 학교 건물 일부만 남기고 모두 철거하였다. 서편에 건립된 평생학습가족관의 주차장을 사용하기 위해 옛 학사와 운동장의 이용을 금지하기 시작하였다. 2018년 3월 22일은 경주읍성 향일문 상량식이 거행된 날이다. 최양식 경주시장이 참석하여 고유제를 지냈는데, 이때 김윤근 전 문화원장과 필자가 상의하여 최 시장을 모시고 집경전 터로 갔다. 현장에서 집경전의 역사를 설명하고 그 터를 확보해야 함을 강력히 주장하였다. 교사와 운동장 부지 및 옛 집경전 터 모두를 주차장으로 사용하기 위해 아스콘 포장 공사를 해 놓고 아스팔트를 곧 덮을 예정이었다. 공사 현장을 둘러본 최 시장은 현장에서 집경전 터를 직접 구획하여 보존하도록 지시했다. 이로써 구획 내의 아스콘을 걷어내고 흙을 돋우며 잔디를 심었다. 향일문 남쪽 성벽 아래에 임시로 세워놓았던 구기비를 옮겨와 남향으로 세우고, 집경전의 석재를 모두 모았다. 교사 건물을 철거하는 과정에 부윤 여필용 묘必容 선정비가 발견되어 같이 두었다. 이처럼 가까스로 지금의 집경전 터를 보존할 수 있었다.

확보된 부지에 집경전구기비의 비각이 건립되어야 한다. 정조 어필의 비석도 중요하지만, 유구한 역사 문화가 담긴 문화재이기 때문이다. 「집경전구기첩」에 비각 규모와 각종 치수가 상세하게 기록되어 있어서 이를 참고하면 될 일이다.

7
맺음말

　이 장의 내용을 정리하면 다음과 같다. 먼저 태조가 판삼사사 설장수偰長壽를 경주부에 보내 태조 어용을 봉안하게 했는데, 이는 경주 부민을 진무鎭撫하려는 의도에서 비롯되었다.

　태조 때 어용전御容殿이라 칭했다가, 1412년(태종 12) 11월에 태조진전太祖眞殿이라는 전호를 내렸다. 1442년(세종 24) 7월에 다시 전주의 집경전 등과 같이 집경전集慶殿이라는 전호를 내렸다. 집경전의 건축 양식은 지금의 경기전이나 능재陵齋처럼 모두 '정丁' 자 모양이고, 남북향 입구는 견고한 돌로 쌓았다. 신라 시대의 탑재석이나 장대석 등 거대한 돌을 옮겨와 빈틈없이 쌓았다. 임란 때에 전우는 소실되었으나, 석축은 온존하였다. 따라서 지금 남은 석축 양식을 두고 여러 가지 의견이 있으나 '정丁' 자의 입구는 1444년(세종 26)에 쌓은 것으로 추정된다. 세종은 어용을 개모하고 전호를 내리면서 집경전에 대한 모든 체제와 관리 및 운영을 마무리했다.

임란 중에 어용을 이봉하는 과정에서 참봉 정사성과 홍여율의 견해가 달랐다. 전란 초기에 홍여율은 어용을 전우 내 정결한 곳에 파묻자고 했으나, 정사성은 행재소로 이봉하자고 했다. 두 참봉은 예안으로 옮겼고, 결국 도산서원으로 이봉된 어용은 정유재란 때 강릉 객사 임영관 곁으로 옮겨졌다.

1631년(인조 9) 3월 3일에 강릉 집경전의 화재로 어용이 소실되었는데, 원인은 수복守僕의 실화로 규명되었다. 이 사건으로 강릉부사 문응형 등 9명이 죄를 받았다. 집경전 화재 직후에 중건하자는 논의가 대두되었다. 그 입지는 강릉에 세우자고 했으나, 경주 사람들의 강력한 주장을 받아들여 경주에 중건하기로 했다. 농번기를 피해 민의를 모으자고 했으나, 곧 병자호란이 일어나 민력民力으로 집약시키는 데 실패했다. 그러나 부민이 기회가 있을 때마다 집경전 중건에 대해 상소한 기록이 남아있다.

1796년(정조 20) 11월에, 정조가 친히 '집경전구기集慶殿舊基'라는 다섯 글자를 써서 내려보냈다. 어필 오른쪽 위에 작은 전서체 글씨로 '어필御筆'이라 새겼다. 임란 때 태조 어용이 경주를 떠난 지 2백여 년 만에 전우 대신 비각이 건립된 것이다. 경주 부민의 적극적인 의지를 정조가 받아들인 결과였다. 비각 건립 후에 그림 2본이 전하고 있다. 고궁박물관에『집경전구기도集慶殿舊基圖』가 서울대학교 규장각에『집경전구기도첩集慶殿舊基圖帖』이 있다. 이들은 약간 다른 면모를 지니고 있으나, 집경전을 이해하는 데 중요한 자료이다.

정조 이후에는 집경전 관리 체제가 허술하였고, 일제 강점기에는 퇴락 일로에 놓였다. 담장이 허물어지면서 비각과 전우는 마을 아이들의 놀이터로 변했다. 1939년 가을에 동네 아이들의 실화로 비각은 전소되었으나, 다행히 비신은 크게 화를 입지 않았다. 비신은 하마비 등 여러 석재가 오랫동안 정원에 방치되어 있었다. 집경전 터는 학교 부지로 편입되어 있다가 2018년에 현재의 구획을 긋고 확보하였다.

집견전 구기 비각은 다시 복원해야 한다. 정조 어필을 이대로 방치할 수 없으며 문화 콘텐츠 개발 및 애호 차원에서 이뤄져야 한다. 더구나 관련 자료가 모두 있지 아니한가.

〈표〉 집경전 중요 연표

연대	내용	기타 자료
1398년(태조 7) 2월 26일	태조 어용을 최초로 영흥 준원전에 모심	朝鮮王朝實錄
1398년(태조 7) 3월 6일	판삼사사 설장수가 계림부에 내려와 태조 어용을 봉안함	〃
1409년 2월 17일	완산부(전주)에 어용을 모시기 위해, 경상도 관찰사 이원李原이 계림부의 어용을 서울로 이봉하였음	
1409년 3월 15일	관찰사 이원이 어용을 계림부에 환봉함. 새로 모사한 어용은 이듬해 10월에 완산부에 봉안하였음	
1412년(태종 12) 11월 15일	어용전御容殿을 태조진전太祖眞殿이라 개칭함	〃
1414년(태종 14) 2월 8일	품관 10명이 교대로 진전을 시위하고, 노비 10명을 둠	〃
1419년(세종 1) 5월	각 지역에 전우를 건립함	〃
1426년(세종 8) 8월 6일	제사諸司의 노비가 8명이었던 것을, 집경전 부근 양민 20명을 선발해 번갈아 가며 수직하게 함	〃
1442년(세종 24) 6월 22일	'집경전集慶殿'이라는 전호가 전주 경기전·평양 영숭전과 동시에 내려짐. 전직殿直 2명을 두고 관찰사가 그 업무를 감독함	〃
1443년(세종 25) 11월 9일	집경전에서 어용 봉안식이 거행되었는데, 의성군 이용이 내려와 참석함	〃
1444년(세종 26) 10월 22일	어용을 개모하고 전우를 단청하니 지극히 화려함	〃
1469년(예종 1) 11월 25일	집경전에 물시계와 해시계가 내려짐	〃
1494년(성종 25) 3월 21일	전사청에 화재가 발생하여 위안제를 지냄	〃
1541년(중종 36) 7월 16일	농재 이언괄이 집경전 참봉에 제수됨	〃
1552년(명종 7) 12월 2일	경주 객사의 대형 화재로 어용이 놀랐다 해서 위안제를 지냄. 제문은 퇴계 이황이 지음	府先生案
1592년(선조 25) 4월 21일	경주성 함락, 참봉 정사성과 홍여율이 어용을 이봉함	경주선생안
동년 8월 2일	경주 양동 수운정에 이봉함	청허재집
동년 8월 5일	임시 관아가 있던 죽장에 이봉함	
동년 8월 7일	예안 이영도의 서당 서실西室에 이봉함	〃

연대	내용	기타 자료
동년 9월 14일	왜구가 물러나자, 읍성 건물은 물론 집경전도 소실됨. 전우 앞에 구덩이가 파여 있었는데 전란 때 시신을 파묻은 곳이라 함	〃
동년 11월 6일	참봉 홍여율은 이봉한 공으로 6품에 초서超敍됨	실록
동년 12월 6일	손엽이 참봉으로 제수됨	청허재집
1593년(선조 26) 4월 7일	참봉 정사성은 수호하지 않았다는 이유로 파직됨	실록
동년 7월 21일	어용을 죽령-단양-제천-원주-평창을 거쳐 서울로 이봉하려다 길이 막혀 다시 청량산 근처 여염집에 이안함	芝軒集
동년 12월 10일	경주 집경전이 전화戰火로 소실됨	청허재집
1594년(선조 27) 5월 26일	전 참봉 정사성에게 공을 인정하여 상을 내림	실록
1595년(선조 28) 7월 18일	예안 도산서당으로 이봉함	〃
1597년(선조 30)	강릉 객사 임영관 곁으로 이봉함	江原道誌
1600년(선조 33) 10월	참봉 홍여율 사망	실록
1597년(선조 30)	어용을 강릉 객사 임영관에 모시고 전우를 중건함	江原道誌
1628년(인조 6) 4월	좌승지 이민성李民成이 와서 살펴본 후 쥐가 갉아 먹는 등 어용의 관리가 부실하다고 보고하였음	敬亭集
1628년(인조 6) 6월 20일	어용을 잘못 관리하여 쥐가 옥축 등을 갉아먹음. 그 책임으로 참봉 윤익원이 장 80대를 맞음	승정원일기
1628년(인조 6) 9월 11일	강릉 집경전 전우를 개수함	실록
동년 10월 3일	화원 이징 등이 어용을 개수함	승정원일기
1631년(인조 9) 3월 3일	강릉 집경전 화재로 어용과 신연神輦 등이 소실됨	실록
동년 3월 7일	인조는 실화 소식을 듣고 3일간 망곡례를 하고, 종묘 태조 신위에 나아가 위안제를 올림	〃
동년 3월 11일	집경전을 강릉에 중건하여 준원전 어용을 모사해 봉안하자는 논의가 대두됨	承政院日記
동년 3월 16일	집경전 참봉 김광안 등 9명이 나포됨	〃
동년 3월 27일	강릉부사 민응형 등이 처벌됨. 우부승지 강홍중이 현지 실사 후에 화재 원인과 결과를 보고함	實錄,承政院日記

연대	내용	기타 자료
1634년(인조 12) 10월 10일	경주부민의 상소를 가납하여 집경전을 경주에 중건하기로 했는데, 이는 4년 전에 나라에서 내린 결정임	실록
1660년대	쌍봉 정극후와 노암 김종일 등 품관이 사리역 역리와 보문평 이권을 두고 다투면서 집경전 위상을 거론함	雙峯集 魯庵集
1680년대	학고 이암이 집경전 중건을 상소함	학고집
1760년(영조 36)	김상정金相定이 경주에 와서 집경전 터를 둘러봄	東都訪古錄
1763년(영조 39)	임필대任必大가 경주에 와서 집경전 터를 둘러봄	遊東都錄
1796년(정조 20) 11월 5일	옛터에 어필 '집경전구기集慶殿舊基' 비각이 건립됨	실록
1939년	집경전 비각에 화재가 발생하여 건물은 전소하고 비신만 남음	
1986년	발굴 후에 집경전 석조 건물을 '주전지鑄錢址' 운운하여 보고서가 있었음	
2018년 3월	학교 부지로 사용되었던 집경전 터를 확보하여 보존하게 되었음	

IV
경주의 악부
樂府

1
머리말

    악부樂府는 한나라 때 음악을 관장하던 관청이다. 우리나라에서 언제부터 이를 수용하였는지 알 수 없지만, 후대로 오면서 음악보다 문학적 장르에 포함되어 발달하였다. 고려 때 익재 이제현의 「소악부小樂府」는 민간에서 불리고 있던 역사나 풍속 등을 묘사한 노래를 한역가漢譯歌한 것으로 유명하고, 점필재 김종직의 『동도악부東都樂府』도 여기에 속한다. 악부는 한마디로 노랫말을 지은 시詩라는 의미다. 이 같은 의미도 있지만, 조선 시대 각 지방 읍성 안에 악공樂工 집단

을 총칭하는 말이기도 하다. 경주부에 속한 악부[184]도 마찬가지이며, 달리 교방
敎坊이라고 일컬었다. 용어상 구분이 필요하지만, 두 가지 의미를 병칭하였다.

흔히 악공樂工 또는 관기官妓는 관아에서 중요한 비중을 차지하였으며, 여러
문사들과 어울려 교분을 쌓았다. 문사들의 향연이 베풀어진 곳에는 이들이 빠
짐없이 참가하는 경우가 흔하였다. 그러나 고려는 물론 조선 시대 경주부의 명
기名妓는 『동경잡기』나 『동경통지』에 두서너 명이 거명되고 있을 뿐이며, 악공
의 구성 및 악기 종류 등은 보이지 않는다. 또한 개인 문집에 간혹 기명妓名과
더불어 주연을 베풀었다거나 시를 창수했다는 글이 약간 보이지만, 역시 구체
적인 내용은 없다. 한마디로 문사들은 이들에 대한 기록에 매우 인색했음을 보
여주고 있다.

이 장에서는 고려와 조선 시대 및 근세에 이르기까지 이와 관련된 문헌을 찾
아 악부의 구성과 이들의 삶을 조명하려 한다. 어느 시대를 막론하고 경주부를
비롯해 전국 각 고을의 관아에는 악부가 존재하였다. 관기官妓는 이속吏屬 중의
한 무리에 속했으며, 생래적 운명 속에서 굴절된 삶을 살았지만, 이들이 부른
음악은 주로 그 지방의 노래를 불렀으며, 또한 가장 향토적 정취를 띠고 있었
다. 전통적 예술과 기예를 가장 고스란히 지켜온 것도 이들의 몫이었다. 악부
의 이해는 이처럼 중요한 의미를 담고 있었으나, 진작 체계적으로 정리가 이루
어지지 않았다는 점에서 아쉬웠다.

경주 악부에 대해 다양하게 논구하려 했으나, 자료 부족으로 힘이 미치지 못
하였다. 전하지 않는 사실을 견강부회하려고 하지는 않았다. 이를 시대별로 크

---

184) 동도명기 홍도(東都 名妓 紅桃) 묘비에 '以娘之爲樂府宗師'라는 글이 있다.

게 나눴으며, 있는 자료는 가능한 원문과 국역문을 전부 실으려 애썼기 때문에 분량은 기록에 따라 상략詳略이 달라질 수밖에 없음을 미리 밝혀둔다.

이 글은『동경잡기』등 지리지나 개인 문집 등에 실린 문헌을 1차 자료로 삼았다. 경주 악부의 다양한 주제를 논하기보다 결국 악부체의 시와 관기官妓 중심으로 요약될 수밖에 없었다. 이들에 관해 구전된 바가 많았지만, 섣불리 짧은 견문으로 확인되지 않은 사실을 억측하지 않으려 한 것이 필자의 의도다. 그리고 조선 시대 법전이나 각 지방지에 나타난 악부와 비교 검토하는 바가 미진하고, 논증에 부족한 점이 있지만, 흩어져 있는 자료를 마냥 묻어둘 수가 없다.

경주 악부에서 불린 노래는 어떠한 내용과 특색을 담고 있었으며, 문사들과 어디에서 어울렸는지를 규명하고, 여러 설이 있는 악부의 위치와 근대 사회의 변천에 따른 이들의 삶을 발굴하려 했다. 한 시대에 명성을 떨친 명기도 마찬가지지만, 수많은 무명 기녀가 신분에 얽매여 비참하게 살다가 유경幽徑에 묻혔다. 가능한 이들의 삶과 자료를 찾아 정리하려고 한다.

2
고려 시대 동경악부東京樂府

1) 동경의 속악俗樂

고려 시대의 동경은 지경이 넓고 인구가 많은 큰 고을이었다. 나라에서 왕의 측근이나 고관을 유수관으로 파견하여 민정을 보살폈다. 그러나 주민들은 신라 부흥 등을 내세우며 여러 번 난을 일으켰고, 이로써 읍호와 지경이 누차에 걸쳐 변천 또는 축소되었으나, 신라 천 년의 고도 동경은 여전히 거읍이었다. 주군이 클수록 중앙 관료들이나 사신들의 내왕이 빈번하였다. 당시 지방마다 악부가 있었고, 물론 동경에도 있었다.

고려 시대 동경 속악은 『고려사』「악지樂志」에 실린 글이 전부라고 해도 과언이 아니다. 신라와 백제 그리고 고구려의 속악은 고려에서 모두 수용하여 이를 악보에 편입시켰다. 그런데 이들 가사는 모두 이어俚語로 기술되었다[185]. 신라이어로 쓰인 악부의 악보가 계림부에도 있었을 것이다. 그러나 그 제목만 전할 뿐, 가사는 전하지 않는다. 다음은 『고려사』에 전하는 두 편의 『동경東京』가운데 첫 번째 글이다.

동경東京은 곧 계림부鷄林府다. 신라의 태평세월은 오랫동안 이어졌다. 정치와 교화가 순미醇美하여 신령스러운 상서가 자주 나타났고, 봉새가 날아와 울었다. 나라 사람들이 이를 노래로 지어 부르며 찬미했다. 이 노래 가사에 나오는 월정교月精橋와 백운도白雲渡는 모두 왕궁 근처에 있었다. 세상에 전하기를 「봉생암鳳生巖」이 있었다고 한다. [186]

신라의 정치가 순화하여 태평했을 때는 봉황이 날아와 울었다. 봉황이 나타나는 것은 바로 승평昇平을 의미하였다. 신라 사람들은 봉황이 나타나 울었다는 그 바위를 봉생암鳳生巖[187]이라 하고, 이를 찬미하는 「봉생암가鳳生巖歌」를 지어서 불렀다. 그 가사에 월정교와 백운도가 보이는데, 이들 지명은 모두 왕궁 부근에 있었다. 월정교는 왕족이나 귀족들이 건너다니던 다리로 월성 서편에 있

---

185) 三國俗樂, 新羅 百濟 高句麗之樂 高麗並用之 編之樂譜 故附著于此 詞皆俚語. 『高麗史』권71 樂志
186) 新羅 東京(卽雞林府), 昇平日久 政化醇美 靈瑞屢見 鳳鳥來鳴 國人 作此歌以美之 其所謂月精橋 白雲渡 皆王宮近地 世傳有鳳生巖. 『高麗史』상동
187) 봉생암(鳳生巖)은 서남산의 포석정 동편 산기슭의 황금 바위로 추정한다. 우암 송시열의 영정을 모신 봉암영당(鳳巖影堂) 역시 봉생암의 이름을 취해 지었다.

었고, 백운도는 평민들이 많이 건너던 나루터로서 문천 하류 곧 오릉 부근으로 추정된다. 모두 서남산으로 통하는 길이다.

이 책에 실린 것으로 「동경가東京歌」가 있는데 이는 송축하는 의미를 담고 있었다. 남녀와 존비가 모두 부를 수 있는 노래이며, 가사에 나타난 안강安康은 계림부의 속현이라 하였다.

또 「이견대利見臺」란 속악이 전한다. 신라의 어느 왕 부자가 오래도록 서로 헤어져 있다가 마침내 서로 만났다. 이들 부자가 서로 만난 기쁨을 기리기 위해 대를 쌓고 노래를 부른 것이 「이견대」다. '이견'이란 『주역』의 '이견대인利見大人'에서 따온 말이다. 왕자가 이웃 나라에 나가서 회동會同하고 온 것인지 인질로 잡혔다가 돌아온 것인지는 모른다[188]고 하였다.

이를 통해서 볼 때, 봉생암가나 「동경가」는 제목과 내용 일부가 전할 뿐, 가사는 전해오지 않는다. 이들 속요는 신라 때 불린 노래가 고려에 전해 온 것으로, 제목에 나타나 있듯이 주제는 왕실의 안녕과 승평이었다.

또한 『고려사』 악지에 익재益齋 이제현李齊賢(1287~1367)이 한역한 「처용가處容歌」를 들 수 있는데, 이 시는 『익재난고』에도 실려 있다.

처용상(신라처용무보존회 제공)

---

188) 利見臺, 世傳 羅王父子 久相失 及得之 築臺相見 極父子之懽 作此以歌之 號其臺曰利見 盖取易利見大人之意也 王父子 無相失之理 或出會隣國 或爲質子 未可知也.『高麗史』상동

옛날 신라의 처용은	新羅昔日處容翁
푸른 바닷속에서 왔다고 말하고는,	見說來從碧海中
하얀 이빨 붉은 입술로 달밤에 노래하고	貝齒䞓脣歌夜月
넓은 어깨와 자줏빛 소매로 봄바람에 춤을 춘다.	鳶肩紫袖舞春風

　헌강왕이 학성으로 나가 놀다 개운포開雲浦에 이르렀다. 이때 한 사람이 이상한 몸집과 괴상한 복색을 하고 나타나 노래하고 춤추며 왕의 덕을 찬미하였다. 그리고 왕을 따라 서울로 들어온 그는 스스로 처용이라 불렀다. 매양 달밤이면 저잣거리에서 노래 부르고 춤을 추었으나, 끝내 그가 있는 곳을 알지 못하였다. 당시 사람들은 그를 신인神人이라고 불렀다. 후세 사람들이 그 일을 신기하게 여겨 처용가를 지어 노래하였다. 이 같은 노래가 민간에서 전승되던 것을 이제현이 한역하여 남긴 글이 위의 시다. 처용은 스스로 신라 사람이 아니라 말하고, 달밤이나 봄바람이 불 때면 저잣거리에서 특이하게 분장하고 덩실덩실 춤을 추며 노래를 불렀다.

　처용이 나타났을 때, 신라는 최고의 문물을 꽃피우며 태평을 구가하던 시절이었다. 후세 사람들이 처용을 소재로 삼아 노래를 지어 부른 것은 신라의 성대盛代를 동경하는 의미를 담고 있다. 처용가는 동경의 가장 향토적 속요로, 고려와 조선 시대까지 가무歌舞가 줄곧 전승되었고,[189] 뒷날 기우제를 지낼 때도 가면극과 함께 노래를 불렀다.[190]

---

189)『東京通志』권5, 處容舞 참조
190) 處容舞, 赤白青玄自四方 黃黃者是處中央 羅王故國今無旱 神賜千年惠霈滂.『甘華集上』권2

고려 시대 동경 속요는 동경 사람들의 정서를 잘 반영했으며, 조선 시대에 신라의 충신과 열사를 숭앙하는 것과 달리 신라 노래를 그대로 전승하되 태평성대를 노래한 내용이 많았다는 점이 주목된다.

2) 열박령悅朴嶺과 전화앵囀花鶯

경주에서 언양에 가려면 봉계와 활천을 지나서 반드시 남쪽의 열박재를 넘어야 한다. 지금 경부고속도로와 35번 도로가 교차하는 지점이 열박재의 정상 부근이다. 열박재는 한자로 열박령悅朴嶺 또는 咽薄嶺이라 적는다. 『승람』 산천조에, "열박산咽薄山은 경주부 남쪽 35리에 있으며, 김유신이 칼을 차고 열박산 깊은 골짜기로 들어가 향을 피워두고 병법을 터득해 달라고 하늘에 기도했던 곳"[191]이라고 했다. 『삼국사기』에 있는 내용이다.

『승람』 「고적古跡」편에, "열박령悅朴嶺은 경주부 남쪽 30리에 있으며, 동도東都의 기생 전화앵囀花鶯의 무덤이 있다."[192]라고 하고, 고려 명종 때 유명한 문인 김극기金克己가 지은 시 한 편을 실었다. 위의 글을 보면, 열박산咽薄山과 열박령悅朴嶺은 산과 고개라는 점이 다르고 한자도 다르며, 거리도 경주에서 열박령이 5리나 더 가깝게 있다.

임란 때 열박재는 격전의 요새지였다. 양산과 언양 방면에서 북상한 왜구는

---

191) 咽薄山 在府南三十五里 諺傳 金庾信 携寶劍 入深壑 燒香告天 祈禱兵法處.『新增東國輿地勝覽』山川
192) 悅朴嶺 在府南三十里 東都妓囀花鶯所埋之地. 상동 古跡

열박재만 넘으면 경주읍성까지 평지로 이어졌기 때문에 이곳을 매우 경계하였고, 김호·최봉천·최진립 등 의병장은 이처럼 험준한 지형을 이용하여 싸워 많은 전과를 거두었다. 이들이 남긴『월암실기』등의 글을 보면 거의 열박현咽薄峴으로 표기하였고, 1760년에 만들어진『영남도嶺南圖』역시 열박현으로 나타냈다. 그리고 열박현 정상 평평한 곳은 경주부 남문에서 45리 거리인 전읍리錢邑里에 있다[193]는 기록도 있다.

이 같은 글을 종합하면, 열박산 또는 열박현咽薄峴은 같은 뜻으로 보이며, 경주부에 속한 전읍리에 있었다. 문제는 열박령悅朴嶺이다. 앞서『승람』에 열박령과 열박산의 한자 표기와 거리가 각각 달랐다. 이를테면, 열박산은 전읍리에 있고, 열박령은 열박산 5리 못 미쳐 작은 산 고개로, 지금의 활천리 부근으로 추정된다. 열박재를 명확히 밝혀야 하는 이유는,『승람』에 경주부에서 남쪽으로 30리 거리에 동도의 기생 전화앵의 무덤이 있다는 내용을 밝히기 위해서이다.

김극기는 고려 명종(1171~1197) 때 인물이지만, 정확한 생몰연대는 미상이다. 그가 경주에 들러 남긴 시문은「아화역」,「모량역」,「분황사」,「황룡사」,「월정교」, 「주암사지맥석朱巖寺持麥石」의 서문과 시,「문천불계시汶川祓禊詩」,「잉보역仍甫驛」, 「열박령悅朴嶺」등 모두 9수다. 이는 송사宋詞의 영향을 받은 것인지 장단구로 지었으며, 근체시와 다르다. 그가 어떠한 일로 아화-모량-동경 유람-열박재-잉보(언양) 쪽으로 이어졌는지 모르지만, 주옥같은 시구를 남겼다. 다음은 그의 시「열박령悅朴嶺」이다.

193) 咽薄峴平夷 距官門四十五里錢邑里.『嶺南圖』註記, 한국학중앙연구원 소장

옥 같은 얼굴로 서둘러 세상을 떠나니	玉貌催魂隔世
허공 끝에 다만 높다란 봉우리 보인다.	空端只見層巔
신녀神女의 비는 무산巫山¹⁹⁴⁾에 걷히고	神女雨收巫峽
여인麗人의 바람은 낙천洛川¹⁹⁵⁾에 끊겼도다.	麗人風斷洛川
운학무¹⁹⁶⁾를 추는 소매는 땅에 끌리듯 하고	雲學舞衫曳地
월투가를 부르며 치켜 올린 부채는 하늘에 닿았구나.	月偸歌扇當天
지나는 나그네 너무나 마음 아파	行客幾傷芳性
손수건 가득 붉은 눈물 적시네.	滿巾紅淚泫然

이 시에는 무협巫峽과 낙천洛川이라는 두 가지 중국 고사가 있다. 무협은 전국
시대 초나라 송옥宋玉이 지은 「고당부高唐賦」에 보이는 글이다. 초나라 양왕의 아
버지 회왕懷王이 고당高唐에 나갔다가 낮잠을 잤는데, 꿈에 한 여인을 만났다.
그 여인이 "저는 무산에 사는 여인으로, 고당에 놀러 왔다가 왕께서 이곳에 오
신다는 말을 듣고 왔습니다. 제가 잠자리를 모시고자 합니다."라고 하자, 이로
써 왕은 그 여인을 사랑하였다. 그 여인이 떠나며 "저는 무산의 남쪽 산기슭에
삽니다. 아침이면 구름이 되고, 저녁에는 비가 되어 아침저녁마다 양대陽臺 아
래로 지나갑니다."라고 한 데서 유래되었다. 여기서 남녀 간의 사랑을 운우지

---

194) 이는 전국시대 초나라 송옥(宋玉)이 지은 「고당부(高唐賦)」에 나오는 고사이다. (昔者 先王嘗游高唐
怠而晝寢 夢見一婦人 曰 妾巫山之女也 爲高唐之客 聞君游高唐 願薦枕席 王因幸之 去而辭 曰妾在巫山
之陽 高丘之岨 旦爲朝雲 暮爲行雨 朝朝暮暮 陽臺之下 旦朝視之如言 故爲立廟 號曰朝雲.)

195) 낙천(洛川)은 낙수(洛水)이며, 여신(麗人)은 복희(伏羲)의 딸 복비(宓妃)이다. [宓妃 伏羲氏女 溺死洛
遂爲洛水之神. 李善 注] 司馬貞, 『史記索隱』. 이는 삼국시대 위나라 조식(曹植)이 지은 「낙신부(洛神
賦)」에 있다.

196) 운학무(雲學舞)는 운학무(雲鶴舞)인 듯하니, 『승람』과 『동경잡기』에 모두 '학(學)' 자로 적었다.

정雲雨之情이라고 한 말이 나오게 되었다.

낙천洛川은 낙양의 낙수 고사다. 상고 때 복희의 딸 복비宓妃가 낙수에 빠져 죽어서 낙수洛水의 신이 되었다. 삼국시대 위나라 조식曹植이 이곳을 지나다가 낙신洛神의 전설을 듣고 깊이 느낀 바가 있었다. 말에서 내려 하염없이 낙수를 바라보고 단순호치丹脣皓齒의 그 아름다운 여인을 상상하며 그려낸 글이 「낙신부洛神賦」다. 두 고사는 모두 아름다운 여인과의 이별 또는 애타게 보고 싶어 하는 심상을 형상화한 내용이다.

첫 구에서 안타깝게도 여인은 일찍이 죽었고, 그가 묻힌 산마루는 까마득하게 높다. 무산에 비가 그쳤으나 신녀는 보이지 않고, 바람이 잔잔한 낙천에서 아리따운 여인이 너무 그리웠다. 그녀가 「운학무雲學舞」를 추면 적삼이 땅에 날리듯

전(傳) 동도명기 전화앵 묘의 표지석

끌렸고, 「월투가月偸歌」를 부를 때는 부채 끝이 하늘 자락에 닿았다. 여인麗人의 절묘한 가무가 아닐 수 없었다. 그러나 지금은 무덤만 남았다. 지나가는 나그네가 부질없이 마음 아파하며 흐르는 눈물이 수건을 적신다며 글을 맺었다.

김극기의 「열박령悅朴嶺」은 열박재의 아름다운 경치와 무관하고, 어느 한 여인을 생각하며 지은 시정이다. 시에 나타나듯 이 여인은 평범한 여인이 아닌, 춤추고 노래하는 기녀였다. 그 여인은 과연 누구인가?『승람』의 글을 보면 전화앵의 묘가 열박재에 있다고 하고, 김극기가 지은 위의 시를 실은 것이 전부다. 김극기는 열박재를 넘다가 기녀妓女 전화앵의 묘소를 보고 잔술을 올리며 노래하였던 것이다. 그렇다면 동도 명기名妓 전화앵은 고려 시대의 인물로, 김극기보다 앞선 인물이거나 동시대 사람이다. 전화앵은 뛰어난 미모와 가무로 명성을 떨쳤던 동도 최초의 명기로 기록이 남아 있다. 문헌으로만 전해온 그의 묘가 어디에 있는지 몰라서 진작 뜻 있는 문인들 사이에 관심을 끌었다.

그런데 전화앵은 근래 울산 사람들에 의해 전혀 다른 모습으로 세상에 나타났다. 열박재 아래 두서면 활천리 야트막한 산기슭에 고분이 하나 있었고, 주민들 사이에 여러 전설이 전해왔다. 이현희 교수(성신여대)가『창기와 명기의 애환』(1988년)을 펴낼 때, 활천리에 들러 촌로들의 말을 듣고 엉뚱한 방향으로 글을 썼다. 이현희 교수는 이 고분을 전화앵의 무덤으로 설정했는데, 전화앵은 신라 말의 이름난 기생이었다. 신라가 망하고 경순왕을 따라 수많은 신하와 백성들이 송도로 떠나갈 때 누군가 전화앵더러 같이 가자고 권유했지만, 그는 끝내 거부하고 신라인으로 자처하며 절개를 지켰다고 한다. 전화앵은 열박재를 좋아하여 이곳에 숨어 살다가 묻혔으며, 신라에 절의를 지킨 전화앵은 죽어서 열박재

「청구요람(靑丘要覽)」-경주부(규장각, 1834)

의 신모가 되었다는 것이 줄거리다. 그럴듯한 창작이다. 이로써 전화앵은 신라의 의기義妓로 묘사되었고, 신라 충절의 화신으로 드높여졌다. 마치 『고려사』와 『동경잡기』에 나타난 '동경노인東京老人'과 같은 의인이며, 신라 옥적이 왕건 앞에서 울지 않았다는 전설과 부합될 만한 설이다.

전화앵의 묘는 1996년경에 발견되었다. 울산의 일부 문화 단체는 또 다른 울산문화의 아이콘이 생겼다며 야단이었다. 울산문화원은 해마다 전화앵제를 개최하고, 축제가 열릴 때는 고유제 의식과 온갖 가무가 이루어졌다. 2009년 11월에 울산발전연구원에서 마침내 이 무덤을 발굴 조사한 결과, 통일 신라 시대 7세기 말경 횡혈식석실분이라고 발표했으나, 전화앵의 묘소인지는 결론을 내리지 못하였다. 그러나 울주군은 2014년에 전화앵을 기리기 위해 묘역을 복원하고, 공원을 조성한 뒤에 추모비를 건립했다. 비문에는 '전 전화앵묘傳 囀花鶯墓'라 하고, 전화앵은 나말여초의 인물이라 새겼다. 혹자는 여기에서 더 나아가 '전화앵囀花鶯(895?~965?)은 울산에서 태어났다', '신라 효성왕에서 고려 초기의 인물이다', '신라의 의기義妓다', '김극기의 시는 조시弔詩다' 등 문헌에도 없는 말을 끌어다 발표하였다. 너무 지나친 왜곡이 아닐 수 없다.

울산에서 미색과 절의로 가장 유명한 기녀는 심자란沈紫鸞(1665~1682)[197]이다. 울산부사 윤면尹勉에게 사랑을 받은 그는, 윤면이 죽은 뒤에 온갖 유혹을 뿌리치며 수절하다 꽃다운 열여덟 살로 일생을 마쳤다. 심자란의 유적과 문헌을 찾아서 정리하고, 그를 위해 추모의 장場을 마련하는 것이 훨씬 더 울산 사람을 위한 축제가 아닐까?

전화앵의 기록은 앞서 『승람』의 글 이외에 전하는 것이 없다. 그가 신라의 의기였다면, 김극기는 그의 재색才色을 찬미할 것이 아니라 절의를 노래했을 것이다. 후세에도 전화앵은 고려 때 명기라고 하였다.[198] 묘역을 성역화하고 그를 기린 문화 행사도 좋지만, 역사 인물은 올바른 고증이 우선이다. 신라의 충신 박제상이 그러하듯 전화앵은 울산과 전혀 무관한 인물이 아닌가. 이에 관해 최성환이 분명히 밝힌 글[199]이 있다.

---

197) 문암(文巖) 손후익(孫厚翼, 1888~1953)의 시문집『문암선생문집(文巖先生文集)』권22,「심기자란전(沈妓紫鸞傳)」참조.
198) 囀花鶯 高麗名妓 墓在悅朴嶺.『東京通志』권14. 名妓
199) 울산신문, 2010년 1월 4일 자.

3

경주 악부樂府의 노래

1) 제가諸家의 악부

악부에서 부르는 노래는 지방마다 달랐다. 그 지방의 인물이나 명승지, 고적 등 특색을 시가에 많이 담았고, 중국의 유명 승지를 노래하기도 했다. 그러나 제목 또는 가사를 보면, 어느 지방에서 불리는 노래인지 알 수 있을 만큼 지역 적 역사 문화 정취가 함축되어 있었다. 부여의 「낙화암落花巖」, 평양의 「관산융 마關山戎馬」와 「대동강大同江」 등이 바로 그러한 예다. 동도악부의 노래는 고려 때 와 마찬가지로 신라 시대에 불리던 노래나 그 소재가 대부분 전승되었다. 곧 경주는 신라 유민遺民으로서 신라에 대한 충의와 설화 등을 가사에 담아 불렀다는 말이다.

경주 악부가 많이 전해진 것은 다음 4종의 악부를 꼽을 수 있으며, 그 제목도 적지 않다. 점필재佔畢齋 김종직金宗直(1431~1492)의 『동도악부東都樂府』[200]에는 7수首가 실렸고, 성호星湖 이익李瀷(1681~1763)의 『해동악부海東樂府』[201]에 실린 총 119수 가운데 동도악부로 분류할 수 있는 것은 29수다. 원교圓嶠 이광사李匡師(1705~1777)의 『동국악부東國樂府』[202]에 실린 30수 가운데 동도악부로 나눌 수 있는 시는 16수이고, 낙하생洛下生 이학규李學逵(1770~1835)의 『영남악부嶺南樂府』[203]에 전하는 68수 가운데 역시 동도악부로 분류할 수 있는 시는 31수다. 필자가 파악한 우선 4종 악부 중심으로 살펴본다.

이들 4종 악부에 전하는 동도악부의 제목은 모두 83수다. 이 가운데 제목만 다를 뿐 실제 주제가 같은 것이 제법 있다. 예컨대 『삼국유사』 「사금갑射琴匣」이 『동도악부』와 『영남악부』에는 「달도가怛忉歌」라 했지만, 『해동악부』에는 「오함서烏銜書」라 했다. 『해동악부』의 「사체음師彘吟」은 『영남악부』에 「물계자勿稽子」로, 『해동악부』의 「표풍곡飄風曲」은 『동국악부』에 「현학금玄鶴琴」이라 하고, 『영남악부』에는 「옥보고玉寶高」라 달리 적었다. 83수 중에 중복되거나 이름이 다른 것을 제외하고, 경주악부로 간주할 수 있는 것은 모두 55수다.

앞서 4종의 악부에 모두 실린 제목은 「치술령」과 「황창랑」 2수다. 박제상朴堤

---

200) 金宗直, 『佔畢齋集』권3, 「東都樂府」
201) 李瀷, 『星湖先生全集』, 「海東樂府」는 7권에 63수, 8권에 56수 등 총 119수의 악부가 실려 있다. 이 중에 동도악부로 분류할 수 있는 것은 7권 63수 가운데 29수이고, 8권에는 실리지 않았다.
202) 李匡師, 『圓嶠集選』권1, 「東國樂府」
203) 李學逵, 『洛下生集冊』권6, 「嶺南樂府」

上 부부의 경우,『동도악부』에 「우식곡憂息曲」과 「치술령鵄述嶺」,『해동악부』에 「우식곡」과 「치술원鵄述怨」, 「동해악부」에 「우식곡」과 「치술령」,『영남악부』에 「박제상」 등으로 실렸다. 물론 「우식곡」의 주제는 조금 다르지만, 역시 박제상과 얽힌 일이다. 그리고『동도악부』와『영남악부』에는 「황창랑」,『해동악부』와 「동해악부」에는 「황창무黃昌舞」라 하였다. 박제상과 황창랑이 4종 악부에 모두 실려 전한다는 것은 어떤 의미가 있을까? 이들 두 사람은 살신성인, 곧 나라가 위기에 처했을 때 한 몸을 던져 산화했다는 공통점이 있다. 경주악부에서 불리고 있는 노래의 주된 주제는 충의였음을 보여준다. 충의에 비해 효성은 상대적으로 매우 적다. 신라의 효자 손순孫順은『해동악부』에 「모량종牟梁鐘」으로 올라 있을 뿐이다. 이밖에 「왕무거王毋去」, 「만파식적」, 「포석정」, 「상서장」 등 악부가 많이 실린 편이다.

　또한 4종 악부에 실린 내용을 보면, 거의 신라 때 인물을 주제로 삼았다. 박제상, 백결선생, 황창랑, 김후직, 김유신, 처용, 최치원 등이고, 눌지왕과 진평왕도 있다. 물론 인물 이외에 「회소곡」, 「처용가」, 「대악」, 「파경합破鏡合」과 같이 애상과 청빈 그리고 남녀의 사랑을 그려낸 것도 있지만, 많지 않다.『영남악부』에는 앞서 3종과 달리 새로운 인물이 많으며, 「동경구東京狗」와 「유두연流頭宴」처럼 의외의 작품도 있다. 김종직의『동도악부』에는 7수인데 비해『영남악부』에 31수나 수록된 것을 보면, 조선 후기로 갈수록 다양한 소재가 악부에 채록되었음을 알 수 있다. 이뿐만 아니라 고려 말의 인물이 2명 보인다. 배원룡裵元龍이 부윤으로 부임하여 백성들이 바다에서 잡은 문어와 농기구 쇠써레까지 거두어 돌아갔다고 해서 그를 '철문어鐵文魚'라 하였고, 또한 신돈의 횡포를 공민왕 앞에서 꾸짖다가 좌천되어 일찍이 죽은 이존오李存吾를 '진정언眞正言'이라 일컬었다. 배원룡

경주 서출지(書出池)

은 가렴주구를 일삼은 관원으로 고발하였고, 이존오는 충간忠諫한 사람으로 높이 평가하였다. 이처럼 신라 시대 인물에 지나치게 편중되었으며, 동도의 승경勝景이나 고찰 등은 물론 민간의 서정적 노래는 거의 보이지 않는다. 관아 악부의 노래는 그 지역의 특정 인물을 많이 반영하여 세교世敎 또는 감계鑑戒로 삼아 강조하려 했음을 알 수 있다. 4종 악부 가운데 『동국악부』에 실린 「파경합破鏡合」의 글이 가장 장문으로 지어졌다. 악부의 형식은 근체시의 정형화된 것이 아니고, 고체시 또는 민요체의 문체로 다양하게 지어졌다.

4종 악부의 거의 모든 작품이 『삼국사기』나 『삼국유사』에 나오는 사실史實이 설화의 내용이다. 그리하여 악부, 곧 가사歌詞 앞에 배경 설명을 덧붙였다. 〈달도가〉의 예를 보면, 소지왕이 정월 보름에 천천정에 나가 놀았는데, 이상하게도 까마귀가 나타나 뭔가 일러주었고, 사람들이 그를 따라 남산 피촌에 이르렀다. 이때 못에서 한 노인이 나타나 편지를 건네주었고, 왕은 글 속에 적힌 대로 궁중으로 들어가 자신을 해치려고 금갑琴匣 안에 숨은 중과 내통한 왕비를 모두 죽였다는 줄거리다. 이들 내용은 문구나 지명 등 서술 방식이 조금씩 다르기는 하지만, 사서에 있는 글을 옮겨왔기 때문에 분량의 차이일 뿐 큰 줄거리는 거의 비슷할 수밖에 없다.[204]

　　앞서 4종의 악부에 실린 중복된 가사를 비교 검토해 보면 내용이 모두 다르다. 이를 이해하기 위해서『동도악부』의「달도가怛忉歌」,『해동악부』의「오함서烏衘書」,『영남악부』의「달도가怛忉歌」 세 수를 함께 살펴본다.

(1) 달도가怛忉歌 -『동도악부』(김종직)

섧고도 슬프도다.	怛怛復忉忉
임금님께서 하마터면 보전하지 못할 뻔했네.	大家幾不保

---

204) 怛忉歌：照知王十年 王 遊天泉亭 有老翁 自池中出獻書 外面題云 開見二人死 不開一人死 王曰 與其二人死 莫若不開 但一人死耳 日官云 二人者 庶民也 一人者 王也 王惧 拆而見之 書中云 射琴匣 王 入宮 見琴匣倚壁 射之而倒 乃内殿焚修僧也 王妃 引與通 因謀弑王也 於是 王妃 伏誅 自後 國俗 每正月上辰 上亥 上子 上午 忌百事 不敢動作 目之爲怛忉日 必以四日者 其時 適有烏鼠豕之怪 令騎士追之 因遇龍也 又以十六日 爲烏忌之日 以粘飯祭之.「東都樂府」(金宗直)

烏衘書：炤智王十年春正月十五日 王幸天泉亭 有烏衘書來鳴 得其書 書外面云 開見二人死 不開一人死 王曰 與其二人死 孰若一人死 日官奏云 一人者王也 王開視之 書曰 射琴匣 王入宮射之 果有人 乃内殿焚修僧 與王妃潛通者也 妃與僧皆伏誅 自是國俗每歲是日 以糯飯祭烏 又以龍能興雨 馬能服勞 有功於人 豬鼠耗穀 有害於人 每於歲首辰午亥子日 設祭以祈禳 因禁百事 相與遊樂 謂之愼日.「海東樂府」(李瀷)

怛忉歌：本朝金佔俾宗直東京七詠 其怛忉歌曰 怛忉復怛忉 大家幾不保 俚言怛忉 謂悲愁而禁忌也 按新羅炤智王十年正月十五日 王幸天柱寺 有烏鼠之怪 令騎士追烏 至避邨 見兩猪相鬪 留連見之 失烏所在 有老翁自池中奉書而出 題云開見二人死 不開一人死 騎士献于 王 王曰 與其二人死 寧勿開 日官云 二人者 庶人也 一人者 王者也 請開之 開見書 曰射琴匣 王還宮 見琴匣射之 飮羽血濺 乃内殿焚修僧 與王妃潛通者也 妃與僧伏誅 國人 以爲若非烏鼠龍馬猪之功 王之身憊矣 以正月上子上辰 上午上亥等日 忌愼百事 謂之愼日 又以上元日 爲烏忌日 用稬飮祭之 今俗上元 以稬米飯和油蜜栗棗 名曰藥飯 祭祀賓客 以爲時食 卽沿東京舊俗也.「嶺南樂府」(李學逵)

비단 휘장 속에 거문고 집이 거꾸러지자　　　　流蘇帳裏玄鶴倒

아름다운 왕비도 해로하기 어려웠다.　　　　揚且之晳難偕老

섧고도 섧도다.　　　　　　　　　　　　　怛忉怛忉

신이 알려주지 않았다면 어찌할 뻔했는가　　神物不告知奈何

신이 알려주어서 나라의 기반이 든든해졌네.　神物告兮基圖大

(2) 오함서烏含書 -『해동악부』(이익)

까마귀가 편지를 물고 왔지만　　　　　　　　　烏含書

까마귀는 편지를 물고 왔지 편지를 쓴 것 아니네　烏是含書非作書

귀신이 편지 써서 까마귀에게 물려 보낸 것이니　鬼作書使烏含來

귀신은 눈이 밝다는 것이 헛말이 아니구나.　　　鬼眼燭幽事非虛

한 사람 죽을지 둘 죽을지 열 것인지 말 것인지　一死二死坼不坼

밀봉한 겉봉 편지에 깊은 뜻이 있었다네.　　　　題封密密意有餘

천천정 위에서 임금의 안위가 결판나자　　　　天泉亭上判存亡

명활궁 안으로 서둘러 수레 돌렸다.　　　　　　明活宮中催反車

거문고 갑 속에 흰 가사 입은 중이　　　　　　玄琴匣裏白衲僧

비수를 품고 숨으니[205] 예측하기 어려웠다.　　挾匕塗壁果何居

---

205) 비수를 품고 숨으니 :『사략(史略)』권1에, 전국시대 조양자가 지백(智伯)을 죽이자, 지백의 신하 예양
　　(豫讓)이 원수를 갚으려 비수를 품고 조양자가 가는 칙간 벽을 바르는 척하며 숨어 있었다는 고사가
　　전한다.

임금이 활을 당겨 금갑206)을 쏘자	尼今手彎金僕姑
누란의 위기에서 아슬하게 벗어났다. 207)	觸瑟何羅墮階除
왕비와 분수승을 깨끗이 제거하자208)	牆茨可掃艾貑死
계림 봄빛 파랗게 좋은 기운 넘쳐난다.	始林春色蔥蔥如
편지를 갖고 온 까마귀에 보답은 당연하지	烏銜書恩宜可報
찰밥 지어 제사하니 원거209)와는 전혀 다르다네.	糯祭殊異祀鶢鶋
귀신이 편지를 써서 위태함을 안정시켰으니	鬼作書能轉危安
신령의 도움 아니었으면 나라가 기울 뻔했지.	苟非冥佑國其墟

(3) 달도가怛忉歌 『영남악부』(이학규)

섧고도 슬픈 정월 보름 날	怛忉怛忉上元昧
까마귀가 놀라서 날고 쥐들도 달아났다.	曧烏驚飛鼠迸逃

---

206) 금갑 : 『춘추좌씨전』 장공(莊公) 11년에 보이는 글로, 금복고(金僕姑)는 좋은 화살을 말하나, 여기서는 금갑을 말한다.

207) 누란의 … 벗어났다 : 『한서(漢書)』 권68 「김일제전(金日磾傳)」에 나오는 고사다. 한 무제가 병들자, 강충(江充)이 여태자(戾太子)의 저주 때문에 병이 났다고 무고하니, 태자는 강충을 죽이고 자결하였다. 뒤에 무제가 강충의 모함이었음을 알고 그 일당을 멸하자, 강충과 가까웠던 망하라(莽何羅) 등이 두려워하여 모반하였다. 김일제가 이를 예감하고 기다렸는데, 망하라가 소매 속에 칼을 감추고 무제의 침소로 뛰어 들어가다가 보슬(寶瑟)에 부딪혀서 넘어진 것을 김일제가 잡았다. 곧 위기를 넘겼다는 말이다.

208) 왕비와 … 제거하자 : 『시경』 장유자(牆有茨)과 『춘추좌씨전』 정공(定公) 14년에 나오는 글로, 왕비와 분수승의 사건을 깨끗하게 처리했음을 뜻한다.

209) 원거 : 『춘추좌씨전』 문공(文公) 2년의 글로, 원거(鶢鶋)는 원거(爰居)로 쓰기도 한다. 공자가 장문중(臧文仲)의 세 가지 지혜롭지 못한 일을 거론하면서, 원거(爰居)에게 제사를 지낸 일을 그 하나로 꼽았다. 원거는 봉황새처럼 생긴 큰 바닷새다. 당시에 노나라 동문 밖에 날아와 사흘 동안 머무니, 장문중은 사람들이 원거에게 제사를 지내도록 했다. 까마귀의 은혜에 제사를 지내는 것은 옛날에 장문중이 했던 것과는 전혀 다른 일이라는 말이다.

못 속에 늙은이 무슨 편지 갖고 나왔나.	池中之叟何所操
편지 뜯어보면 두 사람이 죽고	開書二人死
보지 않으면 한 사람이 화를 입는다네.	不開一人戲(叶戶賄切)
궁궐 뜰은 임해문인데	宮庭臨海門
중궁이 바로 화의 근원이었다.	中宮乃戲水
화려한 장식의 활을 당기시는	錦臂韝金鏷鍏
왕이시여, 주저하지 마시고 쏘십시오.	王乎王乎莫躕躇
금갑을 보고 쏘았더니 피가 튀어 쏟아지니	射琴匣血糢糊
아, 놀랍게도 이 무슨 일입니까?	嘻吁乎嘻吁乎
신에게 물어볼 수 없고	神不可問
사람도 믿을 수가 없었다네.	人不可信
왕이시여, 왕이시여	王乎王乎
그때 분수승을 너무 가까이하심이 아니신지요.	當日焚修太親近

세 수首의 글은 같은 사실의 내용을 두고 각각 달리 읊었다. 한 가지 대상물에 여러 문사들이 저마다 노래한 제영시題詠詩와 같다. 4종의 악부 글 가운데 제목이 같거나 다른 것도 있지만, 내용 곧 가사는 각기 다르게 지었다. 시창詩唱했을 때, 중국의 명시 한 수를 두고 곡을 붙여 창했던 것이 사뭇 달랐다는 점이다. 그렇다면 악부에서 불렀던 시가는 어떤 것이었을까? 전해진 가사와 악보가 없어서 알 수가 없다. 아마도 충신의 경우에는 무용담이 섞인 서사적 기본 가곡이 있었고, 이를 듣고 감동한 문사들이 악부체로 각기 다르게 시를 지었던 것으로 추정할 수 있다.

가사에 곡을 붙여 악공들이 분명 창을 했었다. 당시 이들의 노래는 우리말로 지은 가사가 따로 있었다. 우리말 곧 이어俚語였으며, 여기서는 달리 신라어新羅語라 하였다. 이를테면, 18세기 중엽의 글을 보면, 경주 악부에는 오래전부터 『계림구보雞林舊譜』라는 악보가 전해져 왔으며, 여기에 쓰인 글은 신라어[210]로 적었다. 또한 감화甘華 이정익李鼎益(1753~1826)은 「동경보東京譜」가 있었다[211]고 하였다. 이를 추측해 볼 때, 당시 악공들은 신라어로 창을 할 때도 있었고, 당시 이어로 노래할 수도 있었다. 악부의 악공들이 순수 한문으로 지어진 것을 노래하는 데는 여러 가지 어려움이 뒤따랐다. 이들은 우리말로 서술된 『계림구보』 또는 『동경보』에 따라 창을 하였는데, 전자를 구보舊譜, 후자를 신보新譜라 일컬었는지 모른다. 문장에 뛰어난 선비들은 경주에 와서 신라의 노래를 듣고 영탄詠嘆에 젖었으며, 마침내 이들이 그것을 다시 남긴 시가 위의 악부라고 볼 수 있다. 그렇게 여러 문사들에 의해 많은 작품이 창작되었다.

이밖에 「이주곡移舟曲」[212]과 「반도무蟠桃舞」[213]가 경주부 악부에 더 있었다. 「이주곡」은 전국시대 노중련魯仲連을 그리며 노래하였고, 「반도무」는 한나라 때 동방삭東方朔을 극화하여 춤을 추었다. 악부에는 앞서 4종 악부에 실린 것 이외에 중국 인물에 대해서도 다수 전해졌던 것으로 파악할 수 있다.

---

210) 驟彈雞林舊譜 洋洋乎美矣…娘是月城女 歌用新羅語 『青泉集』권2, 贈梅妓幷引
211) 黃昌舞, 魯汪秦陽歲十三 風聲宇宙自燕南 至今舞在東京譜 曷若黃兒是大男 『甘華集』권2
212) 觀樂府移舟曲有感, 迢迢樂浪海雲斜 萬里朝天八月槎 若識黃河非舊路 何如東蹈魯連涯 上同
213) 蟠桃舞, 三千歲後結清都 堪笑齊諧誘俗愚 方朔獨知偸寶顆 漢宮當日萬年呼 上同

〈표〉 4종 악부

	『東都樂府』 (金宗直)	『海東樂府』 (李瀷)	『東國樂府』 (李匡師)	『嶺南樂府』 (李學逵)
曲名	會蘇曲 憂息曲 鵄述嶺 怛忉歌 陽山歌 碓樂 黃昌郎 (7首)	兜率歌 會蘇曲 師巍吟 竹陵行 憂息曲 鵄述怨 碓樂 烏銜書 娘城曲 飄風曲 花郎歌 墓諫 冷林怨 破鏡詞 椴岑歌 黃昌舞 錦裙夢 利見臺 萬波息曲 花王歌 泝江行 龍齒湯 牟梁鐘 處容歌 鮑石亭 倚巖屋 天官怨 上書莊 余那歌 (29首)	聖母祠 林中鷄 憂息曲 鵄述嶺 黃昌舞 斬馬衙 王毋去 陽山歌 破鏡合 朝蜀使 玄鶴琴 萬波息笛 月明衙 上書莊 鮑石亭 聖帝帶 (16首)	鐵文魚 眞正言 聖帝帶 金花郎 天官女 朴堤上 金元述 齒痕王 怛忉歌 萬波息笛 東京狗 鮑石亭 春杵樂 會蘇曲 黃昌郎 孝不孝 風月主 處容舞 鼻荊郎 迎烏郎 墨胡子 王毋去 元曉師 玉寶高 松花房 龍齒湯 流頭宴 始林鷄 薔薇女 上書莊 勿稽子 (31首)

2) 점필재의 『동도악부』

경주부의 악부를 말할 때, 점필재 김종직의 『동도악부』를 으뜸으로 꼽는다. 그의 작품은 7수에 지나지 않지만 가장 많이 애송되었다. 앞서 『동도악부』를 제외한 나머지 3종 악부에는 이들 7수가 거의 빠짐없이 수록되어 있기 때문이다. 이렇게 볼 때, 김종직의 7수는 경주의 대표적인 악부로 평가할 수 있다.

문과에 급제한 김종직은 영남병마평사嶺南兵馬評事라는 관직을 띠고 영남의 여러 고을을 다니다가 1465년(세조 11)에 경주에 왔다.[214] 그는 워낙 시문에 뛰어나서 가는 곳마다 시를 지어 남겼다. 경주 불국사와 첨성대 등 여러 시편도 이때 지었다. 그가 경주 악부에서 악공들이 부르는 노래를 들으니, 모두 신라를 회상하는 내용이었다. 김종직이 이들 악부 가운데 중요한 것을 골라 직접 지은 시가 『동도악부』 7수다. 『동도악부』는 「회소곡」·「우식곡」·「치술령」·「달도가」·「양산가」·「대악」·「황창랑」으로 이루어졌으며, 「황창랑」을 제외하고는 모두 『삼국사기』나 『삼국유사』에 글이 전한다. 7수 모두 역사적 배경을 약술하고 노래를 실었기 때문에, 이를 모두 국역하여 옮긴다. 또한 고사가 얽혀 있는 문구는 시구마다 아래에 간략하게 풀이하였다.

(1) 회소곡會蘇曲

유리왕儒理王 9년(AD 32)에 육부六部의 이름을 정하고, 이를 둘로 나눴다. 왕실의 따님 두 사람은 각기 부내部內의 여자들을 거느리고 무리를 지어 7월 보름날부터 날마다 이른 아침에 대부大部 집의 뜰에 모여 베를 짜기 시작하여 밤 10시경에 마쳤다. 그리하여 8월 보름날에 이르러 실적이 많고 적음을 헤아려, 진 편에서 술과 음식을 내어 이긴 편에게 사례하였다. 이로써 노래와 춤과 온갖 놀이가 다 이루어졌는데, 이것을 가배嘉俳라 이른다. 이때 진 편의 한 여자가 일어나 춤추며 탄식하기를 '회소會蘇, 회소會蘇'라 하니, 그 소리가 슬프고 아름다웠다. 후세 사람들이 그 소리를 본떠 노래를 지어 부르니, 「회소곡」이라 불렀다.

---

214) 成化元年乙酉(世祖大王十一年) 先生三十五歲 起爲嶺南兵馬評事 點兵列邑 到處 皆有題詠詩帖 以監司關文 到慶州 爲秋丁釋奠初獻官 製享齋先生詩集序 撰慶尙道地圖誌, 『佔畢齋集』 年譜

會蘇曲

儒理王九年 定六部號 中分爲二 使王女二人 各率部內女子分朋 自七月望
每日 早集大部之庭 績麻 乙夜而罷 至八月望 考其功之多少 負者置酒食 以謝
勝者 於是 歌舞百戲皆作 謂之嘉徘 是時 負家一女子 起舞 嘆曰 會蘇會蘇 其
音哀雅 後人 因其聲作歌 名會蘇曲.

회소곡, 회소곡	會蘇曲 會蘇曲
가을바람이 넓은 뜰에 불어오니	西風吹廣庭
밝은 달은 큰 집에 가득하구나.	明月滿華屋
왕녀가 윗자리에 앉아 물레를 돌리니	王姬壓坐理繰車
육부의 여자들 많이도 모여들었네.	六部六兒多如簇
네 바구니엔 다 차고 내 광주린 비었으니	爾筥旣盈我筐空
술잔 들고 야유하며 웃고 서로 놀린다네.	釅酒挪揄笑相謔
한 여자가 일어나 여러 집에서 권하여	一婦嘆千室勸
다들 베 짜기에 더욱 열중토록 하니.	坐令四方勤杼柚
한가위가 규방의 범절은 잃었다지만	嘉徘縱失閨中儀
발하跋河의 줄다리기 싸움보단 낫지요.	猶勝跋河爭嗃嗃

황하 부근 사람들은 줄다리기 시합을 즐겨 하였는데, 이때 시끄럽게 떠들며
다툼이 대단했었다. 회소곡의 베 짜기 대회를 하면서 왕실과 귀족 부녀들이 서
로 이기려 경쟁하는 것이 규방의 법도에는 다소 벗어난 일이나 그래도 발하跋河
의 줄다리기 놀이보다 낫다고 하였다.

(2) 우식곡憂息曲

실성왕實聖王 원년(402년)에 내물왕의 아들 미사흔未斯欣을 왜국에 볼모로 보냈고, 11년(412년)에 미사흔의 형 복호卜好를 고구려에 볼모로 보냈다. 눌지왕이 즉위하자, 두 아우가 보고 싶어 변사辨士를 구해 두 나라에 가서 아우를 데려오도록 하니, 사람들이 삽량군歃良郡 태수 박제상朴堤上을 천거하였다. 박제상이 왕명을 받고 고구려에 들어가 복호를 데려오고, 또 바다를 건너 왜국에 이르렀다. 그리고 왜왕을 속여 몰래 미사흔을 돌아오게 하니, 왕이 놀라고 기뻐서 육부六部에 명을 내려 멀리 나가 영접하게 하였다. 서로 만나자, 손을 맞잡고 울며 형제들이 모여 주연을 차려 놓고 즐거움을 다하였다. 왕이 스스로 노래를 지어 그 뜻을 나타냈는데, 이것을 속칭 우식곡이라 한다.

憂息曲

實聖王元年 以柰勿王子未斯欣 質於倭 十一年 又以未斯欣兄卜好 質於高句麗 及訥祇王卽位 思見二弟 欲得辨士往迎之 象擧歃良郡太守朴堤上 堤上受命 入高句麗 旣以卜好還 又浮海到倭國 給倭王 潛使未斯欣還 王 驚喜 命六部遠迎之 及見 握手相泣 會兄弟置酒極歡 王 自作歌 以宣其志 俗謂之憂息曲.

아가위 꽃이 바람에 따라 부상扶桑에 떨어지니	常棣華隨風落扶桑
부상 만리에는 고래파도가 더 높게 거세다.	扶桑萬里鯨鯢浪
편지를 보내려 한들 그 뉘 가져가리	縱有音書誰得將
아! 아가위 꽃이 바람에 따라 계림으로 돌아왔네.	常棣花隨風返雞林
계림의 봄빛이 온 궁궐에 가득하니	雞林春色擁雙闕
우애의 기쁜 정은 이렇듯 깊었구나.	友于歡情如許深

상체常棣는 아가위 꽃이다. 『시경』소아小雅 상체常棣에, '아가위 꽃은 꽃송이가 울긋불긋하도다. 모든 사람들은 형제보다 더 가까운 이가 없지.[常棣之華 鄂不韡韡, 凡今之人 莫如兄弟]'라는 글이 있다. 상체 즉 아가위 꽃은 형제를 의미한다. 부상扶桑은 동해에 신목神木이 있으며, 그 아래에서 해가 뜬다고 하여 해가 뜨는 곳이다. 여기서는 일본을 지칭한다. 우식憂息은 임금님의 근심을 없앤다는 뜻으로, 곧 형제의 우애를 강조한 말이다.

(3) 치술령鵄述嶺

박제상朴堤上이 고구려에서 돌아와서 처자를 만나지 않고 바로 왜국으로 향하였다. 그 아내가 뒤쫓아 율포栗浦에 이르니, 남편은 이미 배위에 올라가 있었다. 남편을 부르며 크게 울었으나, 박제상이 손만 들어 흔들고 떠나갔다. 박제상이 왜국에서 죽은 뒤에 그 아내가 그리움을 이기지 못하여 세 딸을 거느리고 치술령에 올라 왜국을 바라보며 통곡하다 죽었다. 그로 인하여 그는 치술령의 신모神母가 되었다.

鵄述嶺

朴堤上 自高句麗還 不見妻子 而徑向倭國 其妻 追至栗浦 見其夫已在船上 呼之大哭 堤上 但搖手而去 堤上死後 其妻 不勝其慕 率三娘子 上鵄述嶺 望倭國慟哭而死 因爲鵄述嶺神母焉.

치술령 정상에서 일본을 바라보니	鵄述嶺頭望日本
하늘에 맞닿은 넓은 바다 끝이 없어라.	粘天鯨海無涯岸
남편이 떠날 때 손만 흔들었을 뿐	良人去時但搖手

살았는지 죽었는지 소식조차 끊겼다.	生歟死歟音耗斷
소식이 끊기니 영원한 이별인 듯	音耗斷長別離
죽었든 살았든 만나볼 때 있으려나	死生寧有相見時
흐느껴 울다 망부석으로 변하였으니	呼天便化武昌石
천년 뒤에도 열기(烈氣)는 벽공에 치솟았네.	烈氣千載干空碧

무창석武昌石은 망부석으로 옮겼다. 호북성 북산北山에 있는 망부석을 이른 것으로, 옛날 어느 여인이 징병 나간 남편을 이 산 위에 올라가 전송하다가 그대로 화석化石이 되었다는 전설에서 나온 말이다.

(4) 달도가怛忉歌

소지왕炤知王 10년(484년)에 왕이 천천정天泉亭에 나가 놀았는데, 한 늙은이가 연못에서 나와 편지를 바쳤다. 겉면에 '뜯어보면 두 사람이 죽고, 뜯어보지 않으면 한 사람이 죽는다.'라고 써 놓았다. 왕이 말하기를, "두 사람이 죽으니 차라리 뜯어보지 않고 한 사람 죽는 것이 더 나을 것이다."라고 하니, 일관日官이 "두 사람은 서민이요, 한 사람은 왕이옵니다."라고 말했다. 왕이 두려워 뜯어보니, 편지 가운데 '거문고 갑匣을 쏘라.'라고 했다. 왕이 내궁으로 들어가 보니, 거문고 갑이 벽에 기대어져 있었다. 활을 쏘아 거꾸러뜨리자, 그 속에 내전 분수승焚修僧이 있었다. 왕비가 몰래 끌어들여 정을 통하여 서로 짜고 왕을 죽이려 했다. 따라서 왕비는 죽임을 당하였다. 이로부터 나라 풍속에 매년 정월 첫 번째 용辰·돼지亥·쥐子·말午 날에는 모든 일을 꺼리며 감히 함부로 행동하지 않았고, 이날을 '달도일怛忉日'이라 불렀다. 반드시 이 네 날짜로 정함은 그 때에 마침 까마귀·쥐·돼지의 괴이함이 있었고, 기사騎士를 시켜 쫓아가서 인하여 용龍(노인)을 만났기 때문이다. 또 16일은 오기일烏忌日이라 하고 찰밥을 지어 제사하였다.

怛忉歌

照知王十年 王 遊天泉亭 有老翁 自池中出獻書 外面題云 開見二人死 不開一人死 王曰 與其二人死 莫若不開 但一人死耳 日官云 二人者 庶民也 一人者 王也 王惧 拆而見之 書中云 射琴匣 王 入宮 見琴匣倚壁 射之而倒 乃內殿焚修僧也 王妃 引與通 因謀弑王也 於是 王妃 伏誅 自後國俗 每正月上辰 上亥 上子 上午 忌百事 不敢動作 目之爲怛忉日 必以四日者 其時 適有烏鼠豕之怪 令騎士追之 因遇龍也 又以十六日 爲烏忌之日 以粘飯祭之.

섧고도 슬프도다.	怛怛復忉忉
임금님께서 하마터면 보전하지 못할 뻔했네.	大家幾不保
비단 휘장 속에 거문고 집이 거꾸러지자	流蘇帳裏玄鶴倒
아름다운 왕비도 해로하기 어려웠다.	揚且之皙難偕老
섧고도 섧도다.	怛忉怛忉
신이 알려주지 않았다면 어찌할 뻔했는가	神物不告知奈何
신이 알려주어서 나라의 기반이 든든해졌네.	神物告兮基圖大

대가大家는 임금을 지칭하고, 유소장流蘇帳은 비단 등 오색으로 장식하여 만든 휘장으로 금갑琴匣이며, 현학玄鶴은 거문고다. 그리고 양차지석揚且之皙은 『시경』 용풍鄘風에 '옥 귀걸이며 상아 머리꽂이 꽂고 넓은 이마는 깨끗하고 희도다. 어찌 그리도 하늘의 신 같으며 어찌 그리도 상제 같은고.[玉之瑱也 象之揥也 揚且之皙也

胡然而天也 胡然而帝也]'라는 글에서 취한 내용이다. 아름다운 여인을 말하나, 여기서는 왕비를 일컫는다.

(5) 양산가陽山歌

김흠운金歆運은 내물왕의 8세손이고, 젊어서 화랑 문노文努의 문하에 들어갔다. 영휘永徽 6년(655)에 태종 무열왕이 흠운을 낭당대감郎幢大監으로 삼아 백제를 치게 하였다. 그리하여 양산 아래에 진을 치자, 백제가 이를 알고 밤을 틈타 재빨리 군사를 몰아 어두운 새벽에 성루를 타고 쳐들어왔다. 아군이 놀라 혼란에 빠지고, 화살은 비 오듯 쏟아졌다. 흠운이 말을 타고 적들과 대적하려 하자, 종자가 말고삐를 쥐고 후퇴하기를 권하였다. 흠운이 칼을 뽑아 만류하는 자를 내려치고, 드디어 대감 예파穢破와 소감 상득狀得과 더불어 적진으로 달려가 싸워 몇 사람을 격살하고 죽었다. 보기당주步騎幢主 보용나寶用那가 흠운이 죽었다는 말을 듣고 탄식하여 말하기를, "흠운은 고귀한 신분에 훌륭한 가문이었으나 오히려 절의를 지키며 죽었다. 하물며 나 용나처럼 살아도 나라에 아무런 이익이 없고, 죽어도 손실된 것이 없는 자에 있었으랴." 하고, 드디어 적진으로 달려가 싸우다 죽었다. 당시 사람들이 양산가陽山歌를 지어서 슬퍼하였다.

陽山歌

金歆運 奈勿王八世孫 小遊花郎文努之門 永徽六年 太宗武烈王 以歆運爲郎幢大監 伐百濟 營陽山下 百濟人覺之 乘夜疾駏 黎明 緣壘而入 我軍驚亂 飛矢雨集 歆運 橫馬待敵 從者 握轡勸還 歆運 拔釖擊之 遂與大監穢破 少監狀得 赴賊鬪 格殺數人而死 步騎幢主寶用那 聞歆運死 嘆曰 彼骨貴勢榮 猶守節以死 況寶用那 生無益 死無損乎 遂赴敵而死 時人 作陽山歌以傷之.

적국이 큰 멧돼지처럼	敵國爲封豕
우리 변경을 잠식해 오네.	荐食我邊彊
씩씩한 화랑의 무리들	赳赳花郎徒
오로지 나라를 위한 마음뿐이었다.	報國心靡遑
창칼을 메고 처자와 이별하며	荷戈訣妻子
샘물 마시고 말린 밥을 먹었다.	嗽泉唼糗糧
적군이 밤에 성루를 무찌르자	賊人夜劘壘
의연한 넋이 칼끝에 날았구나.	毅魂飛劒鋩
멀리 양산의 구름을 바라보니	回首陽山雲
높게 솟은 무지갯빛이 뻗쳤다.	矗矗虹蜺光
슬프다, 네 장부여!	哀哉四丈夫
그대들이 바로 용맹스러운 사나이.	終是北方强
천추에 거룩한 혼백이 되어서	千秋爲鬼雄
서로 더불어 제삿술을 흠향하옵소서.	相與歆椒漿

원문의 북방강北方强은 『중용』 10장에 보이는 글로, 남방南方 사람과 달리 북방
사람들은 창검과 갑옷을 깔고 누워 죽어도 두려워하지 않는 강인한 사람이라는
데서 나온 말[215]이다. 나라를 위해 네 사람은 죽음을 싫어하지 않은 강인한 무
사 정신을 높이 평가하였다. 또한 초장椒漿은 산초를 넣어 빚은 술로, 제삿술[祭

---

215) 子路問强. 子曰南方之强與 北方之强與 抑而强與 寬柔以敎 不報無道 南方之强也 君子居之 衽金革 死
而不厭 北方之强也 而强者居之. 『中庸』10장

酒]로 사용되기 때문에 후인의 추앙을 받는다는 의미다.

(6) 대악碓樂

백결선생百結先生은 그의 성씨와 이름을 잃고 전하지 않는다. 낭산 아래에 살았는데, 집안이 매우 가난하여 옷을 백 군데나 기워서 마치 메추리 깃이 주렁주렁 달린 것 같았으므로 '백결선생'이라 불렀다. 일찍 영계기榮啓期의 인품을 사모하였고, 거문고를 항상 가지고 다니며 무릇 기쁜 일, 성난 일, 슬픈 일, 즐거운 일, 불편한 일을 모두 거문고로써 감정을 나타냈다. 한 해가 저물자, 이웃집에서 곡식 방아를 찧었다. 그의 아내가 절굿공이 소리를 듣고 말하기를, "남들은 다 설을 쇨 곡식이 있는데, 우리 집만 없으니, 어떻게 이 해를 보낼까요?"라고 했다. 선생이 하늘을 우러러 탄식하며, "무릇 죽고 삶은 명이 있고, 부하고 귀함은 하늘에 달려 있다. 그의 오는 것을 막을 수 없고, 가는 것도 뒤쫓을 수 없는데, 당신

경주 낭산

은 무얼 그리 마음 아파하는가. 내가 당신을 위하여 절굿공이 소리를 내어 위로하겠소."라고 말하며, 거문고를 두드려 절굿공이 소리를 냈다. 이것이 세상에 전해져 대악碓樂(방아타령)이 되었다.

碓樂

百結先生 失其姓名 居狼山下 家極貧 衣百結若懸鶉 故以名之 嘗慕榮啓期之爲人 以琴自隨 凡喜怒悲歡不平之事 皆以琴宣之 歲將暮 隣里春粟 其妻 聞杵聲曰 人皆有粟 我獨無 何以卒歲 先生 仰天嘆曰 夫死生有命 富貴在天 其來也不可拒 其往也不可追 汝何傷乎 吾爲汝 作杵聲以慰之 乃鼓琴作杵聲 世傳爲碓樂.

동쪽 집에서는 곡식을 찧고	東家砧舂黍稻
서쪽 집에서는 겨울옷을 다듬이질한다.	西家杵搗寒襖
동서쪽 집에 방아와 다듬이질 소리 들으니	東家西家砧杵聲
한 해를 보낼 곡식과 옷이 넉넉하구나.	卒歲之資贏復贏
우리 집 쌀독에 한 톨 곡식이 없고	儂家窖乏甔石
우리 집 장롱에 한 자 비단도 없다네.	儂家箱無尺帛
누더기 옷에 신 시래기 국사발이나	懸鶉衣兮藜羹椀
오히려 영계기의 즐거움은 가득하다오.	榮期之樂足飽煖
춥고 굶주린 아내여, 걱정하지 마소	糟妻糟妻莫謾憂
부귀는 하늘에 있으니 어찌 애써 구하리.	富貴在天那可求
팔 베고 누웠어도 지극한 맛이 있거니	曲肱而寢有至味
양홍梁鴻과 맹광孟光은 천생배필이구나.	梁鴻孟光眞好逑

백결선생이 흠모한 영계기榮啓期는『공자가어孔子家語』와『열자列子』에 관련 글이 보인다. 공자가 태산을 지나다가 영계기를 만났는데, 그는 누더기 옷을 입고 거문고를 뜯으며 노래를 부르고 있었다. 공자가 "선생은 무엇이 그리 즐겁소." 하자, 그가 "나는 천지만물 가운데 사람으로 태어남이 첫째 즐거움이고, 남자로 태어남이 둘째 즐거움이며, 내 나이 구십이 넘도록 살았으니 셋째 즐거움이다.[216]"라고 했다. 영계기의 삼락三樂에서 나온 말이다. 양홍梁鴻은 후한 때 사람이고, 그의 아내 맹광孟光은 부인의 덕을 갖췄다. 부잣집에서 자란 맹광이 가난한 양홍에게 시집가서 거친 베옷을 입고 함께 가난을 견뎠으며, 또한 맹광은 남편을 매우 존경하여 밥상을 올릴 때 자기 이마 위까지 들었다고 해서 '거안제미擧案齊眉'라는 고사를 남겼다.『후한서後漢書』양홍전梁鴻傳에 있는 글이다. 백결선생과 그의 아내를 양홍 부부처럼 참된 배필이라고 일컬었다.

(7) 황창랑黃昌郎

황창랑은 신라 어느 때 사람인지 모른다. 속설俗說에 전하기를, "그가 여덟 살 아이일 때 신라왕을 위해 백제에 가서 원한을 풀려고 하였다. 그리고 백제 저잣거리에 가서 칼춤을 추자, 사람들이 담장처럼 에워싸고 모여 구경하였다. 백제 왕이 소문을 듣고 궁중에 불러들여 칼춤을 추라고 하자, 창랑이 그 자리에서 왕을 찔러 죽였다."라고 한다. 후세에 가면을 만들어 그의 모습을 본뜨고 처용무와 아울러 놀이가 행해졌다. 그러나 역사책을 살펴보면, 이를 고증할 만한 기록

---

216) 天生萬物 唯人最貴 吾得爲人 是一樂也 男女之別 男尊女卑 故以男爲貴 吾旣得爲男矣 是二樂也 人生有不見日月 不免襁褓者 吾旣已行九十矣 是三樂也.『孔子家語』六本篇 참고

이 전혀 없다. 쌍매당雙梅堂 이첨李詹(1345~1405)은 '청랑淸郎이 아니고 관창官昌의 와전이다.'라고 하고, 이에 관하여 변辨을 지어서 논변했지만, 그것도 억측이어서 믿을 수가 없다. 이제 황창랑의 춤을 보니, 빙빙 돌며 흘겨보다 급작스레 변전變轉하는데, 지금도 늠름히 오히려 생기가 있었다. 이 춤에는 절주節奏만 있고 가사가 없었기 때문에 아울러 시를 짓는다.

黃昌郎

黃昌郎 不知何代人 諺相傳 八歲童子 爲新羅王 謀釋憾於百濟 往百濟市 以釰舞 市人觀者如堵墻 百濟王 聞之 召入宮令舞 昌郎於座 揕王殺之 後世 作假面以像之 與處容舞並陳 考之史傳 絶無左驗 雙梅堂云 非淸郎 乃官昌之訛也 作辨以辨之 然亦臆說 不可信 今觀其舞 周旋顧眄 變轉倏忽 至今凜凜猶有生氣 且有其節 而無其詞 故幷賦云.

여기 한 사람이 겨우 이를 갈 어린 나이며	若有人兮纔離齠
3척 키도 못 되었는데 어쩌면 그리 씩씩하오.	身未三尺何雄驍
평생에 왕기汪錡를 스승으로 삼아	平生汪錡我所師
나라의 치욕 씻는 데 마음에 여한 없었다.	爲國雪恥心無憀
목에 칼을 찔러도 다리가 떨리지 않고	釖鐔擬頸股不戰
심장에 칼을 겨누어도 눈도 깜짝 않았다.	釖鍔指心目不搖
공을 세우자 홀연 춤을 마치고 떠나니	功成脫然罷舞去
태산 끼고 북해라도 뛰어넘을 기세였다.	挾山北海猶可超

-『佔畢齋集』권3-

왕기汪錡는 춘추시대 노나라의 동자다. 제나라가 노나라를 침공했을 때, 그는 애공의 수레를 배승陪乘하고 가다가 칼을 잡고 싸우다 죽었다. 애공은 그가 나라를 위해 죽었다고 해서 그를 성인의 예로써 장사를 치렀다. 『좌전左傳』애공哀公 11년에 있는 글이다. '태산을 옆구리에 끼고 북해를 건너뛰는 것은 도저히 할 수 없다고 내가 사람들에게 말하면, 이것은 진실로 할 수 없는 일'[217]이라는 말에서, 불가능한 일을 설명한 글이다. 어린 황창랑이 백제에 들어가 했던 일은 이처럼 도저히 할 수 없는 일을 해낸 것이라고 평가하였다. 황창랑은『삼국사기』나『삼국유사』에 전하는 글이 없다. 고려 말에 이첨은 그를 관창이 와전된 존재라고 했다.

어쨌든 황창랑은 신라 이후 속설로 전해오다가『승람』에 비로소 수록되었다. 그의 나이도 달랐다. 『동도악부』는 8세, 『해동악부』와『동국악부』는 15~16세, 『동경잡기』와『영남악부』는 7세, 감화 이정익은 13세[218]로 기록하였다. 어느 기록이든 어린 나이에 엄청난 일을 해냈음을 나타낸다. 황창랑의 충렬이 사서에 나타나지 않고 나이도 달리 기록되었지만, 경주 악부에서「황창랑」또는「황창무黃昌舞」가 오히려 박제상이나 김유신은 물론 처용무보다 훨씬 더 많이 불렸다. 앞서 4종의 악부에 황창랑이 모두 실린 것을 고려할 때, 이는 동도의 대표적 명곡 악부였다. 이를테면, 1천 5백여 년간 그의 탈춤은 경주 악부의 장場마

---

217) 日不爲者 與不能者之形 何以異 日挾太山以超北海 語人曰 我不能 是誠不能也 爲長者折枝 語人曰 我不能 是不爲也 非不能也 故王之不王 非挾太山以超北海之類也 王之不王 是折枝之類也. 『孟子』梁惠王上

218) 黃昌舞, 魯汪秦陽歲十三 風聲宇宙自燕南 至今舞在東京譜 曷若黃兒是大男『甘華集』권2

다 출연되었음을 알 수 있다.[219]

이상은『동도악부』의 7수다.「회소곡」은 왕실 중심으로 육부의 결속을 승화하였고,「우식곡」은 임금의 근심을 없애며 아울러 형제의 우애를 강조하였다.「치술령」은 박제상의 충의와 그 아내의 열기烈氣를 형상화하였고,「달도가」는 신령이 나라를 수호해 주고 있음을 보여주었다.「양산가」는 자신의 한 몸을 기꺼이 바친 숭고한 충절을 그려냈고,「대악」은 가난하지만 고결한 삶으로 일관한 백결선생 부부를 노래하였다. 마지막으로「황창랑」역시 어린 나이에도 나라를 위해 헌신한 충렬을 읊었다. 요컨대『동도악부』의 주제는 충의忠義로 집약할 수 있고, 특히 박제상에 대한 시가 2수란 점도 주목된다.

당시 점필재는 경주부 악부에 들러 악공들이 부르는 노래와 춤 그리고 탈춤을 직접 관람하고 이 글을 지었다.「황창랑」에서는 황창랑이 궁전에서 칼춤을 추다가 눈을 찢어지게 부릅뜨고 잽싸게 몸을 날려 행동을 개시하는 순간을 포착하고 있다. 이는 탈춤으로 극화한 것인데, 점필재는 생동감이 넘치는 이 극을 보고 너무나 감동하였다. 그리하여 절주節奏와 어우러진 탈춤만 전해오던 것에 시를 지어서 덧붙였다. 또한 그가 일부 내용을 첨가한 부분도 있다. 이렇듯 점필재가 시를 짓는 과정에서 일부 내용을 개작했을 가능성이 높다. 유교 관념에서 이해하고 정리하려 했다는 말이다. 당시『동도악부』는 7수 이외에 여러 수가 더 있었을 것이다. 그가 당시 악부를 모두 시작詩作할 수는 없었으므로, 대표적

---

219) 舞劍之戱 黃倡郎 新羅人也 諺傳 年七歲 入百濟 市中舞劍 觀者如堵 濟王聞之 召觀 命升堂舞劍 倡郎 因刺王 國人殺之 羅人哀之 像其容 爲假面 作舞劍之狀 至今傳之『東京雜記』風俗

인 7수만 간추린 것으로 추정된다. 또한 악부에서 부르는 노래가 어찌 충의만 읊었겠는가. 「파경합破鏡合」처럼 남녀의 사랑과 이별 등 다양한 주제가 있을 수 있었다.

이밖에 「달도가」 다음에 '천관사운운天官寺云云'이라 적혀 있는데 「천관사」의 노래는 이러이러하다는 뜻이다. 『해동악부』에 「천관수天官愁」, 『영남악부』에 「천관녀天官女」가 실렸지만, 김종직은 수록할 만한 가치가 되지 못해서 그렇게 쓴 것으로 보인다. 『동도악부』의 7수를 통해서 당시 경주 악부의 한 단면을 여실히 볼 수 있어서 큰 의미가 있다고 할 것이다.

3) 동도 권주가勸酒歌

동악東岳 이안눌李安訥(1571~1637)은 1613년(광해군 5) 10월에 경주부윤으로 부임하여 이듬해 9월에 체임되어 떠났다. 그의 시문집인 『동악집東岳集』에 「월성록月城錄」이 있는데, 이는 부윤으로 재임했을 때 경주에서 남긴 시문 134제 215수를 엮어놓은 글이다. 경주와 관련된 귀중한 자료이다. 이들 시 가운데 경주의 권주가 곧 「동도권주요東都勸酒謠」 2곡이 전한다.

(1)

한 잔 또 한 잔 드세나	一盃傾又一盃傾
천년 계림이 한바탕 꿈인 것을.	千載雞林一夢驚
우리네 인생 풀잎에 맺힌 이슬	況復人生草頭露

술 안 마시고 다시 무엇을 하려는가?   不傾盃酒欲何營

(2)

옛 신라 전성시대를 생각하니   憶昔新羅全盛年

부귀와 호사한 사람은 몇이던가?   幾人豪貴富薰天

천년이 쉬 지나 텅 빈 성곽만 남았는데   千齡易過空城在

세상만사 뜬구름이니 진탕 취해 보세나.   世事如雲任醉顚

『東岳集』「雞林勸酒謠二闋」

  인생은 허망하고 무상하다. 와각蝸角에서 부질없이 무엇을 다투려 하는가? 생각하면 신라 천 년이 일장춘몽 아니던가. 아무것도 영원한 내 것이란 없다. 가다가 벗 만나면 한 잔 또 한 잔 서로 권하며 즐겁게 살자는 노래다. 둘째 시에서 옛날 신라의 전성시대를 돌아보면, 고관대작이며 아름다운 여인이 얼마나 많았던가. 이젠 아무것도 찾을 수 없고, 무너진 성곽만 남았다. 세상만사는 뜬구름과 같은 법, 우리 인생의 득실을 따지지 말고 술에 진탕 취해 보자는 내용이다. 호방한 경주 악부의 노래다. 권주가 역시 그 지역의 역사와 문화가 오롯하게 담겨 있으며, 우리 삶의 멋과 맛이 술잔에서 무르익고 있다.

  동악은 경주부윤이었다. 민간에서 채집한 것이 아니고, 악부에서 부르고 있던 노래를 한역한 것으로 볼 수 있다. 그렇기에 이들 가사는 경주를 주제로 했지만, 창작은 당대 명문장인 동악의 작품으로 남겨 전하고 있어서 다행이다.

  또한 동악은 「제영춘헌題迎春軒」 시 장률 1수와 절구 4수를 남겼다. 읍성 북문

밖에 있던 노매老梅를 동헌 영춘헌 뜰에 옮겨 심어두고, 이 같은 시를 지어 벽상에 써 붙였다. 후세에 관원이 오면 이 시를 읽어보게 했다. 아울러 이를 이어俚語로 번역하고 곡을 붙여 소기小妓가 노래 부르게 해서 그가 노매를 심은 뜻을 잊지 않으려 했다.[220] 악부 기녀들은 한시 원문을 외워 부르기도 했다. 그러나 이를 이해하기 어렵기 때문에 우리말로 번역하고 곡을 붙여 노래를 불렀다. 동악이 이렇게 한 이유는 노매를 옮겨 심은 그의 고결한 뜻을 후세에 전하고 싶었기 때문이다.

---

220) 乃作長律一篇 絶句四首 書諸壁上 以祈後來君子 因用俚語 飜以爲曲 敎小妓歌之 俾毋忘封植之意云. 『東岳集』권11, 題迎春軒

4
문헌에 나타난 명기名妓

1) 제독관을 혼쭐낸 관기

조선 시대 제독관提督官이란 제도가 있었다. 지방 유생들에게 교육을 강화하기 위해 중앙에서 파견한 관원으로, 주로 향교에 머물렀다. 이 제도는 16세기 후반에 실시되다가, 1680년(숙종 6)에 혁파되었다. 임란 직후에 제독관 손기양孫起陽이 경주에 와서 향교의 학령學令을 반포하고 송단을 조성한 것으로 유명하다. 다음은 경주에서 일어난 사건의 줄거리다.

17세기 중엽에 어느 제독관이 경주에 부임하였다. 그는 관아의 관기官妓들만 보면 사악하고 요망한 것들이라며 모욕을 주었다. 관기들이 분통을 터뜨렸을 뿐만 아니라, 부윤도 그를 미워했다. 부윤이 관기들에게 제독관을 혼쭐내 주면 상을 중히 내리겠다고 하자, 어느 기녀가 스스로 나섰다. 마침내 그녀는 아낙네 행색으로 향교를 찾아가서 몸을 반쯤 숨겨 제독관의 심부름꾼인 통인通引을 불러내어 수군거렸다. 이러한 일이 여러 번 나타나자, 제독관은 통인을 불러 누구냐고 물었다. 통인은 퉁명스럽게 향교 이웃에 사는 자기 누이이고 남편이 행상으로 나간 지 1년이 되었으나 아직 돌아오지 않고 있으며, 어디 나갈 때면 집을 봐 달라고 자신을 부른다고 제독관을 속였다.

어느 날 저녁 무렵에 제독관이 혼자 있는데, 그 여인이 또 와서 문에 기댄 채 통인을 불렀다. 제독관이 그 여자를 불러들여 자기 앞으로 오게 하자, 여인은 부끄러운 척 앞으로 다가갔다. 이런저런 얘기를 하다가 제독관은 "내가 많은 여자를 보았지만, 너처럼 아름다운 여자를 본 적이 없다. 여긴 나 혼자 있으니 야밤에 몰래 이곳으로 올 수 있겠는가."라고 하며 본색을 드러냈다. 여인은 놀라는 척하며 천한 저에게 농담이 지나치다며 거절하였다. 제독관이 더욱 안달이 나서 다그치자, 그 여자는 "정 그러시다면 이곳 향교 재실은 경건한 곳이라 여자와 잠자리하는 것은 예법에 어긋납니다. 제 집이 향교 문밖에서 가까운 거리에 있으니, 몰래 찾아와 주시면 만날 수 있습니다."라고 말했다. 그리고 내일 저녁에 동생에게 털모자를 보낼 테니, 이를 쓰고 오면 아무도 아는 이가 없을 것이라고 말했다. 제독관은 그 여인의 엉덩이를 어루만지면서 기가 막힌 꾀라며 좋아하였다.

이들은 몇 번이나 약속을 확인하고 헤어졌다. 그 길로 여자는 향교 문밖에 초가 하나를 빌려 비워두고 기다렸다. 과연 그 시간이 되자, 제독관이 밤을 틈타 털모자를 쓰고 여자 집에 나타났다. 촛불을 밝히고 술상을 차려 올렸다. 술이 몇 순배 돌다가 서로 장난을 쳤다. 제독관이 먼저 옷을 벗고 이불 속으로 들어가며 여인을 재촉하자, 여인은 무슨 일을 하는 척하며 시간을 끌었다. 바로 이때 문밖에서 벽력같은 소리가 들리자, 여자는 소스라치게 놀랐다. 여자가 당황하게 일어나며, "저 자는 저의 전남편 관노官奴 철호鐵虎라는 놈으로, 천지 사이에 못된 짓은 다 하며 방화와 살인을 몇 번이나 저질렀습니다. 3년 전에 헤어지고 다른 남편을 얻은 후에 상종하지 않았는데, 왜 왔는지 모를 일입니다. 술에 취해 있으니, 혹시 나리께서 봉변당하시면 큰일입니다."라고 말했다. 마침내 여인은 대문 밖으로 나가서 철호와 싸우기 시작하였다. 철호는 여인에게 자신을 버리고 다른 놈에게 갔다기에 항상 분통을 참아오다가 오늘 할 말이 있어서 왔다고 소리를 질렀다.

철호가 사립문을 밀치고 안으로 들어오자, 여자는 정신없이 방으로 들어와 제독관에게 말했다. "빨리 피해야 합니다. 두어 칸짜리 집이니, 달리 숨을 만한 곳이 없습니다." 마침 방안에 빈 궤짝이 하나 있었는데, 여자가 궤짝 덮개를 열면서 들어가라고 재촉하자, 제독관은 하는 수 없이 알몸으로 궤짝에 들어갔다. 그녀는 즉시 덮개를 닫고 자물쇠로 잠가 버렸다.

술에 취한 철호는 여자와 한바탕 크게 싸웠다. 여자가 헤어진 지 3년이 되었는데 무슨 일로 와서 행패냐고 하자, 그는 그녀가 자신을 버리고 다른 놈에게 갔으니 전에 사준 옷가지랑 그릇 등을 모두 내놓으라고 했다. 여자가 옷가지를 던져두며 가져가라고 하자, 철호는 나무 궤짝을 가리키며 저것도 내 물건이니 당장 가져갈 것이라고 했다. 여자가 펄쩍 뛰며, "이것이 어찌 네 물건이냐. 내가 무명 두 필을 주고 샀다."라고 하자, 철호는 무명 두 필 중에 한 필은 자신이 준 것이니 궤짝은 자기 것이라고 했다. 여자는 무명 한 필로 이 궤짝을 빼앗으려 한다며, 이들은 궤짝을 사이에 두고 승강이가 벌어졌다.

철호는 궤짝을 돌려주지 않으면 관가에 고발할 것이라며 으름장을 놓고, 날이 밝자 궤짝을 메고 관아로 갔다. 그녀도 철호를 뒤따라 송사로 판결하자며 관아 뜰로 들어갔다. 부윤은 이미 동헌 뜰에 정좌하고 있었다. 철호와 그녀가 각자 궤짝의 소유를 두고 진술하자, 이를 들은 부윤은 점잖게 음성을 가다듬으며 말하였다. 곧 궤짝을 사는 데 각자 무명 한 필씩을 냈으니, 법대로 하자면 공평하게 반으로 나눠 가지는 것이 바람직하다면서 큰 톱으로 궤짝을 잘라 반씩 나누어 가지라고 판결을 내렸다. 나졸들이 그 명에 따라 궤짝 위에 큰 톱으로 톱질을 시작하자, 궤짝 속에서 다급하게 부르짖는 소리가 들렸다. "사람 살려! 사람 살려!" 부윤은 놀란 척하며 열어보게 하였다. 나졸들이 자물쇠를 뜯고 궤짝 뚜껑을 열자, 발가벗은 사람이 뛰쳐나와 뜰 가운데 섰다. 관아의 모든 사람들이 놀라고 망측해하며, "이 분은 제독관이신데, 어찌해서 이 궤짝 안에 알몸으로 있었을까?"라고 하였다.

부윤이 그를 윗자리로 모시도록 하자, 제독관은 양손으로 몸을 가린 채 엉거주춤 계단을 올라와 자리에 앉아서는 고개를 떨구었다. 부윤은 큰 소리로 웃다가 그에게 옷을 주도록 하였다. 기녀들은 일부러 그 여인더러 장옷을 제독관에게 올리게 하니, 제독관은 장옷만 걸친 채 맨얼굴과 맨발로 향교로 달음질쳐서는 그날로 어디론가 달아나 버렸다는 이야기다.

'궤짝 제독관'이라 전하는 이 글은 수촌水村 임방任埅(1640~1720)이 지은 야담집 『천예록天倪錄』[221]에 실려 있다. 남자가 여자에게 속아 망신을 당하는 일은 허다하며, 이는 벼슬의 존귀함과 무관한 일로서 여자를 조심해야 한다는 내용이다.

---

221) 정국환 역, 『교감역주 천예록』, 성균관대학교출판부, 2005.

이 글의 본래 제목은 '제독관이 벌거벗은 채 궤짝 속에서 나오다[提督裸裎出櫃中]'로, 당시 전국적 이야깃거리가 되었다고 한다.

관기라고 해서 지조가 없진 않으며, 또한 이들이 모욕당하면 신분의 귀천과 관계 없이 앙갚음할 수 있었다는 예를 보여준다.

2) 명기 영매英梅

청천青泉 신유한申維翰(1681~1751)은 문과에 급제했으나 관운이 크게 열리지 못하였다. 그의 연보를 보면, 1745년(영조 21)에 연일 현감으로 부임하였고, 1748년(영조 24) 가을에 경주 공도회公都會에 고관 자격으로 왔다.[222] 공도회란 지방 수령이 그 지역 유생들에게 보이는 소과小科 초시로, 여기에 합격하면 2차 시험인 생원시나 진사시에 응시할 수 있다. 신유한은 경주에 와서 관란觀瀾 이승증李承曾의 정효각 기문을 지었고, 서출지·이요당 등지에서 남긴 시문이 전한다.

신유한이 경주 악부에 들러 명기 영매英梅를 만난 것도 이때다. 그는 예순여덟 살이었고, 영매는 서른아홉 살이었다. 신유한이 지은 서문을 보면, 영매는 어려서부터 북과 거문고 및 가무로 유명했지만, 한 번도 신유한을 만난 적이 없다. 그러나 기녀의 나이 근 마흔으로 좋은 시절은 지났다. 신유한이 익히 소문을 듣고 그녀를 만났을 때, 그녀는 헝클어진 머리에 빗질도 하지 않고 행색이 남루한 노기老妓였다. 신유한이 거문고 한 곡을 부탁하자, 그녀는 먼지 덮인 낡은 거

---

222) 我英宗大王二十四年 戊辰 先生六十八歲 秋 行慶州公都會考試之任.『青泉先生文集』권10 年譜

문고를 끄집어내 소맷자락으로 대충 닦았다. 그리고 줄을 고른 뒤에「계림구보雞林舊譜」를 보고 두드렸는데, 그 소리가 매우 광대하면서 아름다웠다. 신유한은 그녀의 거문고 소리에 취했다. 즉석에서 오언절구 8수를 지어서 그 대가로 건네주고, 그녀에게 자신이 지은 시를 거문고 곡에 맞춰 노래 부르게 했다. 그리고 신유한은 "네가 시를 배우지 못했으니, 어찌 내 젊은 시절의 성조를 알겠는가. 안타깝게도 내 이미 늙었고, 그대 또한 노쇠한 것은 슬프구나."[223)라고 하였다.

다음은 신유한이 동도 명기 영매에게 준 7수의 시다.

(1)

시든 꽃이 여윈 대나무와 마주하니	殘花映瘦竹
늘그막 모습들 어찌 그리도 쓸쓸하오.	晩景何蕭灑
여윈 대나무가 아직 봄을 연모하여	瘦竹尙戀春
꽃을 좋아하나 그림의 꽃을 보는 듯.	愛花如見畫

(2)

온 천지가 짙게 침울한데	海山鬱蒼茫
수심에 찬 사람이 혼자 읊조린다.	愁人坐長嘯
어쩌면 내 마음을 그리 씻어주는가,	何以洗吾心

---

223) 月城妓英梅 少以善鼓琴歌舞有名 與余曾無眄睞之緣 及見之 問其年 則三十九 村髻不櫛 裙帶楚楚 惜其遇之晩也 余今六十外矣 髮縞齒墮 已與鈿黛分疎 廢琴橫牀 塵黴剎落 娘爲袖拂之 貿絲改絃 驟彈雞林舊譜 洋洋乎美矣 余賦八絶句 以當纏頭 使郎趣絃而歌之 曰爾不學詩 安知我少年聲乎 旣悲吾老 且憐娘衰.『靑泉集』권2 贈梅妓 幷引

낡은 거문고가 옛 곡조를 지녔다네.　　　　　　　　　廢琴藏古調

(3)

그대 뜻이 너무나 진중하여　　　　　　　　　　　感娘珍重意

거문고 줄 새것으로 바꿔 타누나.　　　　　　　　貿絲作新絃

구월 십일 청명한 누각에　　　　　　　　　　　　十日淸明閣

곡조 소리마다 개울물이 흐르는 듯.　　　　　　　聲聲幽澗泉

(4)

큰 줄은 종을 두드리는 듯　　　　　　　　　　　大絃如鼓鐘

작은 줄에는 구슬이 구르는 듯.　　　　　　　　小絃如戛玉

밝은 달이 높은 처마에 떠오르자　　　　　　　　明月上高簷

온 천지에 거문고 한 곡이 맑구나.　　　　　　　海山淸一曲

(5)

비야毗耶[224]의 일장—丈이나 되는 드높은 방에서　　毗耶一丈室

아름다운 여인이 천화天花를 뿌린다.　　　　　　天女散天花

꽃이 피었느냐, 아직 못 피었는가?　　　　　　試問花著未

그대 웃자 나도 백발이 듬성하다오.　　　　　　娘笑儂髮華

---

224) 비야(毗耶) : 인도 비야리성(毗耶離城)의 장자로서 석가의 교화를 도왔던 유마거사(維摩居士)를 말하
는데, 여기서는 작가 자신을 말하는 듯하다.

(6)

그대는 본디 경주의 여인이라	娘是月城女
신라어新羅語로 노래 부르누나.	歌用新羅語
꿈속에 고운 선생을 만났더니	夢見崔阿飡
거문고 안고 가야산으로 들어가네.	抱琴伽倻去

(7)

그 누가 가야산 늙은이를 보냈는가	誰遣伽倻翁
하얀 머리로 관아 난간에 앉았다.	白頭坐縣舍
그대와 아름다운 배를 수선하여	約娘理蘭舟
창강에서 달놀이 즐기자 약속했지.	弄月滄江夜

(8)

술을 마시면 진탕 취하고	飮酒當盡醉
거문고 타면 소리를 마쳐야지.	鼓琴當盡聲
쇠잔한 꽃과 여윈 대나무가	殘花與瘦竹
젊은 시절 못 만남을 아쉬워하네.	共惜少年情.

-『靑泉集』권2 〈贈梅妓 幷引〉-

이 시에서, 신유한은 자신을 나이 예순여덟이라 해서 깡마른 대나무 곧 수죽
瘦竹으로, 영매 역시 서른아홉의 늙은 기녀라는 뜻으로 쇠잔하게 시든 잔화殘花

로 표현하였다. 신유한은 영매를 일찍이 만난 적
이 없지만 명성을 듣고 있었다. 신유한이 영매를
만나보니, 그 행색은 매우 초라했다. 그러나 그와
더불어 얘기를 나누자 소통되는 바가 깊었고, 특
히 그는 고금鼓琴과 가무에 매우 뛰어났다. 그의
거문고 소리와 노래가 아름답게 울려 퍼질 때마
다 마음은 한층 더 고조되었다. 특히 그는 아직 젊
은 봄날을 생각했지만, 실제로 영매는 그림의 꽃
이었다. 신유한은 아무런 보답을 해줄 것이 없었

고운 최치원 영정

다. 그리하여 8수의 시를 지어 주면서 자신의 늙음을 안타까워하며 지음知音이
라 스스로 위로하였다.

앞서 서문을 보면, 「계림구보雞林舊譜」가 경주 악부에 있었다고 기록하였다.
이것이 언제 만들어졌으며, 몇 곡이나 수록되었는지 모른다. 또한 구보가 있었
다면, 근래 지어진 신보新譜도 있었다는 말이다. 경주 악부의 소재는 거의 신라
인물 중심이었다. 김종직의『동도악부』7수는 구보로, 이후 수록된 악보는 신보
로 간주할 수 있지만, 단정할 수는 없다. 그리고 영매는 젊은 기녀와 달리 신라
어新羅語로 노래를 불렀다고 했다. 당시 악부에서 신라어와 현대어가 구별되어
있었고, 상황에 따라 따로 불렀을 가능성이 있다.

그렇다면 경주 악부에 신라어로 노래를 불렀다는 사실은 신라 이후 지속적
으로 전승되었을 수도 있다. 지역의 서민 정서와 애환이 담긴 노래는 구전으로
이어져 쉽게 없어지지 않는 법이다. 임란 전후『어우야담』을 지은 유몽인柳夢寅
(1559~1623)이 경주에서 기녀 월선月仙이 신라어로 부르는 노래를 듣고 지은 시

가 전한다.[225] 신라어는 알 수 없으나 가사는 고운 최치원이 거문고를 안고 가야산으로 들어갔다는 내용이다. 앞서 김종직의『동도악부』를 제외하고 나머지 3편 모두「상서장上書莊」이란 악부가 있다. 신라 말에 고운이 왕건에게 '계림황엽雞林黃葉' 등의 문구가 적힌 글을 올리자, 신라왕이 이를 알고 고운을 미워하였다. 이것 때문에 고운은 가족을 거느리고 가야산으로 들어갔다는 줄거리로 지은 글이다.

여기 월선과 앞의 영매는 모두 신라어로 노래를 불렀고, 유몽인의 시와 신유한의 시 역시 고운을 주제로 삼은 가사가 비슷하다. 이러한 노래가 경주 악부에서 근 2백 년간 전해져 왔다. 어쩌면 이보다 훨씬 더 오랜 역사를 지니며 경주 사람의 노래로 불렸을 것이다.

3) 그 밖의 기녀妓女

경주 지역 문사들이 악부의 기녀들과 읊은 시문이 다수 전한다. 구전된 것도 있지만, 각종 개인 시문집에 실린 글 중심으로 알아본다. 조선 시대 경주부 생원과 진사인 소과 급제자는 230여 명, 문과인 대과 급제자는 70여 명 전후다. 과거 합격 후에 이들만 따로 모이는 공간이 있었는데, 이곳이 사마소司馬所다. 본디 사마소는 소과 합격자를 중심으로 모였으나, 대과 급제자도 자연스럽게 같이 모여 담론하였다. 사마소는 그 지역의 최고 엘리트가 모이는 장소로, 그들

---

225) 贈慶州妓月仙 爾本月城女 歌用新羅語 欲見伽倻山 抱琴伽倻去.『於于集』권1

은 자긍심이 대단했을 뿐만 아니라 뛰어난 문사들이었다. 사마소를 달리 연계당蓮桂堂이라 했으며, 경주 사마소는 문천 북쪽에 자리 잡았다 해서 문정汶亭 또는 문양정汶陽亭이라고 했다.

이들은 주로 사마소를 유식遊息하는 장소로 활용하였다. 문제는 사마소가 이들만의 공간이었으므로 악부의 여악女樂을 자주 불러내 놀았다는 사실이다. 문집에 나타난 글을 보면, 사마소에서 여악과 함께 풍류를 즐겼다는 기록이 가장 많다. 사마소에서 여악을 불러 잔치를 베푼 데는 몇 가지 이유가 있다. 첫째, 문희연聞喜宴이 이곳에서 열렸다. 문희연이란 과거에 급제한 사람이 자신의 가까운 벗이나 친척을 불러 베푸는 잔치다. 사마소는 이러한 연회를 베풀기에 적합한 장소였고, 따라서 악부의 여악을 불러내어 흥을 돋우며 즐겼다. 1822년(순조 22)에 모우慕宇 남홍양南鴻陽이 소과에 급제하고, 여기서 문희연을 열었다. 이때 친형 덕계德谿 남봉양南鳳陽(1761~1837)이 지은 시가 전한다. 남봉양은 아우가 합격하자 이튿날 부에 들어가 부윤에게 사마소에서 문희연을 연다고 전하니, 부윤은 악부의 공기工妓를 보내주었다. 공기가 외출하는 데는 부윤이나 호장의 허락이 있어야 가능했다. 남봉양은 이근오 등 여러 벗을 초치하여 밤늦도록 기녀들의 가무를 보며 놀았다.[226] 신포莘圃 최두석崔斗錫(1800~1864)의 시를 보면, 역시 연계당에서 기악妓樂으로 즐겼다는 글이 있다. 맑은 밤에 풍류를 즐기는 문사들이 빙 둘러앉았다. 악공이 거문고를 타고 가무로 분위기를 띄우자, 참석자들은 마음이 흐뭇하였다. 밤늦도록 즐긴 이들은 여향餘香을 없애지 말자

---

226) 舍季聞喜宴 翼日 入謝府伯(尹羽烈) 府伯送工妓風流頓覺生新 與南平兩廬蒼底石川 同宿汶亭 以風流今夜 不寂寥用韻, 風流今夜不寂寥 梅閣蓮堂莫謂遙 月巷兒童喧亂炬 梨園子弟渡前橋 詩朋頓覺豪○溢 纖妓須看舞袖搖 臨別明朝南北意 也應黃鳥隔林招『德谿遺稿』권1

고 시를 읊었다.[227)]

　이처럼 문사들이 사마소나 그 밖의 장소에서 기녀와 풍류를 즐겼다는 글은 많이 보이지만, 경주 객사 동경관에서 즐겼다는 글은 보이지 않는다. 동경관은 관원이나 행사行使가 유숙하는 곳으로, 공식 연회가 열릴 때는 악공들이 참석하였다. 그러나 여긴 전패殿牌를 모시고 있어서 사마소만큼 자유롭지 못하였다. 부윤 또는 관찰사가 왔을 경우, 지역 문사들과 어울리기 좋아하여 사마소에서 자주 연회가 열렸다. 조선 후기에 접어들수록 사마소를 이용하는 빈도가 더 높아졌다. 물론 다른 곳에서도 이들과 풍류를 함께 했을 것으로 추측되지만, 문사들처럼 남긴 글이 전하지 않아서 알 수가 없다.

　문사들은 사마소에서 기녀들과 어울렸을 뿐만 아니라 이들을 데리고 나가서 놀았는데, 이를 '휴기携妓'라 표현하였다. 앞서 남봉양의 글을 보면, "율리栗里에서 오는 길에 감화甘華 이정익李鼎益과 용암龍庵 최기영崔祈永이 가기歌妓 사죽絲竹을 데리고 월성에 올라가서 놀았다. 날씨가 화창하고 분위기가 단란했다. 사죽은 우리 마음을 잘 알았다. 기녀에게 마음이 없다는 말은 빈말이며, 더구나 섬섬옥수로 술잔을 권하면 어떻게 할 것인가."라고 노래하였다.[228)] 이 밖에 화계花溪 류의건柳宜健이 남산 천룡사에 있을 때, 역시 어떤 사람이 성기聲妓를 데리고 산방에 와서 즐겼다[229)]는 시가 있고, 사류재四留齋 이규일李圭日 역시 월성과 사

---

227) 蓮桂堂 設妓樂, 占得風流此夜淸 筵開四坐燭三丁 絃歌閙處心·通爽 舞袖飜空妙入精 休說堂中蓮桂會 自多花外燕鶯情 餘香留後無人掃 不覺中宵月滿城『莘圃崔公遺稿』

228) 栗里歸路 與甘華翁 崔翊之 携歌妓絲竹 登月城 是日 風氣甚和 永夕團樂 遂拈韻雷字, 節到窮陰閉地雷 伶人解意管絃來 川臨咫尺流沙見 野曠東南遠眺開 頭插茱萸時已晼 詩成銅鉢令休催 此間未信心無妓 纖手如何勸凸盃『德谿遺稿』권1

229) 一人携聲妓 到山房 做歡一場 次時見韻, 上方元是異娼樓 寓客亦非同俗流 分外管絃誰勸沮 這中歌舞自行休 祇能盡爾千般態 那得消吾一點愁 直恐世尊好淸淨 不容紅粉态歡遊『花溪先生文集』권6

마소에서 노닐 때 이들과 같이 어울렸다는 시[230]가 여러 문집에 실려 전한다.

또한 각종 연회에서 악공들이 부르는 노래며 춤이 문사들의 마음을 사로잡았다. 만사晚沙 이헌하李憲河(1701~1775)는 특히 동기童妓가 춤추는 것을 보고「차동기무운次童妓舞韻」[231]을 지었다.

고운 버선 사뿐사뿐 걸음마다 꽃이 피는 듯	凌波羅襪步生花
노래하며 부채 흔들다 춤춘 소매로 가린다.	歌扇雙搖舞袖遮
공손히 자리에 올라 애교스러운 한 번 웃음은	垂手登筵嬌一笑
봄바람이 무력한 듯 비녀를 이기지 못하누나.	春風無力不勝釵

가볍게 나는 듯 걷는 걸음마다 꽃잎이 흩날리는 듯하고, 노래하며 두 손으로 부채를 흔들다가 춤추는 소맷자락이 부채를 살짝 가린다. 손을 공손히 모아서 연회석에 올라 한번 돌아보며 애교스럽게 웃는데, 얼마나 가냘픈 몸매인지 봄바람이 힘을 잃고 꽂은 비녀마저 가누지 못할 지경이라고 했다.

그러나 이들도 늙으면 빛이 바래고 꽃이 시든다. 이를 노기老妓 또는 퇴기退妓라 불렀다. 젊은 시절의 검은 눈썹과 붉은 입술을 되새기며 한으로 살아갈 수밖에 없는 팔자다. 어쩌다 길을 가다가 옛적의 유자遊子를 만나면 부끄러워 얼굴을 가리고, 괜히 젊은것들이 미색으로 이름을 떨치면 시샘이 불을 지핀다.[232] 그러

---

230) 秋日 與諸勝遊月城 宿汶亭 早餘 汶川大漲 妓歌幷唱, 携妓上東城 東城半欲傾 西風方好雨 流水又歌聲 名亭消萬慮 仙客坐三淸 怊悵明朝別 秋山空復情『四留齋文集』권1

231) 晚沙 李憲河의 유고집『晚沙遺稿』3책

232) 老妓(十老中), 無恙秦箏是舊聲 迎卽有曲憶前情 愧逢遊子曾知面 妬看隣娥近擅名 蓬鬢垂雙梳不理 鴛衾虛半夢難成 當時歌舞猶餘地 只見飛螢照夜明『活山先生文集』권2, 活山 南龍萬(1709~1784)

나 현재 자신을 찾아와 줄 사람은 아무도 없다. 닫힌 문 앞에 꽃잎은 떨어졌고, 드리운 주렴 너머 새벽달은 넘어간다. 가무를 즐기며 화려했던 곳은 황량한 들녘으로 변하였다.

이헌하가 지은 증기贈妓[233]를 보면, 기녀들이 나이가 많아지고 늙으면 어떤 형태로든 남자를 만나 가정을 꾸리며 산다고 하였다. 그들의 행불행은 남자에 달려 있지만, 박복하기는 마찬가지다. 노기 복심福心처럼 선도산 성모사聖母祠 터에 암자를 짓고 조용히 여생을 보낸 사람도 있다.[234] 그러나 이들의 깊은 상흔과 고적함은 여기서 그치지 않았을 것이다.

1751년(영조 27) 5월에 만든『부사상전후가고문서치부책府司上前後可考文書置簿冊』[235]이라는 성책이 있다. 경주부 호장이나 아전들이 고람할 수 있는 문서 치부로, 먼저 '신라세계족자新羅世係簇子' 2부와 감사監司 및 부윤 선생안의 신안과 구안이 있다고 기록되어 있다. 그리고 '등내等內' 난에는 기생들의 면역이나 면천免賤에 관한 글이 있다. 기생 금례琴禮는 양전量田에 50석을 납속하고 물력으로 면역하였다. 그때 작성한 소지所志와 향작청鄕作廳에서 작성한 품목이 있다[236]고 했다. 같은 책에 기녀 계아季娥, 영아英娥, 옥란玉蘭 등이 면역할 때는 모두 곡식 50석을 납입하였고, 아울러 소지를 같이 만들어 치부하였다. 월섬月蟾 등 병든 기녀가

---

233) 贈妓(二首中), 半減花顏半結子 春風虛負可憐姿 三生杜牧眞緣薄 不見秋娘未嫁時『晩沙遺稿』3책 晩沙 李憲河(1701~1775)

234) 辛亥(1851) 本州姓妓 請以建庵 而揭板曰仙桃庵 左右廣植松楸 以僧禁養 而仰屬本殿 益加申飭焉 以女子之心 追慕聖母者如此(『朴氏史譜』권2). 여기 성기(姓妓)는 박씨 성의 기녀라는 뜻이다.『崇德殿通史』2卷에 노기복심(老妓福心)이라 썼고,『숭덕전사(崇德殿史)』선도산신건사완문(仙桃山新建寺完文)에는 박소사(朴召史)라 했는데, 연대가 경술(庚戌) 또는 신해(辛亥)라 써서 모두 동일인으로 보인다.

235) 국립경주박물관 소장

236) 妓生琴禮 納穀伍十石於量田 物力免役 時所志 及乙巳五月日 鄕作廳稟目各壹丈.『府司上前後可考文書置簿册』

면역했을 때도 역시 50석을 납입했다. 한번 기적에 오른 기녀가 그 업에서 벗어나려면, 무려 조租나 곡穀 50석의 거금을 냈다. 이들 중에 물력物力 곧 재력이 있는 경우에는 자녀까지 면천시켰다는 기록이 있다. 그러나 형편이 되지 못한 사람은 늙고 병들면 오갈 데마저 없었다.

추탄楸灘 오윤겸吳允謙(1559-1636)은 36세에 문과 급제하고 벼슬길이 순탄치 않았으나 70세에 영의정이 되었다. 그는 대인 관계가 원만하였고 자신을 낮춘 청백리였다. 1617년(광해군 10) 조선 통신사로 일본에 가서 문명으로 환대를 받았고, 임란 때 포로 100명을 환송해 오는 데 성공했다. 이후 일본 사신이 와서 오윤겸 같은 사람이 조선에 얼마나 있느냐고 물었다고[237] 한다. 그런데 오윤겸이 경주를 지날 때 일이다. 그의 종사관 이경직李景稷이란 자는 경주 기녀 두견杜鵑과 잘 아는 사이다. 두견이 이경직을 보자 따라가겠다고 나섰다. 이경직은 국가의 공무를 띠고 가는 길이라며 허락하지 않았다. 울산에 이르러 오윤겸이 이들 관계를 알고 장난삼아 시를 지어 준 글이 전한다. 종사관으로 가는 길이라 데리고 갈 수는 없으나 숙소에서 그대 만나 즐기는 일이 어찌 나쁜 일이겠느냐고 읊었다.[238] 악부의 기녀들은 마음에 드는 남자가 있으면 따라가서 같이 살았다는 말이다. 두견이 그러한 여인이었고, 경주에서 울산까지 따라갔으나 끝내 뜻을 이루지는 못했던 것 같다.

반면에 기구한 여인이 있었다. 이빈李馪은 이암李馣의 아우이다. 이암이 경주

---

237) 丁巳 差回答使使日本 自關伯以下聞公名 無不敬待 歸本國俘擄百餘人 及還 所遺國贐 盡却之 後倭使來 問貴國如吳公比幾人.『楸灘集』附錄 墓碣銘

238) 從事有慶州妓杜鵑者 故人也 渠欲隨來 從事不許 到蔚山 燭下戱贈(從事官 前兵曹正郞 李景稷也) 梁月 依依自不眠 客窓寥寂斷跫然 將身許國無歸意 宿處何妨有杜鵑.『海行摠載』東槎上日錄

부 판관으로 내려온 것은 1630년(인조 8) 6월이다.[239] 이때 이빈이 형을 따라 경주에 와서 기녀 막생莫生을 사랑하여 아들까지 낳았다. 이암이 6년간 경주에 재임하였으므로, 이빈 역시 오랫동안 머물며 막생과 생활하였다. 그러나 이빈은 떠나갈 때는 막생을 팽개치고 데려가지 않았다. 이빈이 막생에게 무엇을 챙겨주고 떠났는지는 모른다. 이후 막생은 어린아이를 안고 밤마다 회한과 눈물로 살아야 했다. 서쪽으로 날아간 기러기는 돌아올 줄 모르고, 홀연 자신의 박복한 처지를 야속해하며 감내해야 했다. 봉려蓬廬 김철우金哲佑(1569~1653)가 남긴 유고집에 있는 내용이다.[240] 막생은 떠나가는 이빈을 보내며 애타는 정이 끓어올랐으나, 글로 나타낼 재간이 없었다. 이를 안타깝게 여긴 이철우가 막생을 대신하여 노래를 지어 불렀다. 당시 이빈은 사마시에 합격한 처지였으나, 막생의 처지가 애처로웠다. 이처럼 악부의 기녀는 문사들과 더불어 가무를 즐기고 시서詩書를 논한다고 하지만, 실제로는 냉혹한 현실 앞에서 비인간적인 대접을 받으며 살았다.

또한 조선 중기 난춘蘭春이나 채절采節 등 기녀 이름이 문헌에 나타나 있다. 양남면 효동 2리에 여기천女妓川이 있다. 동은東隱이 이곳을 지나며 지은 시를 바위에 새겨 두었다.[241] 동암은 양북면 구길에 살았던 동은東隱 권석물權石物(1613~1674)로 추정되지만 같은 사람인지 확인할 수 없고, 여기천의 전설도 전해 들을

---

239) 判官 李馣 通訓 庚午六月初七日來 乙亥七月十八日 瓜滿去『慶州府先生案』

240) 代妓生莫生 答李上舍(馣) 贈韻(李生 乃李判書馣弟也 到此久留 愛妓莫生 生子而歸, 撫孤朝夕淚無涯 深恨湖西一雁遲 忽見薄情催畵語 眼中生火已燃眉(來詩有爲誰 催畵鏡中眉之句 故及之)『蓬廬公遺稿』

241) 東隱 過此 山行偶渡女妓川 萬疊層厓一瀑連 聞道古人遊此地 探無遺跡語相傳이 전문이다. 권석물의 시문집『東隱逸稿』에는 이 시가 없다.

수 없어서 아쉽다. 또한 아화역 북쪽에 여기제女妓堤[242]라는 둑이 있었고, 외동읍 냉천에 애기봉愛妓峯, 경주 금장대에 예기청소藝妓淸沼 등 기妓와 관련된 이름이 더러 전한다.

---

242) 女妓堤 在阿火驛北 府西距四十五里 水田 落種十八石『東京雜記』堤堰

5
비문에 나타난 명기

1) 명기 홍도紅桃

경주시 도지동 산18-7번지[243]에 경주에서 유명한 기녀 홍도紅桃의 묘비가 있었다. 이에 관해 필자는 글[244]을 발표한 바 있는데 간략하게 요약하면 다음과 같다. 홍도 묘비가 처음 발견되어 세상에 화제가 된 것은 1990년 8월이었고, 경

---

243) 지번은 경주시 도지동 산 627-1번지라 쓰기도 하는데, 이는 당시 동남쪽에 있던 포도밭 번지로 추정된다. 한때 묘비가 포도밭 언저리에 넘어져 있었다.
244) 『또 다른 경주를 만나다』, 조철제, 선출판사(2014. 11) 참고

홍도의 묘비　　　　　　　　탁본

주 악부의 악공 또는 풍류객들에 의해 꾸준히 관리되었다. 그 무렵 필자가 처음 찾았을 때도 일반 묘소와 같이 벌초해서 관리가 잘 되어 있었다.

　묘비는 언제부턴가 가운데가 부러진 채 인근 포도밭 둑에 누워있었다. 포도밭 주인이 이를 안타깝게 여기고, 두 동강이 난 부분을 시멘트로 아무렇게나 붙여 무덤 앞에 세워 두었다. 이것이 일반인에게 알려졌을 때의 모습이다. 비석 앞면에는 '동도명기홍도지묘東都名妓紅桃之墓'라고 적혀 있었다. 비의 높이는 120cm, 너비는 50cm, 두께는 20cm, 글자 수는 근 400자였다. 비 가운데 시멘트로 뒤덮인 부분의 한자는 알 수 없지만, 뜻을 이해하는 데는 큰 문제가 없었다. 다음은 비문 전문의 내용이다(원문 중 팔호 속의 한자는 문맥에 맞게 넣은 글자이다).

동도명기홍도지비東都名妓紅桃之碑

　낭자의 성은 최씨이고, 이름은 계옥桂玉이며, 자는 초산월楚山月이다. 세상이 그를 홍도紅桃라고 부른 것은 그가 상궁尙宮으로 있을 때 임금이 특별히 내린 호號이다. 아버지는 대선대부 휘 동명嗚東이고, 어머니 성씨는 아무개이며, 경주에서 대대로 기생이었다.

낭자는 무술년(1778)[245]에 태어났고, 타고난 자질이 영특하였다. 나이 겨우 10세에 시서詩書를 통하고 음률音律을 깨우쳤으며, 14세에는 용모와 기예가 모두 뛰어났다. 20세에 상의원尙醫院에 들어가자, 노래와 춤이 특출하여 서울에서 명성을 떨쳤다. 국구國舅인 저동苧洞 박 상공朴相公이 그를 보고 기뻐하여 외부外婦로 맞아들여 수십 년 동안 같이 살았다. 하루는 박 상공이 그를 보고 장난삼아 말하기를, "너는 어찌하여 근래에 얼굴이 그리 수척한가?"라고 하자, 홍도는 앵무시鸚鵡詩를 지어서 자신의 뜻을 나타냈는데, 그 시는 이러하다.

> 푸르고 붉은 저 앵무새는
> 매양 밤하늘을 보며 탄식하네.
> 오랫동안 새장에 갇힌 몸
> 어찌 제 모습이 여위지 않겠소.

그 후에 박 상공이 죽자, 복服을 마치고 경주로 돌아와서 수절하며 살았다. 임오년(1822)에 병이 들었다. 병세가 위중해지자, 그는 붓을 잡고 '자신은 후손이 없으므로 집안의 재산을 친척들에게 고루 나눠준다'라고 썼다. 그리고 붓을 놓고 침실에서 죽으니, 향년 45세다. 경주 형제산兄弟山 선친 무덤 아래 간원艮原에

---

245) 비문에 '戊' 자는 뚜렷하게 보인다. 앞뒤 연대를 추정하면, 무술년(1778, 정조 2)으로 보인다.

장사 지냈다.

신해년(1851)에 이르러 경주 풍류객과 교방 기녀들이 모여, 홍도는 악부樂府의 종사宗師로서 그의 자취를 없앨 수 없다고 하였다. 제각기 얼마간 재물을 연출하여 비석을 세우고, 그 사적을 기록한 뒤에 나(최남곤)에게 비문을 부탁하였다. 나는 홍도의 자취를 사실대로 써서 보내며 먼 세상에 전하도록 하였다. 또이어 명銘을 짓는다.

한 미인이 있으니
우리나라에서 으뜸이네.
용모가 뛰어남이여
기예 또한 능하도다.
시 짓고 노래 잘 부르니
음률音律이 저절로 어울린다.
지금 무덤이 적적함이여
달빛도 흐릿하구나.

신해년(1851) 8월 일에 세우다.

전 첨사前僉(司) 최남곤崔南崑이 짓다.
감역監役 한량閑良 김주해金周海
절충折衝 ○○ 인인寅
교방유사敎坊有司 ○범範
기유사妓有司 복절福節 운열雲悅
영伶 이상복李尙福
기妓 윤혜允蕙 송절松切

東都名妓紅桃之碑

　娘之姓 崔氏 名桂玉 字楚山月 (世)(之)(紅)(桃)稱者 其尙宮時 御(賜)別號也 父 嘉善大夫諱鳴東 母姓( )(氏) 東都世妓也 娘生於戊(戌) 天姿穎異 年才十歲 通詩書 曉音(律) 十四(歲) 色藝雙絶 二十歲 入于尙醫院 以歌舞獨步 長安名(聲)(喧)國 國 舅苧洞朴相(公) 見而悅之 納爲外婦 深居數十年 (朴)相公戲之曰 汝近何(以)瘦也 娘題(鸚)(鵡)詩 喩意曰 綠衿紅(裳)(鳥) 每向雲宵(鳴) 雕籠(深)鎖久 那得不銷形 及 相公捐館 服(免)(後) 歸鄕里守紅 歲壬(午) 遘疾 疾革 取筆書 身後以無(後) (故)家 貲 均施親戚 投(筆)就枕而逝 得年四十五 葬于東(都)(兄)弟山先隴下負(艮)(原) 逮 至辛亥 州之風流諸俠 及敎坊(之)(伶)奴 以娘之爲樂府宗師 不欲泯晦 各捐若干財 立石 表其(蹟) 屬余爲文 余以娘之實蹟 書而歸之 傳之不朽云 系爲之(銘)曰 有美 一人兮 擅大東 容之丰兮 藝之工 詩以歌兮 諧律(呂) 花寂寂兮 月蒼蒼

　　　　　　　　　　　　崇禎后四辛亥八月日立

　前僉(司) 崔南崑識 監役 閑良 金周海 折(衝) ○○寅 敎坊有司 ○範 妓有司 福 節 雲悅 伶 李尙福 妓 允蕙 松切

　본 비문에 나타난 국구國舅 곧 임금의 장인이며 저동苧洞에 살았다는 박 상공 朴相公은 박준원朴準源(1737~1807)을 지칭한다. 그의 셋째 딸이 정조의 수빈綏嬪으로 간택되어 아들을 낳으니, 곧 순조다. 박준원은 정조의 장인이며, 뒷날 순조의 외조부가 되는 권문 외척이었다. 홍도를 만났을 때 그는 쉰아홉 살이었고, 홍도는 갓 스무 살의 꽃다운 나이였다. 정조가 장인을 위로해 드리려고 보낸 그녀에게 '홍도紅桃'라는 별호를 내렸다. 박준원은 순조가 즉위한 후에 공조판서, 금위대장 등을 지냈고, 사후에 영의정으로 추증된 인물이다. 그의 소실이 된 홍도는 출입이 극히 제한된 몸이 되고 말았다. 수십 년을 그렇게 보낸 홍도는 몸이 야위고 얼굴에 근심이 가득했다. 어느 날 박준원이 그 이유를 묻자, 홍도는 자신을 앵무새에 비유한 시를 읊었던 것이다.

홍도의 아버지 최동명은 향리 계층 출신이고, 어머니는 경주에서 대대로 기생 노릇을 한 집안이다. 재주가 영특했던 그는 어린 나이에 시를 지을 줄 알고 글씨를 잘 썼으며, 가무에 능하고, 특히 미색이 뛰어났다. 그를 본 경주부윤 유한모兪漢謨가 추천하여 궁궐 상의원에 들어갔다. 그곳에서 독보적인 가무 솜씨를 발휘하자, 한양에서도 명성이 자자하였다. 마침내 박준원과 수십 년을 같이 살다가, 그가 죽은 뒤에 3년 상을 치르고는 고향 경주로 내려왔다. 경주에 돌아온 그는 악부樂府의 종사宗師가 되었다. 곧 경주 교방의 우두머리가 되어 기생의 교양과 가무 및 악기 등을 가르쳤다. 그는 궁중 장악원에서 익히고 닦은 실력을 후진 양성을 위해 정성껏 쏟아부었다. 그는 교방 기생들을 가르쳤을 뿐만 아니라, 경주 지역 풍류객과 폭넓게 사귀었다. 홍도는 알 수 없는 병으로 신음하다가 자신의 모든 재산을 가난한 친척들에게 골고루 나눠주라는 유서를 남긴 뒤에 죽었다. 때는 1822년(순조 22)이며, 그의 나이 마흔다섯 살이었다.

그가 죽은 지 근 30년이 지난 1851년(철종 2)에 교방의 제자들이 뜻을 모아 묘비를 세웠다. 비문은 절충장군 최남곤崔南崑이 지었는데, 그 역시 경주의 대표적 향리 집안 출신으로 당시 경주에서 크게 활약한 인물이다.

1990년에 홍도비가 처음으로 세상에 알려진 뒤, 많은 문화인이 그의 묘소를 찾았다. 조선 시대 기생 무덤으로 확실하게 알려진 것은 경주에서는 유일하고, 전국에도 몇 군데 남아 있지 않은 귀중한 유적이다. 그러나 묘지 지역이 개발되면서 언젠가 묘비가 없어졌다. 2005년 3월에 홍도의 묘는 무연고 분묘로 분류되었으며, 그해 11월에 그의 유골을 화장하여 건천 영호공원 납골당에 합동으로 안치되었다. 2010년 6월, 2차에 걸쳐 신라문화유산연구원에서 자문회의를 열고, 그 결과 지금 코아루 아파트 경내에 표지판을 세웠다. 이후 경주 문화인들이 관심을 갖게 되어 마침내 2016년 4월 16일 금장대 아래에 홍도공원을 조성하고, 「동도명기홍도추모비東都名妓紅桃追慕碑」를 건립하였다. 비문의 전문은 다음과 같다.

임은 한 송이 붉게 핀 복숭아꽃이었다. 어두운 곳에 두어도 스스로 발광하는 구슬처럼 뭇 꽃의 시샘이 따사로웠다. 세상의 풍랑은 거칠고 사나웠으나 임은 한 시대의 한恨을 온몸으로 감싸 안은 채 고결한 삶을 잃지 않았다. 임의 본명은 최계옥崔桂玉(1778~1822)이고, 홍도紅桃는 정조대왕이 내린 별호別號이다. 아버지는 최명동崔鳴東이고 어머니는 경주 관기官妓 출신이다. 재주와 미모가 빼어난

금장대 아래 홍도 추모비(2015년 건립)

임은 십여 세에 시를 외며 음악을 깨쳤고 스무 살에 궁궐 상의원에 들어가 독보적인 노래와 춤으로 명성을 떨쳤다. 임은 정조대왕의 장인 박준원朴準源의 외부外婦가 되어 십여 넌 같이 살았고, 그가 죽은 뒤 경주에 내려와 악부樂府의 사종師宗으로서 후진을 양성하는 데 혼신의 힘을 다했다. 병이 깊었을 때 임은 모든 재산을 어려운 친척이나 이웃에게 나눠주고 죽으니 마흔다섯 살이었다. 형제산 아래인 경주시 도지동 산 672번지에 안장하였고, 1851년(철종 2)에 경주풍류객과 교방敎坊 제자들이 정성을 모아 묘비를 세웠다. 지인知人들이 묘소를 관리해 오다가 1990년 8월에 비로소 많은 사람들에게 알려졌다. 그러나 주변이 개발되면서 2005년 11월에 산화散華하여 건천읍 영호공원에 합동 안치하기에 이르렀다. 덧없는 세상 변천이 너무나 야속하고 떠도는 고혼孤魂은 의지할 데 없었다. 이에 임의 넋을 위로하고 아울러 문화인의 아름다운 동산을 가꾸고자 이곳 금장대 아래에 이 비를 건립한다.

2015년 4월 16일

동도명기 홍도 추모사업회東都名妓 紅桃 追慕事業會 세우다.

2) 명기 금랑錦琅

국립경주박물관에 「동도기금랑지묘東都妓錦琅之墓」라는 묘비가 있다. 높이 1m, 두께 30cm의 이 비석은 언제 어디에 있던 비를 옮겨 왔는지 알 수 없다. 앞면에 대자 일곱 자이고, 뒷면과 왼쪽 측면에는 내용을, 오른쪽 측면에는 건립한 날짜를 적었다. 건립 일자를 보면, '崇禎紀元後五癸巳白雪節前五衛將月城金□洙撰'

라고 적혀 있는데 1893년(고종 3)에 지었음을 알 수 있다. 비문 글씨의 마모 상태가 워낙 심하여 판독할 수 없다. 읽을 수 있는 글자는 다음과 같다.

東都是羅氏古樂府故名妓錦琅…姓李氏名錦琅
也…娘才囗聰慧爲父母…十一歲名屬於囗自是…
冠盖之過是都欲觀故都…娘以囗家一代名妓也余
少好音樂時與…空是年九月日窆于…花月明….

동도기금랑지묘(東都妓錦琅之墓)
(국립경주박물관)

전체 360여 글자 중에 판독된 글이다. 금랑은 동도악부의 명기이고, 성은 이씨다. 재주가 뛰어나 11살에 악부에 들어갔다. 경주를 지나가는 관원들은 반드시 그를 한번 보고자 했으며, 한 시대의 명기名妓였다. 죽은 후 어디에 묻혔다는 글자도 보이지 않는다. 글자가 마멸된 상태를 보면 1893년보다 연대가 더 올라갈 것 같으나, '숭정기원후오계사崇禎紀元後五癸巳'가 그런대로 읽을 수 있어서 다행이다. 정확한 글자 판독이 절실히 요구된다.

3) 유난곡兪蘭谷 여사 묘비

유난곡兪蘭谷(?~1940) 여사에 대한 논문은 발표된 바 있다.[246] 여기서는 유난곡

---

246) 김성혜, 「경주의 유난곡과 동도국악원의 활동」, 『한국음악연구』49집, 2011.

사후에 그의 유산으로 설립된 동도국악원의 실태와 운영 및 그 변천 추이에 관해 집중적으로 논구했을 뿐, 정작 유난곡의 삶과 재산 형성에 대한 언급은 없다. 그녀의 삶에 대해 밝힐 수 없었던 것은 옛 묘비가 유실되고, 새로 건립한 묘비에는 언급된 바가 전혀 없기 때문이다. 묘비는 그 사람의 행적을 먼저 기술하고 학문이나 공덕을 기리는 법인데, 현존하는 유난곡 비문에는 이러한 내용이 없어서 매우 아쉽다. 다음은 1984년에 건립된 「유난곡여사지묘兪蘭谷女史之墓」의 전문이다.

兪蘭谷 女史께서 地域社會奉仕精神이 透徹하여 牖蒙事業에 所有全財産을 果敢히 寄贈하였음으로 그 至大한 功德은 官民一般의 稱頌이 極口藉藉하든 바 庚辰年(1940) 八月 五日에 老患으로 永眠하시어 安葬于小金剛山麓卯坐之原하다. 壬午(1942) 六月 十八日 寄贈資産 全部로서 財團法人 蘭谷保育財團을 設立登記한 後 私立慶州幼稚園을 創立運營하다가 乙酉年(1945) 祖國解放後 農地改革法施行으로 因하여 本財團 所有의 農土는 全部 分配對像이 되고 또한 垈地와 建物 等은 市內 古蹟地 淨化區域에 編入 됨으로서 幼稚園 運營은 自動的으로 中止되었고 若干의 補償金 受入으로서는 女史의 遺志事業의 하나인 民族固有의 傳統藝術國樂의 傳承發展을 爲해 本財團 傘下에 社團法人 徐羅伐國樂院을 設置運營中임 女史의 墓所地域 또한 當局의 施策에 依한 浦項釜山間 産業道路改修 및 殘餘面積全部는 東川洞 土地區劃整理地區에 編入됨으로 月城郡 見谷面 金丈 山麓亥坐之原에 甲子(1984) 三月 一日 移葬하고 石物등 一切를 再整備 및 祭畓貳斗落餘와 墓地山 八百餘坪을 새로 購買하여 本財團財産에 編入登記함

檀紀 四參壹七年(1984) 甲子 三月 日

財團法人 蘭谷保育財團 任員一同

유난곡 여사 묘(현곡면 금장리)

　앞의 논문에 따르면, 유난곡 묘소는 처음에는 동천동 소금강산 백률사 부근 평지에 있었다. 포항-부산 간 산업도로의 시내 쪽이었다. 고인의 장례 때 세운 비석이 있었으나, 묘를 현재 자리로 이장하면서 누군가 없앴다. 경주시 동천동에 세워진 비문에는 고인의 상여가 나갈 때 많은 조문객이 뒤를 따랐다는 내용 등이 포함되었다고 했다. 그의 무덤은 지금 황성초등학교 북쪽 넓게 조성된 고분 주위에 있었고, 비가 있었으나 이장 과정에서 없어져 그의 삶을 조명할 수 없는 점이 아쉽다.

　비문에서 그는 1940년 8월에 죽었다고 했을 뿐, 출생 연대를 밝히지 않았다. 부모와 출신지는 물론 이름도 기재하지 않았다. 동아일보 1975년 6월 25일 자 5면에 '유난곡 여사가 남긴 전 재산의 기증으로 경주시 시립국악원 설립의 초석이 되었다'라는 기사가 실렸다. 이 글에서 유난곡을 '누기老妓'라 하고, 한때 기생으로 명성이 높았으며, 술청에서 벌어 마련한 논 1만여 평과 경주시 노서동 대지 5백여 평을 국악진흥사업에 써 달라는 유언을 남기고 69세로 세상을 떠났다고 하였다. 그로 인해 현재 경주시립국악원이 있게 되었고, 1백여 명의 졸업생까지 배출할 수 있었다는 내용이다.

1940년에 죽었다면 그는 1871년(고종 8)생으로 간주할 수 있다. 그는 구한말에 한창 명성을 떨쳤을 것으로 추정된다. 그렇다면 그는 권번券番 출신이 아닌 관기로서 활동했음을 알 수 있다. 지금 묘비에는 그의 재산을 명시하지 않았지만, 앞서 기사에서는 전 재산이 논 1만여 평과 경주시 노서동 대지 5백여 평이었다고 했다. 그의 많은 재산은 고적지 정화 사업으로 편입되었고, 농지는 해방 후 농지개혁법에 따라 전부 분배되고 말았다. 그나마 조금 남은 재산으로 난곡보육재단蘭谷保育財團을 설립하고 시립 경주유치원을 창립하였다. 뒷날 동도국악원을 운영하다가 다시 서라벌국악원으로 개칭하며 경주에 많은 국악인을 양성한 계기가 되었다.

지금 남은 재산으로는 묘답 2두락 남짓과 묘지가 있는 산지 8백여 평이 전부다. 여기서 소출된 얼마의 물자로 경주시에서 묘소를 관리하고 있다.

6

경주 교방教坊의 실체

　　조선 시대 경주 악부 곧 교방은 읍성 내에 있었다. 교방은 관아의 여러 부서 가운데 중심부에 있었으며, 객사 가까이에 있었던 것으로 알려져 있다. 객사에서 다양한 잔치가 베풀어질 때 접근성이 있어야 한다는 뜻이다. 그렇다면 경주 객사 동경관東京館 부근에 교방이 있었다는 말이다. 여기에는 두 가지 기록이 전한다.

　　악부는 객사 북쪽에 있으며, 지금의 교방이라고 했다.[247] 『동경통지東京通志』

247) 樂府在客舍北 卽敎坊. 『慶尙道邑誌』(慶州府)에 있는 글이며, 1832년에 편찬된 필사본이다.

(1933)에서도 이 글을 그대로 옮겨 적었다.[248] 앞서 기술한 대로 교방은 손님 내왕이 잦은 객사 부근에 있다는 말과도 일치하는 글이다.『집경전구기도集慶殿舊基圖』의「경주읍내전도慶州邑內全圖」(1798)를 보면, 객사와 일승각 그리고 내아가 잘 나타나 있다. 객사 뒤에 비보림이 그려져 있다. 집경전구기비의 하마비와 사이에 민가가 몇 채 있는데, 담장으로 두 블록이 나뉘었다. 그 남쪽 블록 곧 비보림 바로 뒤편이 악부일 가능성이 높다. 동편에 향소청鄕所廳과 호장 집무소인 부사府司가 있다. 교방의 실질적 관리는 사부에서 했으며, 접근성을 볼 때 이곳이 교방일 것이다.

　다음은 읍성 안에 일승정一勝亭과 내아가 있고, 내아에서 서쪽으로 길 건너 관노방官奴房이라 적힌 건물이 있다. 남향인 본체와 동향으로 긴 회랑처럼 생긴 건물 두 채가 담장 안에 있다. 경주부 지도[249]는 관노방 건물을 '관청官廳'이라 표기하였다. 관청은 찬청 또는 주방廚房이라 하며, 내아와 가깝고 건축물도 다목적으로 지어져 있다. 이곳이 교방이라는 설이다. 악공과 기녀 등이 머무르며 가무와 기예를 익히는 적합한 공간으로 보인다. 교방이 내아에 가까이 있는 것은 미설가未挈家의 관원이 많았기 때문이라는 설과도 일치한다. 1927년에 제작된『신라고도경주명소도회新羅古都慶州名所圖繪』[250] 지도를 보면, 관노방은 이미 없어졌고 그 자리에 우편국이 들어섰다.『동경통지』와 같은 시기에 나온『경주군慶州郡』(1933)에는 경주 교방은 경주우편국 자리라고 명시하였다.[251] 경주우편국은 관노

248) 樂府 在客舍北 卽敎坊.『東京通志』권7. 宮室
249)『경주의 옛 지도』(2016. 2, 경주시 경주문화원) 122쪽과 134쪽 참고
250)『경주의 옛 지도』, 2016. 2, 경주시 경주문화원
251)『국역 경주군』, 김기조, 글밭출판사, 2008, 204쪽 참조

방을 없애고 들어선 건물이다.

관노방이 악부이며 곧 관기 양성소라는 글이 또 있다. 1902년에 세키노라는 일본 사람이 경주에 와서 옥적과 신종 등을 보고 남긴 일기가 있다. 1910년대에 세키노에게 많이 지도받은 모로가 히데오諸鹿央雄는 1935년에 세키노가 사망했을 때, 『몽전夢殿』이라는 잡지에 「故關野博士と朝鮮慶州」라는 추도문을 투고한 바가 있다. 거기에는 다음과 같은 구절이 나온다.

선생이 최초로 경주를 방문하신 것은 명치 35년(1902)으로 경주에는 당시 아직 내지인(일본인)은 한 명도 거주하지 않았고, 선생은 한국 당국의 알선으로 지금 소위 말하는 기생의 취체소取締所라 할 수 있는 관노방官奴房의 일실에서 한인 통역과 함께 숙박하시고, 매일 『승람』이나 『동경잡기』 등을 유일한 근거로 읍내 부근의 고적을 조사하셨다고 하고 후일 선생으로부터 그 당시 숙방소에서 자주 기생들이 취체하는 관노로부터 질책을 당하거나 맞거나 하는 것을 목격했다고 말씀하신 것을 (모로가가) 기억하고 있다.

또한 1934년 조선총독부에서 발행한 『생활상태조사 경주』에는 다음과 같은 글이 있다.

평안도 성천成川의 우교방右敎坊에 대하여 경주는 좌교방左敎坊으로서 관기의 양성소가 있었다. 현재의 경주 우체국 부지는 그 양성소의 건물지이며 동부리의 경

찰관사 부지는 그 사무소가 있었던 자리이다. (p. 157)[252]

일제 강점기 때 나온 자료를 검토하면 관노방은 지금의 경주감리교회 자리임이 틀림없다. 악부는 종래 관노방이고 곧 교방이다. 이들은 내아와 가까운 곳에 있었을 것으로 추정할 때 더욱 그러하다. 그러나『경주부읍지』(1832) 등의 문헌과 객사의 접근성, 그리고 근래에 전해들은 향중 원로들의 말을 종합하여 고려할 때, 객사 뒤편에 교방이 있었다는 말도 간과할 수 없다.『동경통지』(1933)의 기록만 전했으며 관노방 자리에 우체국이 들어섬으로써 이를 객사 뒤쪽으로 옮겼을 것으로 생각할 수 있다. 그러나『경주부읍지』에 실린 글을『동경통지』편찬자가 그대로 베껴온 것이라 고려할 때 쉽게 가늠할 수 없다. 그리하여 두 가지 설을 아울러 제시하고 결론의 여지는 남겨둔다.

1908년에 조선 시대 기생제도는 폐지되었고, 일제에 의해 관기를 양성하던 그 자리에 기생양성소 곧 기생조합이 만들어졌다. 일제 강점기 초에 읍성 내 건물과 도로를 대대적으로 정비했다. 이 과정에서 교방 곧 기생양성소는 객사 북편으로 옮겨가고, 그 자리에 경주우편국이 자리를 잡았다. 이때『동경통지』를 편찬하면서 사실대로 기술한 것으로 보인다. 따라서 악부가 원래 있었던 곳이 아니며, 관노방이 바로 교방이며, 지금 경주감리교회 자리다.

교방의 기녀를 흔히 관기官妓라 하며, 이를 달리 주탕비酒湯婢라 하였다. 관찰사가 있는 감영에는 기녀가 80명, 목牧에는 40명 정도 있었으나, 경주부는 감영

---

252) 이상의 두 글은 아라키 준(荒木 潤)이 국역하여 넘겨준 자료임

의 숫자만큼은 안 될 것이다. 『동경잡기』에 경주부의 향리鄕吏[253] 16명, 가리假吏[254] 166명, 관노비官奴婢[255]는 88명이라고[256] 밝혔다. 『여지도서輿地圖書』에는 관노 84명, 관비 19명이라 했다.[257] 또한 1888년에 쓰인 『동도록東都錄』[258]에, 세악細樂과 30여 명의 기생을 거느리고 걸어서 관아로 돌아왔다는 기록이 있다. 이로써 동도 기생은 50~60명 정도 있었을 것으로 추정된다.[259] 또한 같은 책에 다음과 같은 기록도 있다. 예방禮房 비장裨將 이민행李敏行이 병사兵使의 말이라며 한 기생을 보내왔는데, 이름은 도화桃花이고, 나이는 열여섯 살이다. 가관加冠해 주기를 권하므로 부득이 그의 청을 받아들였다는 글이 전한다.[260] 따라서 이들의 관리 통솔 책임자는 호장으로 알려졌으나, 실제는 예방으로 보인다. 경주 호장은 아전 곧 육방六房의 우두머리로서 김金·이李·최崔·손孫·정鄭·박朴씨 등 몇몇 성씨 중심으로 대를 물려가며 세습하였다. 육방의 우두머리 역시 이들 성씨가 주류를 이루었다.

기녀들의 명안을 기안妓案 또는 기적妓籍이라 했는데, 여기에 등재되는 길은

---

253) 고려와 조선 시대에 지방 행정실무를 담당하였던 최하위 관리를 통합하여 지칭하는 말이다. 조선 시대에는 이들을 주로 아전(衙前)이라 불렀는데, 지방 수령이 근무하는 정청(正廳)인 관아(官衙) 앞에 그들이 근무하는 곳이 있다고 하여 그렇게 칭하였다.

254) 조선 시대 그 지방에서 대를 물려받는 아전(衙前)이 아니고 다른 고을에서 온 아전을 말한다.

255) 공노비(公奴婢) 중에서 조선 시대에 지방의 각 군현이나 감영 등에 소속되어 노역이나 현물 공납(貢納)의 의무를 졌던 노비이다. 『경국대전』에는 부(府) 6백 명, 대도호부(大都護府)와 목(牧) 4백 50명의 관노비를 둔다고 하였다.

256) 鄕吏 十六人 假吏一百六十六人 官奴婢 並八十八口. 『東京雜記』人吏奴婢

257) 官奴八十四名 官婢十九名 營將武正三品 軍官一百九十五人. 『輿地圖書』(1757)

258) 영장(營將) 윤 모가 남긴 일기이며, 1888년 3월 15일자 일이다. 곧 '只率細樂 及三十餘名妓生 緩步望月 還衙'. 『東都錄』

259) 최효식 교수는 「東都명기 紅桃 崔桂玉의 생애」에서 40~50명 정도라 했으나, 『관아이야기』하(안길정, 사계절, 2000.)를 참고하면, 이보다 더 많았을 것으로 추정된다.

260) 禮房裨將李敏行 以兵使之言 送一童妓 名云桃花 年爲十六 勸之以加冠 故不得已… 『東都錄』五月十七日

여러 가지가 있었다. 역적의 처첩으로 팔려 가서 오른 경우와 종모법에 따라 어머니가 기적에 올랐을 때 그 딸이 기녀가 되는 경우 또는 가난 등이다. 이들은 행수기생에게 엄격한 교육을 받으며 자란다. 노래와 춤은 기본이고, 거문고 등 악기는 필수로 익혔다. 그뿐만 아니라 글씨 쓰기와 시 짓는 법, 그리고 몸가짐과 올바른 품행을 배웠다. 그렇지만 이들은 각종 행사에 불려 가서 재능을 팔며 살아갔기 때문에 계색戒色의 대상이 되었음은 어쩔 수 없었다.[261]

한편, 1699년(숙종 25) 10월 18일 경주부 동헌 북쪽에 있던 금학헌琴鶴軒 뜰에서 향음주례가 열렸다. 당시 주인이었던 부윤 이형상李衡祥은 이를 주관한 뒤에 『동도향음례東都鄉飲禮』[262]라는 필사본 책을 남겼다. 이는 현전하는 경주 향음주례의 최초 기록이며, 인명과 절차를 상세하게 적어 놓았다. 여기에는 좌차도座次圖를 그려 위차를 나타내고 있어서 더욱 가치가 높다. 좌차를 보면 주인은 이형상이고, 빈賓은 78세인 임면任勉, 개介는 손덕승孫德升이 앉았다. 좌차도에 나타난 인원은 모두 82명이다. 이 가운데 공인工人 2명과 관관管官 2명, 혜금稧琴 1명, 필률觱篥 1명, 고관鼓官 1명, 장고杖鼓 1명이다. 공인을 제외한 나머지 6명은 모두 관노官奴다. 홀기에 따라 서계西階에 앉은 악공은 『시경』 녹명장鹿鳴章 등과 향악鄉樂을 연주하였다. 악공 인원과 악기까지 적어 놓았다.

『문묘향사지文廟享祀志』[263]를 보면 「국학석전문선왕의國學釋奠文宣王儀」에 협률랑協律郎이 있어서 문무文舞와 무무武舞의 악을 연주하였으나, 각 지방 석전대제에

---

261) 或引致娼流女色 歌舞喧戱 止宿齋房 以亂禮敎 汚衊學宮者 黜學擯斥 改行乃止. 경주향교 학령(學令) 참고

262) 인천광역시시립박물관 소장

263) 『문묘향사지(文廟享祀志)』: 쌍봉(雙峯) 정극후(鄭克後, 1577~1658)의 저술로, 1679년(숙종 5)에 목판본으로 간행하였다.

대해서는 주악의 글이 없다. 그러나 경주향교의 홀기를 보면 1990년대까지 주악이 있었다. 앞서 향음례의 좌차도에 나타난 것은 모두 남자 악공들이다. 그렇다면 석전대제에 주악이 있었다면 역시 남공男工들만 참가했을 가능성이 있다.

이처럼 악부의 공인工人은 고을에서 행해진 연회뿐만 아니라 각종 의례와 향회에 참가하여 풍류를 돋우기도 하고 장엄한 의전의 격을 드높였던 것으로 파악된다.

한편, 조선 시대 부방赴防이란 군사 제도가 있었다. 다른 도道의 군사가 서북최전방에 가서 국방의 임무를 수행하는 제도로, 주로 무과에 급제하면 의무적으로 최전방에 가서 15~20개월 복무하였다. 박취문朴就文(1617-1690)은 울산 사람이다. 무과에 급제하고, 함경도 회령과 부령에 부방 의무를 하고 돌아왔다. 그가 부방하러 오가면서 남긴 일기가 있는데 이것이 『부북일기赴北日記』[264]다. 일기에는 박취문의 아버지 박계숙朴繼叔이 1605년 10월 부방길에 올랐던 글도 같이 수록돼 있으며 희귀 자료로 평가된다. 박취문은 1644년 12월 10일 울산에서 회령까지 가는 데 70일 걸렸고 1646년 4월 돌아오는 데도 역시 70일이나 걸렸다. 당시 그는 28세로 울산 반구정에서 출발하여 농소-신원-아화-의성-안동-청송-평해를 거쳐 동해안으로 올라갔다. 물론 수행원이 두세 명 뒤따랐고, 말을 타고 갔다. 그는 각 고을을 지나가며 객사나 역사에 머물 때도 있었지만 주로 사가나 주막 등 일반 개인 집에서 많이 유숙하였다.

박취문은 부방길에 나서면서 많은 여인과 동침하였고, 일기에 그 여인의 이름과 인적 사항을 모두 적어놓았다. 보통은 숨기려 하는데 굳이 밝힌 이유는 무

---

264)『부북일기』, 김우림, 울산박물관, 2012. 2.

사적 기질에 의한 것으로 볼 수 있다. 집을 떠난 바로 이튿날인 12월 11일 농소에 간 그는 많은 사람의 전송을 받았다. 그리고 잘 때는 '우연상근동좌수댁비통진아偶然相近洞座首宅婢通眞兒'라고 적었다. 우연히도 그 마을 좌수댁 여자 종 통진과 눈이 맞아 같이 잤다는 내용이다. 그가 청송까지 가는 데 9일이 걸렸고, 그 사이 분이粉伊, 매화梅花, 옥춘玉春 등 5명의 여인과 동침하였다. 그가 가까이한 여인은 기생, 숙박한 집의 여자 종, 주막의 주탕酒湯 등이다. 이 같은 사실이 계속 있었던 것은 아니고 뒤의 글에는 조금 드물게 기재되었다. 그렇지만 그는 일기에 적지 않았을 뿐 버릇은 고치지 못했을 것이다. 회령에 가서 군 복무를 하면서도 이 같은 일은 지속되었다. 그의 아버지 박계숙도 부방길에 오가면서 아들만큼은 아니지만 역시 여인과 가까이한 사실을 적어놓았다. 당시 상황을 고려하면 문서에 남기지 않았을 뿐이지 자연스럽고 보편적인 일상의 한 부분으로 간주할 수 있다. 그렇다손 치더라도 박취문은 신임 무관 출신 신분이다. 군인으로서 복무하러 가는 것이 아니고 유람하러 떠난 한량 같아 이해가 가지 않는다. 박취문이 경주부에 들러 유숙했다는 기록은 없다. 그가 만약 유숙했더라면 또한 어떠한 일이 있었을는지 모를 일이다. 신분 사회에서 비천한 여인의 삶은 고달팠고, 호소할 데도 없었다. 그러므로 한과 원이 조선 시대 여인의 삶이 아니었던가.

7

근대의 변화

  고려와 조선 시대에 계속 이어져 오던 관기官妓 제도는 일제의 정치적 의도에
의해 재조직되었다. 이를테면, 1908년에 관기 제도가 해체되고 기생조합이 만
들어지면서 일본식 권번 기생으로 변모한 것이다. 일제 강점기에 기생들이 기
적妓籍을 두었던 조합을 검번檢番 또는 권번券番이라고도 하였다. 당시 서울에는
한성권번漢城券番과 대동권번大東券番 등 여러 권번이 있었고, 평양에는 기성권번
箕城券番 등이 있었다. 이는 제2차 세계대전이 치열하던 무렵 일제의 강압 정책
으로 폐지될 때까지 존속하였다.

  권번에 속한 여인들은 종래 피동적인 자세에서 벗어나 적극적으로 활동하기

에 이르렀다. 무용수, 연주자, 미모 등으로 지역의 관광자료를 홍보하는 데 나섰고, 한국 전통음악의 맥을 전승하는 중요한 역할을 하였다. 전문 예술인으로서 많은 주목을 받았던 이들은 20세기 근대 문화 속에서 또 하나의 새로운 변화를 추구하는 데 앞장섰다. 그러나 이들에게는 명암과 애환이 엇갈렸다. 시대 추이에 적응하는 과정에서 혹독한 시련과 아픔을 견뎌야만 했다.

앞서 일제 강점기에 평안도 성천成川에 우교방右敎坊이 있었고, 경주에 좌교방을 두어 기생을 양성하였다. 성천과 경주에 왜 좌우의 교방을 두어 기녀를 집중적으로 양성했는지 알 수 없다. 초기의 경주 관기양성소는 조선 시대 관노방 자리이며, 당시 경주우편국 터다. 1931년에 펴낸 『경주읍내시가약지도』[265] 겉면을 보면, 관공서 등 여러 기관이 나타나 있고, 이 가운데 '경주기생조합 전화慶州妓生組合 電話44'라고 써서 홍보한 글이 있다. 경주기생조합은 월성초등학교 남쪽, 지금의 금관총 서편 잔디밭 가운데 있었다(김기조 증언) 이를 통해서 볼 때, 경주기생조합은 여러 번 옮겨갔던 것으로 추정된다.

또한 『경주군』에는 예기藝妓가 모두 52명으로, 일본인 10명, 조선인 42명이었고, 작부酌婦는 일본인 18명, 조선인 19명이 있었다.[266] 일본인들은 이 책에 여러 기관의 납세실적을 적어 놓았지만, 기생조합의 납세실적은 기재하지 않았다.

'팽기'라는 경주기생조합의 유명한 조합장이 있었다. 그는 평양에서 기생 노릇을 하다 왔다고 해서 '평기平妓'라고 불렀다. 그의 이름은 알 수 없고, 언제부터 조합장을 했는지도 모른다. 성격이 거칠고 목청이 높았으며, 남성적 기질

---

265) 『경주의 옛 지도』, 조철제, 경주시 경주문화원, 2016. 2, 264쪽 참조
266) 『국역 경주군』 상동, 224쪽 참조

경주여자체격측정(1914년)

이 있었다. 많은 기생을 데려다 놓고, 주로 일본인을 상대로 영업했다. 그에 대해서 여러 일화가 전한다. 천북면에 사는 천석꾼 손 아무개 부자 영감이 있었다. 경주중학교를 나온 그는 풍류를 즐겼으며, 특히 팽기와 가까웠으나 기방에서 화대花代는 조금 인색했다. 하루는 그가 며느리 혼수를 보러 본정本町 큰길에 있는 포목점(현 청기와 다방 북쪽 천년사진관 골목 어귀)에 들러 물품을 고르고 있었다. 마침 팽기가 이곳을 지나다가 손 영감을 보고 포목점으로 들어왔다. 팽기는 손 영감을 보고 평소와 다를 바 없이 수다를 떨며 혼수를 고르는 것을 돕다가 계산할 때가 되었다. 손 영감이 당시 거액인 100원짜리 지폐를 꺼내 포목점 주인에게 주려고 하는 찰나, 바로 옆에 있던 팽기는 이 순간 누런 100원짜리 지폐를 재빨리 낚아채서 자기 속주머니에 집어넣으며, "# 값도 주지 않는 욕심쟁이 영감!"이라며 뒤돌아보지도 않고 포목점에서 사라졌다. 이러한 풍문이 퍼지며 당시 풍류객들 사이에 회자되었다.

두 번째 건이다. 최진규는 양춤 곧 서양 탱고를 잘 추는 소문난 춤꾼이었다. 하루는 팽기의 초대를 받아 같이 춤을 췄다. 최진규는 있는 실력을 다 발휘해서 당기다 늦추며 완급과 지속遲速으로 팽기를 사로잡았다. 팽기는 크게 도취했고, 데리고 있는 무녀를 모두 불러내 같이 놀게 하였다. 질탕하게 한 마당 춤판을 끝낸 팽기는 매우 만족한 듯 호주머니에서 지폐를 손에 잡히는 대로 끄집어내어 최진규 속주머니에 깊숙이 찔러주며, '내가 남정네들에 게 수없이 화대를 받아 왔지만, 도로

경주기생조합(노서리)

화대를 주기는 처음'이라며 익살을 떨었다.

팽기는 꽃 피는 봄날이나 단풍이 곱게 물든 가을이면 조합원을 데리고 들놀 이를 즐겼다. 포석정이나 반월성에 푸짐한 음식을 차려두고, 읍내 풍류객을 초 대하여 시주詩酒와 가무로 즐겼다. 그는 1950년 초반까지 경주에 살았던 것으 로 알려져 있으나, 이후 팽기에 대해 아는 사람이 없었다(김기조 증언).

법원 앞 지금 문화의 거리는 당시 제일 번화가인 본정통本町通이라 불렸고, 일 본인들은 이 통로의 서쪽 곧 노서리와 서부리에 많이 살았다. 아직 일본식 가옥 이 더러 남아 있다. 당시 경주역은 지금 서라벌 회관 자리에 있었다. 역에서 내 린 사람들이 경주군청으로 들어오려면 내남사거리 방면으로 오다가 조금 못 미 쳐 왼쪽 길로 접어든다. 본정통에서 보면, 봉황대에서 바로 남쪽으로 가지 않고 서봉총을 지나 오른쪽 사이 길로 꺾인다. 지금도 잔디밭 사이에 작은 길이 있 다. 바로 그 길 중간쯤 왼쪽에 유명한 명월관明月館이라는 요정이 있었다. 정井 자 모양의 기와집에 크고 작은 방이 사방에 둘러 있었다. 경주역에서 군청으로 들어가는 중간 길목에 있었고, 또한 기생조합과도 가까웠다. 명월관은 한 시절 경주 풍류객의 최고급 중심에 있었으며, 해방 이후에 근래까지 유지되었으나,

지금은 그 일대 전체가 철거되어 흔적도 없이 사라졌다. 조선 시대 관기에서 권번 기생으로 이어졌고, 다시 화류계로 대물림하여 잔존했던 명월관이었다. 이들의 삶은 밝고 아름다운 모습만이 아니었다. 그렇지만 전통 공악工樂의 맥을 이어왔다는 점에서 우리 문화의 한 갈래 중심축을 형성해 온 것은 사실이다.

해방 이후에 권번 출신자의 길은 여러 갈래였다. 요식업을 차린 사람, 가정을 꾸린 사람, 국악원을 개설한 사람, 승려가 된 사람 등이다. 돈을 많이 번 사람은 숙박업을 했다. 백안동白安東이 문을 연 안동여관을 비롯한 김귀분의 국제여관, 그리고 안성여관, 고궁여관 등은 모두 이들이 운영하였다. 산업화 과정에서 이들은 다양한 영역에서 활동하였으며, 아직 생존해 있는 분이 계시는 줄 알지만, 상황을 파악하기 쉽지 않다.

당시 명기名妓로서 채숙자蔡淑子가 있었다. 그는 일명 아당雅堂이라 하였으며, 경주 사람이다. 재주와 기예가 뛰어났을 뿐만 아니라, 어려서부터 가무와 고금鼓琴에 능했다. 뒷날 경주국악원 교사로 있으면서 경주 악부의 구보舊譜를 복구하고, 전국시조대회에서 1등을 차지하였다. 그리고 그는 워낙 가무에 능하여 당시 문사들이 칠언절구 3수를 지어서 그의 절창을 찬미하였다.[267] 채숙자의 삶과 음악에 대한 연구 논문이 있다. 그러나 그가 복구했다는 악부의 구보는 아직 구해 볼 수 없었다.

---

267) 蔡淑子의 一名은 雅堂이요 本貫은 平康이니 生于慶州市하다 才藝出類하야 歌舞鼓琴이 自少有名하고 以慶州國樂院教師로 勉回舊譜하고 全局時調大會에 受一等賞하다. 『東京續志』권14 名妓

─

8

맺음말

고려 시대 동경의 속요는 신라 유민의 정서를 반영한 것으로, 「처용가」와 「봉생암가鳳生巖歌」에서 볼 수 있듯 태평성세를 노래하였다. 조선 시대에 신라의 충신열사를 숭모한 것과 대조를 보여주고 있다.

악부에서 부르는 노래는 지방마다 달랐다. 그 지방의 인물이나 명승지, 고적 등 특색을 가사에 많이 담았다. 그리하여 악부의 제목이나 가사를 보면 어느 지방에서 부르는 노래인지 알 수 있을 만큼 지방색이 두드러졌다. 경주부 악부는 고려 때와 마찬가지로 신라 시대에 불린 노래나 그 소재가 대부분 전승된 것으로, 충렬의 뛰어난 충신의사나 여러 설화 등이 주요 내용이었다. 『동도악부』,

『해동악부』, 「동해악부」, 『영남악부』 등 4종에 실린 것 중 경주 악부로 분류할 수 있는 제목은 모두 83수이고, 중복된 것을 제하면 모두 55수이다. 이 가운데 박제상과 황창랑黃昌郞을 소재로 읊은 노래가 가장 많았다. 나라를 위해 한 몸을 던진 충신을 높이 평가했으며, 유가 이념과 그 맥을 같이하고 있었다. 조선 중기에 이안눌이 경주부윤으로 있을 때 채록한 「동도권주가」는 쉽게 찾아볼 수 없는 경주의 노래다. 민간에서 유행되고 있던 노래를 채집한 것이 아니라 악부에서 불리던 것을 한역했다.

악부에서 악공들이 꼭 같은 악부를 보고 노래를 부르지 않았던 것으로 보인다. 전해온 악보가 없어서 알 수 없지만, 주제는 같으나 내용은 조금씩 달랐다는 뜻이다. 요컨대 충신의 경우에는 무용담으로 엮어진 서사적 기본 가곡이 있었다. 악공들이 이를 부르면 문사들이 영탄하고 각자 시를 지었는데, 이것이 지금 전해오는 악부체 시다. 때문에, 한 주제에 여러 편의 악부체 시가 전하게 된 것이다.

당시 악공들이 부른 노래는 우리말로 지은 가사가 따로 있었다. 우리말 곧 이어俚語였으며, 여기서는 달리 신라어新羅語라 하였다. 18세기 중엽의 글을 보면, 경주 악부에는 오래전부터 「계림구보雞林舊譜」라는 악보가 전해졌으며, 여기에 쓰인 글은 신라어로 적어 놓았다. 또한 감화甘華 이정익李鼎益은 『동경보東京譜』가 있었다고 한다. 당시 악공들은 신라어로 창을 할 수 있었고, 당시 우리말로 노래할 때도 있었다. 악부의 악공들이 순수 한문으로 지어진 것을 노래하는 데는 여러 가지 어려움이 뒤따랐다. 우리말로 서술된 「계림구보」 또는 『동경보』에 따라 창을 하였는데, 전자는 구보舊譜, 후자는 신보新譜라고 일컬었을 가능성이 높다.

경주부의 명기名妓로서 유명·무명으로 몇 사람이 전한다. 영조 때 영매英梅는 북과 거문고 그리고 가무에 모두 능했으며, 특히 신라어로 노래를 잘 불렀다. 청천靑泉 신유한申維翰이 그를 알아보고 남긴 시가 8수 전한다. 순조 때 동도명기 홍도紅桃는 기예와 미색으로 상의원에 뽑혀 들어가 서울에서 명성을 떨쳤다. 그 뒤 경주에 내려와서 악부의 종사宗師로 활약하며 후진을 양성하였다. 근래에 그를 위한 공원과 추모비가 건립되었다. 그 밖에 사죽絲竹과 막생莫生 등 여러 기녀 이름이 보인다.

현재 전하는 문헌 가운데 여악女樂이 가장 자주 찾아 놀았다는 곳은 경주 사마소이다. 사마소는 사마시에 합격하거나 문과에 급제한 사람들이 모이는 장소로, 경주 지역 최고의 문사들이 찾은 곳이다. 여기서는 자주 문희연聞喜宴 곧 과거에 급제한 사람이 자신의 가까운 벗이나 친척을 불러 베푸는 잔치가 열렸고, 한가할 때는 여악을 불러 풍류를 즐겼을 뿐만 아니라 관원들이 지역 문사들과 어울리기에 좋은 장소였다. 그렇지만 경주 객사 동경관에서 잔치를 베풀며 즐겼다는 기록은 보이지 않는다. 동경관은 사마소만큼 자유롭지 못했으므로, 조선 후기에 접어들수록 사마소를 이용하는 빈도가 더 높아졌다.

한편 경주 악부의 자리가 어딘지를 두고 서로 달리 주장하는 경우가 있다. 『집경전구기도集慶殿舊基圖』에 실린 「경주읍내전도慶州邑內全圖」(1798)를 보면, 읍성 안에 동헌인 일승정一勝亭과 내아가 있고, 내아에서 서쪽으로 길 건너에 관노방官奴房이라 적힌 건물이 있다. 남향인 본체와 동향으로 긴 회랑처럼 생긴 건물 등 두 채가 담장 안에 있다. 또 다른 지도에는 관노방을 관청官廳이라 표기한 것도 있다. 관청은 찬청 또는 주방廚房으로 관노방을 말하며, 곧 교방이다. 내아와 가깝고 건축물도 다목적으로 지어져 경주부의 교방이다. 다른 하나는 교방이 객사 북쪽에 있다는『동경통지東京通志』(1933)의 기록이다. 외부 손님의 내왕이 잦은 객사 부근에 있다는 말과도 일치한다. 1927년에 제작된『신라고도경주명소도회新羅古都慶州名所圖繪』을 보면 관노방은 이미 없어졌고, 그 자리에 우편국이 들어섰다. 또한『동경통지』와 같은 시기에 나온『경주군慶州郡』에, 경주 교방은 경주우편국 자리라고 명시하였다. 경주우편국은 관노방을 없애고 들어선 것이다. 1908년에 조선 시대 기생제도는 폐지되었고, 일제에 의해 관기를 양성하던 그 자리에 기생양성소 곧 기생조합이 만들어졌다. 일제 강점기 초에 읍성 내 건물과 도로를 일제히 정비했는데, 이로써 기생조합은 봉황대 남쪽으로 옮겼다.

일제 강점기에 기생들이 기적妓籍을 두었던 조합을 검번檢番 또는 권번券番이라고도 하였다. 평안도 성천成川에 우교방右敎坊, 경주에 좌교방左敎坊을 두어 관기를 집중적으로 양성하였다. 이 같은 경주가 성천과 좌우 교방을 두었다는 이유는 밝혀내지 못하였다. 권번 출신의 기녀는 종래 피동적인 자세에서 벗어나 사회에 적극적으로 활동하였다. 무용수, 연주자 등으로 지역의 관광 홍보에 활약하였고, 또한 한국 전통음악의 맥을 전승하는 중요한 역할을 담당하였다. 전문 예술인으로서 많은 주목을 받았던 이들은 20세기 근대 문화 속에서 또 하나의 새로운 변화를 추구하는 데 앞장서기도 하였다.

이상에서 경주의 악부에 대해 살펴보았다. 미완의 부분이 많아 아쉽다. 문헌 중심으로 정리했다는 데 의의가 있으며, 가능한 한 많은 자료를 제시하려 한 점도 굳이 밝혀둔다.

V
경주읍성

1
머리말

도성都城이 왕궁의 성벽이라면, 읍성邑城은 각 지방 관아의 담장이다. 도성과
마찬가지로 읍성은 그 지방 최고 관부로 모든 행정이 그 안에서 이루어졌다. 체
성體城 곧 성벽은 나라의 흥망과 백성의 안위 그 자체였기 때문에 항상 중시하
지 않을 수 없었다. 예로부터 성벽을 높게 쌓고 해자를 깊게 팠다는 사실은 바
로 국가의 부강과 주민의 평온을 의미하였다. 성곽이나 군사는 한 번의 불우한
사태에 대비하기 위해 수백 년 동안 거듭 수축하고 훈련하였다. 더구나 성벽은
주로 토성土城이나 석성石城이었으며, 석성이 토성에 비해 훨씬 더 견고했다. 병
기와 마찬가지로 석벽도 수시로 보수하지 않으면 무너졌기 때문에 위정자는 잠

시도 소홀히 할 수 없었다.

또한 성안에 거주하는 주체에 따라 궁성宮城, 행성行城, 도성都城, 부성府城, 읍성邑城 등 여러 가지로 분류한다. 일반적으로 국왕이 있는 곳을 궁성이라 하고, 국왕이 임시로 거처를 옮겨 머무는 곳을 행성이라 한다. 종묘와 사직이 있는 곳을 도성이라 하고, 이것이 없는 곳을 부성 또는 읍성이라 한다. 경주부의 성城이 부성인지 읍성인지를 두고 근래 논란이 있었던 게 사실이다.

읍성邑城이라는 용어는 조선 초기에 이르러 비로소 사용되기 시작했다. 고려 시대에는 행정이나 군사 중심의 치소성治所城이었으나, 여말에 왜구의 침입이 잦아 동남해안 중심으로 새롭게 방어용 성을 쌓았다. 그리하여 기존의 치소성과 구별하기 위해 '읍성邑城'이라 부르기 시작했다.[268] 경주읍성은 치소성이면서 해안과 가까웠다. 부의 소관 영역이나 역사성을 고려하면, '경주부성慶州府城'이라고 해야 부격에 맞다. 각 지방에서 사용하는 읍성이라는 말과 구별하기 위해 굳이 부성이라 표기하는 예[269]도 있다.

일반적으로 '읍성'이라는 말이 널리 통용되고 있다. 어느 지방을 막론하고 읍성이라고 하면 조선 시대 치소治所의 성벽 또는 읍치邑治를 일컫는다고 쉽게 이해한다. 그렇지만 부성府城이라고 하면 이해하는 사람이 적으며, 개념 자체를 몰라 오히려 혼란스러울 수도 있다. 본고에서는 특수성을 강조할 때만 부성이라 하고, 편의상 일반적으로 읍성이라고 했다.

본 장에서는 고려 시대 경주 읍성의 축성과 고려 말의 왜구 침입 등으로 무너

---

268) 상동, 20쪽 참조
269) 남원시의 경우, 조선 시대 남원도호부(南原都護府)라고 해서 읍성을 부성(府城)이라 표기하고 있다.

진 성벽의 대대적인 보수, 그리고『문종실록』에 나타나 있는 기록을 중점적으로 고찰하려 한다. 경주 읍성에 대해 문헌이 이보다 상세한 것이 없기 때문이다. 임란 이후 읍성을 개수하고, 이후 18세기에 이르러 역시 읍성을 크게 증축 정비한 내용과 일제 강점기에 그 변모를 일별하려 한다.

경주읍성(사적 제96호)에 대한 글은『동경잡기』나『경주선생안』등에 간략하게 기술되어 있고, 조선 후기에 제작된 각종 지도에 나타나 있다. 이 가운데 읍내전도에 상세하게 그려져 있을 뿐만 아니라, 읍성 체제가 가장 완비되었을 때의 모습을 잘 보여주고 있어서 이를 많이 참고하였다. 또한 근래 경주읍성에 대하여『경주읍성』(2009, 경주시)과『경주읍성 Ⅰ, Ⅱ』(2017, 한국문화재재단)가 간행되었다. 이를 참고하여 문헌 중심으로 서술하고, 아울러 본고 논지의 이해를 돕기 위해 읍성에 관한 각종 자료를 가능한 한 많이 소개하려 한다.

2

고려 시대

　월성月城에 관한 최초 기록은, 파사왕 22년(A.D.101) 2월에 성을 쌓아 월성이라 하고, 그해 7월에 왕이 월성으로 옮겼다[270]는 내용이다. 월성은 신라의 궁성宮城으로, 여러 번 다시 쌓았을 것이다. 신라의 국운이 기울어지면서 월성 역시 무너지기 시작하였다. 935년(경순왕 9) 10월에 경순왕은 월성을 비워둔 채 신료와 백성을 거느리고 경주를 떠나자, 왕건은 바로 신라 국호를 없애고 경주慶州라고 부르게 했다. 이로써 신라 왕궁과 성곽은 황량하게 변모하였다. 성벽 자

---

270) 二十二年 春二月 築城名月城 秋七月 王移居月城.『三國史記』婆娑尼師今立

월성(月城)(2010년)

락에 민가들이 들어서기 시작하였고, 끝내 월성은 온통 보리밭이 되고 말았다.

고려 시대인 940년(태조 23)에 대도호부大都護府라는 관부官府가 생겼고, 그 업무를 관장하던 기관을 경주사慶州司라고 했다. 이후 조선 시대 관찰사에 해당하는 동남해도부서사東南海都部署使 본영을 경주에 두었는데, 그 본부는 역시 경주사다. 사司는 호족이나 향리층의 집무소 격이었으나 실질적인 관부였다. 경주사는 지금의 경주시뿐만 아니라 조선 시대 경상도보다 더 넓은 지방 행정을 총괄하는 기관이었다. 지금의 시정과 도정을 함께 보던 관청이었다는 말이다. 그런데 경주사가 어디에 있었는가 하는 문제가 있다. 퇴락한 월성의 왕궁 안에 있었는지, 아니면 지금의 읍성 쪽에 있었는지 알 수 없다. 이때까지 신라 왕궁의 건물은 엄존하고 있었다. 그러나 망국의 왕실 궁내에서 지방 행정을 시행하지는 않았을 가능성이 높다. 따라서 월성에서 서북쪽으로 5리쯤 평지에 경주사를 새로 지어 업무를 보았을 것이다. 곧 지금의 읍성 자리이다.

부성府城의 위치에 대한 글이 있다. 신라의 금성金城이 월성 서북쪽에 있었으므로, 고려 시대 부성이 곧 금성의 터라고 보는 이도 있다. 또한 부성이 서쪽에 편재한 것은 북천이 범람하여 부성을 덮칠 우려가 있었고, 또 다른 이유로 조선 시대 풍수지리설에 따른 것이라는 견해도 있다. 신라가 망한 이후 경순왕을 따라 개경으로 간 사람이나 지방에서 호장 등 향직을 맡으며 고려에 적응한 인사들도 있다. 하지만 일부 토착민은 고려조에 벼슬하지 못하면서 신라를 잊지 못했다. 관원으로 임명되어 내려온 사람이나 향직을 맡은 사람을 멸시하며 반감이 있었다. 이들이 뒷날 무신의 난에 신라 부흥을 표방하고 반란을 일으켰던 집단이다. 경주의 남반부에는 신라 궁실과 귀족들의 저택, 그리고 사찰 등이 밀집되어 있어서 이를 피해 조금은 한지였던 서반부를 택하여 고려 부성을 쌓았다[271]고 했다. 고려 초기 경주 부민府民의 의사를 적극 반영하는 글이다. 그러나 신라가 망한 뒤에 바로 경주사가 설립되어 주민을 통치하였고, 이후 근 80년이 지나 비로소 부성을 쌓았다는 점을 고려하면 설득력이 미흡하다. 어쨌든 부성을 쌓음으로써 관부 치소의 면모를 갖추었다.

지방관은 동경유수관東京留守官이나 방어사 등 여러 번 직제가 바뀌 파견되었으나, 이들의 집무처인 경주사는 변함이 없었다. 현종 때에 이르러 고려 지방제도는 거의 완비되었지만, 경주 관부를 보호하거나 외적을 막아줄 성벽이 없었

---

271) 김태중은 「慶州邑城과 集慶殿」, (『穿古』 제55호, 신라문화동인회, 1989.)에서 小田省五의 '慶州邑城沿革'과 今西龍의 '新羅史研究'를 참고하여 정리하였다.

다. 1012년(현종 3)에 경주사, 곧 부아府衙를 에워싼 성을 쌓았다.[272] 이 해에 읍호가 경주방어사慶州防禦使로 개칭되었는데, 행정적 측면보다 군사적 기능으로 성을 쌓았을 가능성이 더 높다.

고려 시대에 경주사 터는 본디 신라 왕경의 중심지로 민가가 밀집한 평지였다. 계획도시처럼 사통오달의 도로가 뚫려 사람들이 붐볐다. 자갈과 모랫길이었으나, 거마車馬가 수없이 다닌 민가의 거리다. 이러한 터에 관부가 먼저 들어선 이후에 성벽 쌓는 작업이 이루어졌다. 큰 도로 위에 구획을 긋고 돌을 쌓음으로써 축조한 사실을 발굴 조사에서 확인할 수 있었다. 부민들은 월성 등 여러 성곽을 쌓은 경험이 많았기 때문에 축성 기술은 일찍이 발달했다.

부성을 알려면, 먼저 경주 중심에서 전개된 전란을 이해해야 한다. 왜냐하면 부성은 항상 전란의 중심지에 있었고, 침략과 방어의 주요 대상이었기 때문이다. 『고려사』를 보면, 현종 때 동여진東女眞이 침범한 것을 비롯해, 1190년(명종 20)에 청도 운문의 김사미金沙彌의 난, 초전草田(지금의 울산)의 효심孝心의 난, 1199년(신종 2)에 김순金順 등 경주 민란, 1200년(신종 3)에 이의민의 의종 시해 사건, 1202년(신종 5)에 경주 삼별초의 난 등 무려 8차에 걸쳐 동경 민란이 일어났으며, 이들 중에 일부는 신라 부흥을 내세우기도 했다. 특히 1233년(고종 20)에 동경의 적 최산崔山 등이 난을 일으켰을 때다. 이자성李子晟이 군사를 거느리고 내려와 영천성에 머무르며 반군이 웅거한 경주성에는 접근하지도 못한 적이 있었다. 이후 1238년(고종 25)에 몽고군이 침입하여 황룡사 9층 목탑이 소실되었다. 이처럼 외세의 침입과 민란의 중심에는 부성이 있었다. 반군이 부성을 함락한

272) 三年 城慶州 長州 金壤.『高麗史』권82 志36 兵2

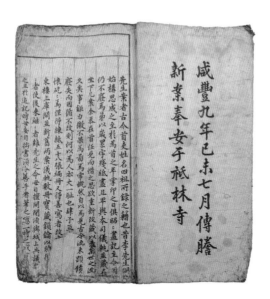

『부사선생안(府司先生案)』(국립경주박물관)

뒤에 위세를 떨친 것이 한두 번이 아니었다. 고려 시대 경주 부성은 침략의 대상이었고, 전쟁의 터전이었으며, 경주 공수攻守 최후의 보루였다. 이를테면, 성벽을 높고 견고하게 쌓을 필요가 절실했다.

여말에 왜구의 침입이 잦았다. 특히 충정왕과 우왕 때가 극심하였고, 우왕 재위 14년 동안 한 해도 조용한 날이 없었다. 고려는 국력이 쇠잔해지고 민심은 이반하며 사회는 혼란스러웠다. 적들이 삼남 해안을 중심으로 침입하여 크게 유린했다. 경주도 예외가 아니었고, 부성은 격전장이 되었다. 당시에 아전들이 직접 보고 기술한 글이 전하는데, 특히 부성 개축과 직접적 관련이 있기에 간추린다.

1379년(우왕 5) 5월 14일에 왜선 5백여 척이 울산포에 상륙하자, 주민들은 모두 성안으로 피했다. 29일에 단역旦驛에 침입했다. 원수 겸 부윤 하을지河乙沚가 용궁원龍宮院에서 싸웠으나 이기지 못하고, 부성을 비워둔 채 안강으로 물러났다. 저들은 관아의 남북로를 따라 침입하여 변두리 영흥사永興寺를 포위하였는데, 성 위에서 화통火桶을 쏘았다. 마침내 싸움에서 불리해진 적들은 서천을 지나 상현上峴으로 내려갔다가, 아화역으로 가서 창고 미곡을 훔쳐 달아났다. 6월 8일에 산동산山東山에 올랐던 적들이 내려와 성을 사방으로 에워싸니, 도군都軍들은 성 남쪽 기슭에서 싸웠다. 또한 성안에 있던 군사들이 나와서 중생사衆生寺와 민장사敏藏寺에서 불을 이용하며 대응하자, 적병이 동선원東禪院 들녘으로 물러나 며칠 동안 머물렀다. 기관記官 최강崔江과 승려 최순령崔純令·동정同正 백한림白漢林 등 20여 명이 성 밖으로 나와 밤새도록 고각을 불고 고함을 지르니, 적병이 놀라고 현혹되어 도망갔다. 같은 날에 원수는 부녀자와 소아를 성 밖으로 나가도록 독촉하였다. 그리고 전 판서 이선李善, 전 판사 김남귀金南貴, 전 김해부사 이광실李光實, 경산부사京山府使 김정미金精美, 전 부정 이자춘李自椿, 이인각李麟角, 수호장 이유李裕, 안일호장 김군자金君子 등 내외 양반과 아전들도 성 밖으로 나가 무사히 난을 피했다.[273] 이듬해 8월에 왜선 5백여 척이 전라도 진포에 나타나 경상도 일원을 습격해 왔다. 이때 경주부윤 배언裴彦 등 여러 명이 전사했다. 경원수京元帥 이성계가 내려와 평정한 기사도 뒤에 실려 있다.

고려 말에 왜구가 잠시 읍성을 점령하였다. 지명이 바뀌어 알 수 없지만 단역-용궁원-읍성-상현-아화역을 경유하며 식량을 약탈하여 달아났다. 관민이 일

---

273) 洪武十二年己未閏五月十四日 倭賊船五百餘隻 亦蔚州浦下陸爲去乙 州叱婦人小兒家財 入城爲有臥 同月二十九日 同賊兵 亦旦驛以入來 次元帥兼府使尹河教是 領軍龍宮院坪 隔川接戰次… 勝戰不得 元帥教是 過城安康退走 賊兵亦一衙城南北路以入 來市邊永興寺 至圍把爲去乙 城頭放火桶 接戰不得 過西川下上峴 以到阿火驛 倉庫米糧 偸攬…六月初八日 登山東山以下來 城四面圍把 都軍南城隅接戰 次城內軍人 亦出城 衆生敏藏兩寺付火 賊兵退歸東禪院坪 屯住留宿次 記官崔江 僧崔純令 同正白漢林等叱二十餘人 亦出城 犯夜吹螺放聲 賊兵驚惑 還走爲乎事是齊 同日元帥教是 以婦人小兒 出城爲於爲行下催促教是去乙 前判書李善 前判事金南貴 前金海府使李光實 京山府使金精美 前副正李自椿 李麟角 首戶長李裕 安逸戶長金君子等叱內外兩班 亦白活出城不冬 無事避亂是齊.『戶長先生案』

치되어 항전하였고, 정부군이 내려와 소탕했다는 사실을 기록하였다. 이처럼 민란이 일어나거나 외세가 침입했을 때 성은 쉽게 함락되었다. 성이 함락되면, 관민은 의지할 데가 없어서 사방으로 흩어졌다.

14세기 말에 부성 중심으로 전투가 지속되자, 성벽의 중요성을 깨닫고 다시 쌓았다. 다음 글에서 가장 주목하는 것은 '석성石城'이라 쓴 것과 개축改築했다는 사실이다.

경주 부성은 돌로 쌓았으며, 둘레는 4,075척이고, 높이는 12척 7촌이다. 성안에는 창고가 있고, 1378년(우왕 4)에 다시 쌓았다. 성안에 연못 3개와 우물 80개가 있는데, 여름과 겨울에 가뭄이 극심해도 마르지 않았다.[274]

【석축石築】1469년(예종 1)에 편찬한『경상도속찬지리지』의 글로, 특히 주목할 것은 돌로 성벽을 쌓았다고 했다. 1012년(현종 3)에 '성경주城慶州'라 하여 부성을 쌓았다는 기록만 하고, 토성土城인지 석성石城인지는 밝히지 않았다. 1378년(우왕 4)에 '석축石築'했다는 기록을 두고 이전의 체성體城은, 현종 때 토성을 쌓았다가 이때 이르러 석성이라고 한다.

이 같은 주장과 관련하여 근래 발표한 글이[275] 주목된다. 이 글에 의하면 경주읍성은 2009년부터 연차적으로 발굴 조사했으며 동벽 구간을 1/2정도 완료했다. 읍성 밖에서는 고려와 조선 시대에 이르는 담장지 등이 발견되었고, 특히

---

274) 石築 周廻四千七十五尺 高十二尺七寸 有軍倉 洪武戊午(1378)改築 池三 井八十 冬夏不渴.『慶尙道續撰地理志』府邑城
275) 『경주에서 찾은 고려 시대 경주읍성』 대구경북 매장문화재조사연구기관, 2017 12, 110쪽 참조

동문지 남쪽 구간에 토성土城 흔적을 확인했다. 출토 유물로 통일 신라 시대와 고려 시대 평기와류와 연화문, 당초문 암막새가 소량 출토되었다. 초축토성은 통일 신라 시대 도로 유구를 얕게 파고 노면 위에 평평하게 갈색 사질 점토를 5~10㎝ 정도 두께로 깔아 기반을 다졌다. 기반 조성이 완료된 후에 나무 기둥을 일정한 간격(길이 3.4~4m, 너비 4m)으로 앞뒤로 2열로 박았다. 나무 기둥과 기둥 사이에는 기둥 자리 사이에 열이 생기도록 다듬은 돌로 놓고 그 석렬 사이에 산돌이나 강돌을 채워 놓아서 토성의 기초로 삼았다. 이는 성벽의 하중을 분산시키고 토성의 재료인 흙을 쌓을 때 기초 하부와 마찰력을 높여 견고하게 하기 위한 것으로 볼 수 있다. 또한 나무 기둥이 확인되는 부분에는 성벽 방향으로 놓은 석렬 사이에 직각 방향으로 큰 돌들을 성벽 중간중간에 막아 놓았다. 이는 한 번에 토성을 쌓은 것이 아니라 일정하게 구획하고 쌓았던 것으로 볼 수 있다. 또한 석성 개축은 토성의 바깥쪽을 'ㄴ' 자에 가깝게 일정한 두께로 잘라내고 외벽만 돌을 쌓은 편축성 형식으로 이루어졌다. 토성의 바깥쪽을 자른 다음에는 성벽 바닥에 기와와 흙을 함께 다져 기초를 만들고, 위에는 잘 다듬은 돌을 성벽 전체에 놓아 기단석으로 사용했다는 것이다.

유적이 발견된 이상 부인할 수는 없다. 그러나 고려 초의 경주읍성이 석성인지 토성인지는 더 연구해야 할 것이다. 일부 구간에 토성 흔적이 발견되었다 해서 전체 구간 모두를 토성으로 간주할 수 없다. 또한 발굴한 결과 토성 유적이 나왔으나, 경주읍성은 처음부터 석성이었지 토성은 아니었다는 사실이다. 그 이유는 다음 몇 가지이다.

읍성 자리는 본래 돌과 모래가 뒤섞인 하상河床이었다. 동천과 북천의 물이 서천으로 쏟아지는 하류 물길에 있었으며, 그 하상 범위는 지금보다 훨씬 더 넓

경주읍성 동편 성벽 발굴 현장(2024. 3)

었다. 읍성 주변에는 크고 작은 돌이 많아서 이를 운반해서 쌓기가 용이하였다. 만약 토성을 쌓으려면 멀리서 흙을 가져와야 했다. 적어도 낭산이나 남산의 흙을 운반해야 하는 어려움이 뒤따른다는 말이다. 또한 후술하겠지만 북천물이 해자에 바로 흘러들어왔고, 성안에는 내가 4곳, 못이 3개, 9개 샘물, 우물이 80여 개가 있었다. 성안은 동고서저의 저습 지대로, 어느 곳이든 땅을 파기만 하면 물이 솟아났다. 그렇기에 우물과 못이 크게 발달하였다. 이러한 지역에는 토성이 적합하지 않으며 쌓을 수도 없다. 가까운 곳의 돌을 사용하지 않고 멀리 떨어진 흙을 운반하여 쌓을 이유가 없다. 물이 많은 토사에 흙으로 쌓거나 무엇을 조성해 두면 쉽게 무너지거나 소진할 우려가 있다. 신라 시대 경주 평지의 고분에서 토용土俑이 거의 출토되지 않는 것도 이러한 이유 중의 하나가 될수 있다. 경주읍성은 처음 쌓을 때부터 석축石築이었으나, 잦은 전란으로 성벽

경주읍성 발굴 출토 석재(2024. 3)

이 무척 훼상되었다. 그때마다 부분적으로 보수하다가, 우왕 때 왜구의 침입으로 말미암아 크게 수축했다는 사실이다.

앞의 글을 종합하면, 1378년(우왕 4)에 성벽을 크게 고쳐 쌓았고, 이듬해 5월에 왜구가 쳐들어와서 부성을 함락시켰다. 성을 개축한 뒤에 왜구가 쳐들어왔다고 했으나, 연대에는 큰 의미가 없을 것이다. 고려 말에 왜구의 출몰로 경상도와 전라도 해안 군현의 치소에 읍성을 다시 쌓은 곳이 많았다. 경주도 예외가 아니었으며, 외적 방어 용도로 쌓았기 때문에 견실했으리라 추측된다.

성벽에 사용된 석재는 다양하다. 대부분 자연석이지만, 다듬어진 장대석과 탑재석도 근래에 많이 발굴되었다. 물론 이러한 석재는 후세에 개축하거나 보수할 때 여러 곳의 돌을 가져와 쌓았을 것이다. 읍성 석재를 살펴보면, 성벽의 중요성을 여실히 보여준다. 부민의 안위가 달린 요새지였기 때문에 새로 쌓을 때 소재처를 불문하고 가능한 가까운 곳에 있는 돌을 운반했다. 신라 시대 탑재석은 물론 초석이나 섬돌로 쓰인 돌도 있다. 특히 주목되는 것은 구들돌이다. 2004년경 향일문 남쪽 회화나무 아래 성벽이 처음 무너져 돌이 나뒹굴고 있었을 때다. 여기 석재는 절반가량 연기에 그을린 돌이었다. 돌덩어리 반쯤이 시커멓게 불에 타버린 흔적을 보였다. 부엌 아궁이의 돌이나 방구들 돌이 틀림없었다. 성벽을 증축 또는 개축할 때, 민가의 구들돌까지 뽑아 썼다는 말이다. 체성을 쌓은 작업에 민력이 동원되었고, 부민은 자신의 모든 것을 바쳐 돌을 한 덩이 들어 올리는 데 정성을 쏟았던 것이다.

3
『문종실록』의 경주부 읍성

경주읍성에 관한 자료 가운데 가장 중요한 글은『문종실록』에 실려 있는 내용이다. 후세의 글은 대부분 성벽 둘레와 높이 정도만 기록하였을 뿐 자세한 내용이 없다. 읍성은 여러 번 개축 또는 보수를 하며 많이 바뀌었고 소략하지만 여러 문헌이 전한다. 그러나 경주읍성 전체의 기본설계와 성체를 이해하는 데는『실록』만한 자료가 없다. 원문의 내용을 제시하면 다음과 같다.

　충청 전라 경상도 도체찰사忠淸全羅慶尙道都體察使 정분鄭苯이 왕에게 아뢰었다.

　"경상도와 충청도 각 고을의 성자城子는 애초부터 법에 따라 쌓지 않았으므로 모

두 규식에 맞지 않았습니다. 그렇지
만 이 가운데 그대로 둘 수 있는 각 고
을, 때가 되면 서둘러 개축해야 할 각
고을, 추후에 축조할 수 있는 각 고을,
그리고 물려서 쌓을 각 고을 등을 마
감하여 삼가 아룁니다. (현재)
쌓은 대로 둘 곳은 아래와 같습니다.

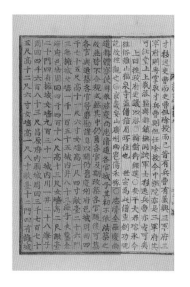

경주부 읍성慶州府邑城은 주위가
4,075척, 높이가 11척 6촌, 여장女墻 높
이는 1척 4촌, 적대敵臺가 26개소, 문門
은 3개소이고 옹성擁城이 없습니다. 여
장이 1,155개이며, 성안에 우물이 83개소이고, 해자海子는 아직 파지 않았습니다.

　(忠淸 全羅 慶尙道都體察使 鄭苯啓 慶尙 忠淸道各官城子基 初不依法築之 故

立皆不合規式 然其中仍舊各官 及期改築各官 隨後可築各官 與退築各官等磨勘

謹具以聞 仍舊 慶州府邑城 周回四千七十五尺 高十一尺六寸 女墻高一尺四寸 敵

臺二十六 門三 無擁城 女墻一千一百五十五城內井八十三 海子未鑿.『文宗實錄』

9권 1년(1451) 9월 5일 경자)

각 군현에 읍성을 쌓았는데, 일정한 법도에 의해 영건하지 않고 고을마다 쌓
는 양식이 각기 달랐다. 이를 조사하니 여러 가지 문제가 있었다. 그대로 두어
도 될 성과 서둘러 개축해야 할 것, 그리고 추후 쌓을 성과 물려서 쌓을 성 등이
있었다. 그런데 경주부의 읍성은 지금 쌓아둔 상태로 두는 것이 좋겠다고 하고,

그 조사한 실태와 수치까지 적어놓았다. 뒷날 각종 지리지에는 '주周'와 '고高' 정도만 적어놓았지 '여장女墻' 등을 기술한 자료는 찾아볼 수 없다. 이 글은 이런 의미에서 매우 중요하다.

【둘레, 周】『문종실록』(1451)에는 경주부 읍성 주위 곧 둘레가 4,075척이라 했다. 이 수치는 뒷날 경주의 각종 지리지에 그대로 옮긴 것이 많다. 『동경잡기』(1669)에 4,075척이라 했고, 『동경통지』(1933)에도 같은 숫자로 기록되어 있다. 그러나 『세종실록지리지』(1454)에는 둘레가 679보步라고 했다. 다음은 『경주읍성』(2009)에 있는 조사 자료를 참고하여 다시 정리하였다.

읍성 규모는 문헌을 통해 알 수 있지만, 둘레 수치의 표기 방법은 상용 단위가 달라서 환산하기 쉽지 않다. 1069년(문종 23)에 규정된 양전보수量田步數를 근거로 양전의 단위를 보步로써 정했다. 곧 6촌寸은 1분分, 10분은 1척尺, 6척은 1보步로 기준을 삼았다. 이 방법으로 679보를 환산하면, 6척×679보=4,079척으로서 둘레 4,075척과 거의 같은 값이다.

도량형度量衡은 1425년(세종 7)에 황종척黃鐘尺(1척은 24.72㎝)과 조영척造營尺(1척은 28.64㎝) 등을 사용하다가 1431년(세종 13)에 포백척布帛尺(1척은 46.73㎝)을 썼는데, 『문종실록』의 글은 포백척을 사용했다. 따라서 4,075척을 포백척으로 환산하면 읍성의 둘레는 약 1,904m다. 1906년 이마니시今西龍(1875~1932)의 증언에 의하면, 경주읍성은 4방 4정丁(약 437m)이었다고 한다. 이를 환산하면, 약 1,748m가 된다. 1/1200 지적도를 통해서 산출한 성벽 길이는 동쪽(황성로) 약 624m, 서쪽(서성로) 약 612m, 남쪽(옹기전길) 약 570m, 북쪽(북성로) 약 606m이다. 4방의 총길이는 약 2,412m이다. 이 자료는 3차 자문회의에서 그대로 원용하였다.[276] 따라서 4,075척을 포백척으로 환산한 1,904m보다 508m가 더 길다. 또한 김태중은 읍성의 평면약도에서 동쪽 630m, 서쪽 630m, 남쪽 602m로 나타났다.[277] 문제는 아직도 정확한 실측이 이루어지지 않고 있다는 점이다.

각종 문헌상 둘레는 4,075척이고, 높이는 12척이다. 포백척으로 환산하면 둘레는 1,904m이다. 현재 산정되는 경주읍성의 전체 둘레는 약 2,300m로, 약 400m 정도 착오가 생긴다. 1451년(문종 1) 이후 어느 시기에 증축한 결과였다고 주장하는 학자가 있다. 증축 구간까지 제시하고, 증축한 이유는 인구 증가가 한 요인이었다[278]고 했다. 이렇게 주장하는 이유는 무려 400m나 차이가 있기 때문이다.

고려 현종 때 부성을 최초로 쌓은 뒤, 조선 시대에 와서 이를 확장했는지 알 수 없다. 성을 보수하거나 개수할 때는 부분적으로 성벽과 성문 등을 고치거나 증대할 수 있다. 그러나 전체적인 규모에서는 앞서 둘레의 수치에 나타나 있듯 크게 변동하지 않았을 것이다. 경주 읍성은 여타 군현의 읍성과 다르다. 조선 시대에는 종2품 부윤이 부임하였고, 조선 초기까지 경상도 감영이 경주에 있었다. 고려 초기에 대도호부와 동남해도부서사의 본영이 경주사이다. 이를테면, 경주사는 오늘날

읍성 동벽 붕괴(2003.6)

276) 『경주읍성 성곽 및 동문 정비공사 기술지도 자문회의』, 문화재청·경주시, 2015. 7. 27쪽
277) 김태중, 「경주읍성과 집경전」, 『천고』 제55호, 신라문화동인회, 1989. 27쪽
278) 『慶州邑城』, 경주시, 2009. 118쪽 참고

경주시와 경상도의 청사를 합친 종합 관부이다. 도성 이외에 그 규모가 가장 큰 부성이 경주읍성일 것이다. 따라서 경주부성의 둘레는 현종 때의 규모였을 것으로 추정된다. 『문종실록』(1451)과 『동경통지』(1933)의 수치가 같고 개축한 기록은 전하지만 증축했다는 글을 어디서도 찾을 수 없다.

2018년 복원 공사 때 시공자의 말을 빌리면, 본래 경주 읍성 둘레는 1.3km이지만 1744년 부윤 정홍제가 증축할 때 읍성 서쪽과 북쪽을 확장하여 2.4km가 되었다. 서북쪽의 기단 부분은 거의 없고 토대 위에 바로 축조하였기 때문이다. 또 한 가지는 동남쪽 성벽은 거의 다듬어진 돌로 쌓았으나 서북쪽은 거의 자연석을 사용하였다. 그리하여 정홍제가 크게 증축한 것으로 보고 있었다.

당시 필자는 근거 없는 논리라며 반대했다. 부윤 정홍제가 읍성을 개축하고 문루를 모두 세웠다고 하지만 그 규모를 확장했다는 기록은 없다. 만일 이같이 큰 공사가 이뤄졌을 경우 반드시 『부선생안』 등에 기록을 남겼을 것이다. 유의건柳宜健(1687~1760)의 『화계집花溪集』에 대구 가산 산성을 쌓은 기록은 있지만 경주 읍성 증축에 대한 글은 없다. 경주읍성은 다른 지역의 읍성과 비교할 수 없다. 신라 도성의 규모를 이어 구획하였고, 또한 고려 때의 경주성은 조선 시대 경주읍성의 권역이 아닌 훨씬 더 광역의 치부治府였다.

【높이, 高】 『경상도속찬지리지』(1469)에는 높이가 12척 7촌(593cm)이라고 했다. 『문종실록』에는 11척 6촌(약 542cm), 『동경잡기』에는 12척(560cm), 『동경통지』에는 12척 7촌이라 기록되었다. 문헌에 따라 각기 다르다. 읍성 둘레는 지금 어느 정도 가늠할 수 있지만, 높이는 온전하게 남은 데가 없어서 문헌으로 고증하는 데 한계가 있다. 또한 측량 기준이 여장을 포함하느냐에 따라 높이가 달라질 수 있

다. 경주읍성 성벽 높이는 현존하는 치雉의 미석까지 4m와 문헌상 나타나는 높이 5.9m를 참고하면, 4m~5.9m이다. 이는 육축부陸築部를 비롯하여 여장까지 어떻게 환산하느냐에 따라 높이가 달라질 수 있어서 이렇게 나타내고 있다. 물론 똑같은 높이로 쌓으려 하였겠지만, 지형이나 위치에 따라 다소 높낮이가 다를 수 있었을 것이다. 현재 쌓은 동편 성벽 높이는 지하 1m에 지상 4m로, 약 5m의 수치에 맞춰 쌓았다.

〈표〉 경주읍성의 추정 성벽 규모(『경주읍성』(2009) 135쪽 참고)

구분		산정 규모	산정 기준
성벽 높이		4m~5.9m	문헌상의 성벽 높이와 현존 치의 높이까지 산정한 수치
성벽 폭	상부	2.5m~3m (여장 폭: 약 1m) (회곽도 폭 : 1.5~2m)	기존 성벽의 상부 폭 참고 여장 폭은 문헌상 제원 참고 회곽도 폭은 상부 폭에서 여장 폭을 제외한 값
	내탁부	6m~14m	총 성벽 폭은 지적도상에 있는 체성 폭으로 산정하였고, 성벽 폭에서 회곽도 폭을 제외한 내탁부 폭으로 산정하였음

경주읍성 동편 복원 성벽

【여장女牆】여장은 성벽 위에 설치한 구조물로, 적에게서 몸을 숨기거나 보호하기 위해 쌓은 낮은 담장이다. 이를 '타垛'라 하며, 일반적으로 성가퀴라고 부른다. 성벽 위에 납작한 돌이나 벽돌로 눈썹처럼 밖으로 튀어나오게 미석眉石을 설치하고, 그 위에 낮은 담장을 친 형태이다. 모양에 따라 반원형 여장 등 다양하게 쌓았다. 『문종실록』(1451)에 경주읍성 여장女牆 높이는 1척 4촌(약 65.4㎝)이고, 여장의 수는 1,155첩이라 했다. 읍성 전체 둘레의 4,075척(약 1,900m)에 여장의 수를 나누면, 여장과 여장의 간격은 약 1.64m다. 여장으로서 기능을 제대로 수행하기에는 규모가 작은 편이다. 경주읍성의 여장 기록은 『문종실록』이 유일하다. 그러나 여장이 오랜 세월에 파손되거나 없어져 그 원형을 찾아보기 어렵게 되었다.

숙종 연간에 제작된 옥적玉笛을 담은 목갑木匣[279]이 있다. 여기에 '금장팔경金粧八景' 중 읍성 성벽 여장은 블록 여장의 형태로 나타나 있고, 읍내전도(1798)에는 평여장으로 그려져 있다. 2017년에 성을 쌓으면 여장 모형을 평여장 또는 블록여장으로 할 것인가를 두고 논의가 많았었다. 문헌이나 실물을 볼 수 없기 때문이다.

2018년 6월 읍성 복원 당시에 시공 관계자의 말이다. 경주읍성의 여장은 동래읍성과 전주읍성의 여장과 유관하다고 보고, 이를 참고하여 축조 중이라고 했다. 1730년(영조 7) 7월 경상도 관찰사 조현명趙顯命이 도임하여 촉석矗石과 가산架山 두 성에 곡식 2만 꿰미를 배치하여 비상식량을 사용하도록 하는 등 치적

---

279) 일명 옥적함(玉笛函)이라 하며, 국립경주박물관이 소장하고 있다.

향일문 남쪽 성벽

을 남겼다. 그가 재임 시에 동래읍성을 쌓았고, 그의 문집에 전주읍성에 관한 기록이 있는데 이들 읍성의 여장 작품은 거의 같다. 그러므로 경주읍성 여장을 쌓는 데 이를 반영했다고 말했으나 확인할 수 없었다.

결국 경주읍성의 여장은 옥적 금장팔경에 그려져 있는 것과 동래읍성 등을 참고하여 현재와 같이 블록 여장으로 쌓았다고 볼 수 있다. 일제 강점기 사진 중에 동편 회화나무 두 그루 아래의 성벽을 보면, 미석의 일부 원형이 조금이나마 남아 있음을 볼 수 있다.

【적대敵臺】 역시『문종실록』에는 '적대가 모두 26개[敵臺二十六]'라고 밝혔다. 적대란 치雉를 말한다. 성벽을 일직선으로 길게 쌓으면 적들이 성 밑까지 접근해 왔을 때도 쉽게 발견할 수 없고, 공격 또는 방어하기가 불리하였다. 따라서 성벽에 접근한 적을 측면에서 공격할 수 있도록 육축부를 체성 밖으로 튀어나오

게 쌓은 것이 적대이다. 흔히 성문을 보호하기 위해 좌우에 설치하는 치를 적대, 체성이 꺾이는 곳에 있는 치를 성우城隅라고 한다. 『문종실록』에 경주읍성의 적대가 모두 26개 있다는 말은 곧 치를 이른다. 현재 치는 읍성 동편에 2개소가 있는데, 거리는 약 76m이다. 남쪽 적대는 일부 무너졌으나 원형이고, 북쪽 적대는 남쪽 적대보다 잘 보존되었으나 2004년에 발굴한다며 해체한 뒤 복원하였다.

『세종실록』[280]에 150보步마다 적대를 하나씩 세우도록 했는데, 150보를 포백척으로 환산하면 70m이다. 또한 『만기요람萬機要覽』「부관방총론附關防總論」[281]에서 고대 성벽 제도는 50타垜에 치 하나를 설치한다고 했다. 『문종실록』에 1,155개의 타를, 50개의 타마다 치 1개씩을 계산하면 23개의 치가 나온다. 따라서 경주읍성의 치는 중국 규식의 축성법을 사용했을 가능성이 높다. 현재 지적도에 나타난 치를 보면, 동서남은 각각 6개이고, 북편 성벽에는 7개의 치가 있다. 사각 성우까지 포함하면 모두 29개소지만, 『문종실록』에는 26개소라고 했다. 필요에 따라 덧붙여 세운 것으로 볼 수 있으나, 그렇지만은 않다. 앞으로 세밀한 조사와 연구가 있어야 할 문제이다. 또한 지도 중에는 읍내전도가 제일 근사하게 그려져 있고, 『지승地乘』(규장각)·『경주도회좌통도회』(규장각)·『여도輿圖』(중앙박물관) 등에서 치를 그려 넣었으나, 실제 수치와는 다르다.

지적도면을 보면, 치의 중심간 거리는 72m에서 79m까지 나타나 간격이 일

---

280) 兵曹啓 慶尙道 昆南 新城敵臺 前面過廣 左右過狹 不宜守禦 然此已造 不可改也 今後 前面十五尺 左右各二十尺 以爲定制 且每一百五十步 置一敵臺 則功力省 而可以禦敵 從之. 『世宗實錄』59권, 15년1월 13일 丁卯.
281) 중국 명나라 장군 척계광(戚繼光)이 1560년에 지은 병서이다.

정하지 않다. 현존하는 치는 폭이 9m, 높이는 6m가 조금 넘는다. 향일문 남편의 두 개 적대 중 북쪽 적대를 해체한 결과 석재는 신라 때의 초석이나 장대석 및 탑신석이 다수 나왔다. 또한 치를 쌓을 때는 성벽과 동시에 축조하는 것이 일반적이나, 경주읍성의 경우에는 치를 이루는 무사석武砂石 일부를 성벽 깊이 박지 않았다. 이를테면, 발굴 조사한 결과 성벽을 먼저 쌓고, 치를 나중에 쌓았음이 확인되었다.

【성문城門】성문은 성의 안팎을 연결하는 통로이다. 성안의 관부는 물론이고 민가도 있어서 이들이 외부로 통하는 길은 성문이 유일했으며, 외부인도 마찬가지다. 또한 전쟁이 일어나면 적을 역습하기도 하고, 불리하면 문을 굳게 닫는다. 성문은 육축陸築, 출입구, 문비門扉, 문루 등과 같은 구조물로 구성되어 있었다.

성문은 기본적으로 4방향에 모두 설치하는 것이 일반적이나, 지형 등을 고려해서 3개소만 개설하기도 한다. 앞서『문종실록』에 경주읍성 성문은 3개소[門三]가 있다고 밝혔다. 후세에 경주읍성 4대 성문은 모두 있었다. 그러나 15세기에는 4개 문 중 하나가 없는 3개 문만 사용되었는데 그렇다면 고려 현종 때 부성을 쌓은 이래로 줄곧 3개 문만 활용했다는 말이다.

『동경잡기』에, 임란이 지난 40년 후인 1632년(인조 10)에 부윤 전식全湜이 징례문을 중수하고, 동서북의 3개 성문을 차례로 세웠다[282]고 했다. 이때 징례문을 비롯한 기존의 3개 성문과 아울러 1개 성문을 더 포함하여 4개 대문을 건립한

---

282) 徵禮門 邑城南門也 火於壬辰兵亂 崇禎壬申 府尹全湜 重修 東西北三門 次第繼建.『東京雜記』城郭

것으로 볼 수 있다. 그렇다면 4개 성문 가운데 가장 늦게 개설한 것은 어느 것일까? 남문과 동문은 지형이나 민가 등을 고려해서 읍성 축조와 동시에 개설되었다. 문제는 서문과 북문이다. 읍내전도를 보면, 서문 밖에는 절터가 있고, 그 건너 서천 변에는 호수헌虎睡軒과 연병관이 있다. 경주부의 병영이 이곳에 있었다. 따라서 서문을 통하는 길가에 옥獄이 있었지만, 동문과 같은 시기에 개설했을 것이다. 『문종실록』에 성문이 3개소뿐이라는 기록은 아마도 북문을 뺀 것으로 보인다. 4개 성문이 있었으나, 1개소는 사용하지 않고 있어서 그렇게 적었을 수도 있다. 후술하겠지만, 임란 사료를 보면 4개 성문이 모두 있었다.

실제 북문은 거의 사용하지 않았고, 성북에는 바로 북천의 하천이다. 옛 철도노선이 지금 경주역에서 읍성 바로 뒤로 개설되었다. 철도 곧 제방 너머에는 민가가 거의 없었으며, 여름철이면 온통 강물이 범람하는 모래밭이었다. 읍내전도를 보면, 집경전 뒤에 성북리城北里 민가가 조금 보일 뿐이며, 북문 부근에는 빈터로 '전田'도 아니었다. 따라서 4개 성문 가운데 북문이 가장 늦은 1632년에 개설되었으리라 추정된다. 물론 편의상 작은 협문이나 통문은 있었을 것이다.

또한 4대 문의 명칭은 언제 지었는지 모른다. 『동경잡기』에 징례문의 이름만 보일 뿐, 향일문 등은 보이지 않는다. 4개 문의 명칭이 있었다면 반드시 기록했을 것이다. 필사본 성책「여지도서輿地圖書」(1765)에도 없고, 읍내전도에는 동문東門 또는 남문으로만 표시했지, 명칭은 없다. 읍성 4개 성문의 명칭이 최초로 기록된 것은 1832년(순조 32)에 편찬된 필사본『경상도읍지慶尙道邑誌』 경주부이다. 이 책의 성지읍성城池邑城조에는 다음과 같이 기록되어 있다.

읍성은 돌로 쌓았으며, 둘레는 4,075척, 높이는 12척이다. 성안에 우물이 80

경주읍성 향일문과 옹성

개이다. 구지溝池의 둘레는 5,096척, 너비는 11척, 깊이는 5척이다. 읍성 남문 은 징례徵禮, 동문은 향일向日, 서문은 망미望美, 북문은 공진拱辰이다.[283]

이로써 1930년에 편찬된『경주읍지』등 지리지에 읍성 4개소의 성문 명칭이 실려 전한다. 그렇다면 성문 명칭은 언제 지었을까? 남문은 임란 이전에 이미 징례문으로 불렸을 것으로 추정된다. 나머지 3개 성문은 1744년(영조 20)에 읍성 을 개축하고 지은 것으로 추측되지만, 이후 문헌에 나타나지 않았다. 1798(정조 22)에 집경전구기비가 건립된 전후에 정식 명칭이 작성되었을 가능성이 높다. 이때는 나라가 안정되고 백성들의 삶도 비교적 넉넉했으며, 문화적 전성기를 맞았다. 경주에서는 객사를 비롯해 집경전과 읍성 등 중요 시설을 모두 보수하

---

283) 城池邑城 : 石築 周四千七十五尺 高十二尺 內有井八十 溝池周回五千九十六尺 廣十一尺 深五尺 南門 日徵禮 東門日向日 西門日望美 北門日拱辰.『慶尙道邑誌』

거나 중건하였다. 건물이나 구조물을 완성한 뒤에 글로써 윤색하는 예는 흔히 볼 수 있으므로 당시에 성문 명칭도 이 시기에 지어졌을 것이다.

【옹성擁城】『문종실록』에는 옹성이 없다[無擁城]고 적었다. 옹성은 달리 월성月城, 옹성甕城, 옹문甕門이라 부른다. 성문을 보호하기 위해 성문 밖에 반원형이나 삼각형으로 축성된 작은 성으로, 곧 한 겹의 성벽을 둘러쌓아 이중 성벽을 만드는 성곽 구조물이다. 그 안에 군사를 주둔시킬 수 있어 성문을 호위하거나 방어를 강화할 때 쓰였다. 경주부 읍성에는 이러한 구조물이 없다고 앞서 밝혔다. 징례문은 물론이고, 다른 성문에도 마찬가지다. 그런데 2012년 발굴보고서[284]를 보면, 옹성 터가 뚜렷이 나타나 있다. 기록에 없는 옹성은 언제 쌓았던 것일까? 1632년 부윤 전식全湜이 부임하여 새로 쌓고, 3개 성문을 차례로 세우면서 만들었을 가능성도 있으나, 믿어지지 않는다. 실제 발굴된 옹성 흔적을 보면, 치雉처럼 체성과 같이 쌓지 않았음이 증명되었다.

요컨대 동문지 발굴로 옹성의 흔적이 드러났으나, 옹성 관련 사료가 전무하여 원형 고증에 한계가 있을 수밖에 없다. 유구의 잔존상태가 양호하고, 옹성과 인접한 동측 기존 도로(동문로)와의 폭이 약 2~3m 여유가 있어서 보행자 통행에는 아무런 지장을 주지 않는 위치이다. 지금 복원된 옹성의 사적 근거는 사진으로 남은 징례문 규모와 다른 읍성 자료를 바탕으로 삼아 구조와 양식을 추정 정비하였다[285]고 한다.

---

284) 『경주읍성 복원정비 사업부지(3구간)내 유적 발굴조사』, 한국문화재보호재단, 2012.
285) 『경주읍성 성곽 및 동문 정비공사 실시설계』, 경주시, 2013. 12. 20쪽

그렇지만 문제는 발굴보고서에는 옹성 유지가 남아 있으나, 동문을 제외한 나머지 3개 성문에 옹성 흔적이 없고, 읍성으로서 가장 체제가 완벽하게 그려진 읍내전도에도 옹성이 없다는 점이다. 또한 옹성은 체성과 같이 축조되지 않았다. 혹여 고려 시대에 부성을 쌓을 때 이런 유구를 만들었다가, 임란 후에 읍성만 다시 축조했을 수도 있다. 지금 옹성이라 일컫는 유지가 최초로 만들어졌고, 읍성을 뒤에 새로 쌓을 수도 있다는 말이다. 그렇지만 추정일 뿐이다. 현재 복원한 옹성은 옹성으로 축조한 것이 아닌 첩문疊門일 것이다(이는 뒤의 '향일문(동문)' 편에서 상술한다).

【우물, 井】성안에는 우물이 83개 있었다. 경주읍성의 지형은 동고서저의 형세이며, 동천 물줄기가 거셌다. 읍성 터는 까마득한 옛날에 하상河床의 모래밭이었으며, 이를 정지한 부지이다. 성안을 비롯해 땅을 파기만 하면 씻은 듯한 자갈과 모래가 나오고,[286] 맑은 물이 솟았다. 그러므로 집마다 식수를 자급할 수 있을 정도로 우물이 발달하였다.

『문종실록』에는 성안에 우물이 83개[井八十三]라고 적었으나, 『세종실록』 지리지(1454년)에는 80개라고 했다. 이후 『동경잡기』를 비롯해서 경주 지리지에는 모두 80개 있다고 했다. 읍내전도를 보면, 집경전구기 서쪽에 넓은 공간이 비어 있고, 가운데 '정井'이라 써 두었다. 『남기고 싶은 경주이야기』(김기조, 2017)에 따르면 이는 집경전의 우물이다. 꽤 넓고 정원도 좋았다고 한다. 우물 앞 곧 비보수 뒤는 실제 연못 곧 연당蓮塘이 있었다. 근래까지 많은 우물이 활용되었으나,

---

286) 今之邑居所踐 皆是水磨之石. 代慶州士民請禁普門坪開渠疏, 鄭克後 『雙峰集』권2

대부분 폐정廢井되어 복개하였다. 2016년경 김기조 원장이 읍내 80개의 우물 중 50여 기를 확인했다는 말을 필자는 들은 바 있다.

【해자海子】해자海子는 한자로 달리 해자垓字라 하고 또 구지溝池 등으로 부르는데, 적의 침입을 막기 위해 성벽 주위를 둘러서 판 못이다. 본디 해자에는 고인물이 많으나, 하천의 물을 끌어들여 해자를 조성한 경우에는 물이 흐른다. 경주읍성은 북천 물을 도랑으로 뚫어 인수했을 것이다. 지금은 당시 물길을 찾을 수 없지만,『실록』에 기록된 내용은 다음과 같다.

『문종실록』에 '해자미착海子未鑿', 곧 해자를 파지 못했다고 했다. 읍성을 쌓았으나 해자를 파지 않았다는 의미다. 이러한 기록을 남긴 지 15년 후인 1466년(세조 12)『세조실록』을 보면, 경주읍성에 해자가 있었다. 북천 물이 해자로 바로 유입되었으므로, 성 아래 파 놓은 해자가 모두 메워져 막혔다. 경주는 다른 고을과 달라 집경전이 있고, 또한 객인들의 내왕이 잦은 곳이므로 제방과 해자를 다시 보수해야 한다고 하자 세조가 허락했다[287]는 내용이다.『문종실록』에 '미착未鑿'이라 하였는데, 15년 후에 해자가 메워졌다고 해서 그 사이에 팠는지는 알 수 없다. 다만 이 글을 통해서 본래 경주읍성에 해자가 없었던 것을 15세기 중엽에 개설했음을 확인할 수 있다. 또한 앞의『실록』에서, '북천 물길이 바로 읍성 해자로 들어왔다[北川水道 直向邑城]'라고 했다. 해자 물길이 북천에서 흘러 뻗었으나 그 흔적은 찾을 수 없다. 황오동 석교石橋가 있었다고 하나 구 경주

---

287) 工曹據慶尙道堤堰巡察使宣炯啓本啓 慶州北川水道 直向邑城 且城下海子 皆已墳塞 本州 非他官之例 集慶殿所在 且客人經由之處 請於明年農隙 抄發本州民 修築堤防及海子 從之.『世祖實錄』38권, 12년 (1466) 1월 19일 임술.

읍성 동벽 해자(1914년)　　　　　　　　　　　읍성 동벽(2005)

역 쪽은 지대가 약간 높으므로 수로를 낼 수 없고, 지금 경주세무서 북편 쪽으로 개설되었을 것이다. 당시 북천 하상은 현재보다 훨씬 높았다. 그러므로 해자 내에도 물이 새었고 북천이 유입되어 성안 일대는 물길과 못이 여러 군데 있었다.

이후 『여지도서』(1765)에 최초로 해자 둘레는 5,096척, 너비는 11척, 깊이는 5척[288]이라고 기록했다. 해자를 실측하고 남긴 기록으로 보이며, 『경상도읍지』(1832)에 이 글을 그대로 옮겼다. 읍성 둘레가 4,075척으로, 해자가 이보다 1,000여 척이나 더 길다. 지적도상에 나타난 것을 보면, 징례문 쪽에 해자를 건너는 다리가 있었다. 이곳 해자 폭은 3m로 가장 좁고, 나머지 구간은 평균 4~6m 정도로 조사되었다. 그러나 서문 밖 해자는 물도 많고 폭 넓이가 10m 이상이었으며, 일부는 논으로 경작하였다. 일제 강점기에 찍은 여러 사진을 보면 동편 회

---

288) 城池 : 邑城石築 周四千七十五尺 高十二尺 內有井八十 溝池周回五千九十六尺 廣十一尺 深五尺. 『輿地圖書』城池

화나무 아래와 여러 곳의 해자를 뚜렷이 볼 수 있다. 읍성 북쪽 해자는 1970년 말에 복개하였다.

【연못, 池】『문종실록』(1451)에는 읍성 안의 못에 관한 기록은 없다. 『경상도속 찬지리지』(1469)에 연못이 3개 있다[池三] 하고, 「여지도서興地圖書」(1765)에는 '일지 一池'라고 적혀 있다. 임란 이전에 3곳의 못이 영조 때 이르러 1개만 있었다. 임 란 때의 일이다. 1592년 4월 21일 읍성이 함락되었을 때다. 왜구가 물밀듯 쳐 들어오자, 관민 할 것 없이 사람들이 앞다투어 달아났다. 성내 사람들이 창고에 있던 무기를 모두 연못에 던져버리고 도망갔다는 기록이 있다. 그해 9월 8일에 읍성이 수복되었다. 적들이 물러간 후 손엽孫曄(1546~1600)이 부윤 윤인함과 함 께 읍성 내를 살펴보니, 집경전은 소실되었고 그 전우 앞에 파헤쳐진 구멍이 있 었는데 사람들은 전사자 시체를 묻은 곳이라 말했다.[289] 읍내전도에, 집경전구 기 서쪽에 '정井'이라 써 두었고 그 넓은 주위에는 아무것도 없나. 비보림 뒤 우 물가에 못이 있었다. 김기조 원장은 이를 연못 또는 연당蓮塘이라 말했다. 읍성 안으로 들어온 물은 대부분 이 연못에 들어왔다가 서북쪽으로 빠져나갔다고 했 다. 2024년 2월에 마지막으로 남은 여중 교사校舍를 철거하고 황오동 동사를 신 축하기 위해 발굴하고 있으나 그 유물은 알 수 없다. 또한 성서城西 특히 서북 성우城隅 언저리에도 못이 있었을 가능성이 있다.

【내와 샘, 川泉】읍성 이내에 내와 샘이 있었다는 기록은 앞서 「여지도서興地圖

---

289) 余陪府伯 省視殿宇 蕩殘殿閣 前有掘發穴 或云埋尸處, 『清虛齋先生集』龍蛇日記

書』(1765)에 있다. '사천일지구천四川—池九泉'으로 4개의 내, 1개의 못, 9개의 샘이 있었다. 80개 우물과 1개 연못이 있다는 기록은 앞서 다른 글에도 있다. 그러나 '사천四川'과 '구천九泉'의 기록은『여지도서』에만 기록되어 있다.

읍성 안에 네 군데 하천이 흘렀다 했으나 하천이기보다 큰 도랑 정도일 것이다. 읍성 지형은 동쪽이 높고 서쪽이 낮은 동고서저이므로, 대부분 동쪽 해자의 물이 성안의 물길을 따라 집경전 부근 비보수 쪽으로 들어왔다가 서쪽으로 흘러갔을 것으로 본다.

또한 샘물이 아홉 군데 있었다고 한다. 이를테면 한천寒泉이 솟았다는 말이다. 다른 문헌에 읍성 내의 땅을 파기만 하면 모두 자갈과 모래이며, 물이 나왔다고 했다. 그 옛날 읍성이 구획되지 않았을 때는 북천 하상의 일부였다. 그리하여 성내에 샘과 못, 그리고 내가 여러 군데 있었을 수 있다. 문헌에만 이러한 기록이 전할 뿐 확인할 수는 없다.

이상으로『문종실록』(1451)에 실린 경주읍성의 기록을 중심으로 살펴보았다. 충청, 전라, 경상도 체찰사 정분鄭苯이 왕에게 올린 글 속에 있는 내용으로, 물론 경주읍성만 보고하지는 않았다. 그렇지만 경주읍성에 대해 이처럼 상세하게 남긴 글은 후세에도 없다. 따라서 후대의 각종 문헌과 발굴보고서 및 현재의 실태를 일별하였다.

4

임란과 읍성

  1378년(우왕 4)에 읍성을 다시 쌓았고, 조선 시대인 1451년(문종 1)에 이르러 그 실태를 상세히 조사하였다. 그러나 1592년(선조 25) 임란이 일어나기 전까지 읍성에 관해서는 아무런 자료가 없다. 『문종실록』에 임란 당시 읍성 둘레는 2,300m, 높이 4m, 치 26개소, 성문 3개소가 있었고, 해자는 2m~6m 정도 너비로 파여 물이 흐르고 있었다. 평지 성벽으로 험고險固하다고는 할 수 없으나, 외적을 방어하는 데 큰 역할을 했다. 그리하여 '거성據城'이라는 말이 자주 사료에 나온다. 임란 때 읍성의 거점을 두고 적과 대치하며 치열한 전투와 공방이 전개되었다는 뜻이다.

손엽의 시문집 『청허재』

『부선생안』 등 관련 사료를 보면, 1592년 4월 13일에 왜선이 대마도를 출발하여 쳐들어왔다. 14일 부산포에 상륙한 적들은 16일에 동래를 함락시키고 승승장구하여 길을 나눠 일제히 북진하였다. 앞의 손엽의 「용사일기龍蛇日記」 4월 17일 기록에, 왜구가 온다는 풍문만 듣고 모든 사람이 달아났고, 읍성 내의 군관과 관원도 모두 도망쳤다. 그들이 읍성에 이르렀을 때, 성안에는 아무도 없었다. 왜구는 4월 21일 경주읍성에 무혈 입성하였다. 당시 부윤 윤인함은 포망장捕亡將으로, 성 밖에 나갔다가 북쪽으로 달아났고, 판관 박의장과 장기현감 이수일이 성안에 남아 대치하려다가 적의 위세가 워낙 강해서 대적하지 못하고 탈출하였다. 부윤과 판관은 임시 관부官府를 죽장으로 옮겼고, 여기서 관민을 수습하여 읍성 탈환 작전에 돌입하였다.

읍성을 점령한 왜구는 군영 본부를 객사로 정했다. 객사는 읍성 안에 단일 건물로는 가장 규모가 컸고, 부속 건물이 여러 채였을 뿐만 아니라, 마당이 넓었다. 적들은 이곳을 거점으로 삼아 작전에 나섰고, 왕릉 도굴 등 온갖 만행을 저질렀다. 경주는 전략상 요충지였다. 동래와 양산 그리고 경주와 영천을 잇는 동부 전선의 중심지에 있었기 때문에 적들로서는 반드시 거점으로 삼아야 할 곳이었으므로 경계를 늦추지 않았다.

한편, 읍성 탈환 작전은 2차에 걸쳐 전개되었다. 그해 8월 18일경부터 각 지역의 관군과 의병장이 안강에 모여들었다. 영천읍성 탈환의 주역 권응수와 판관 박의장이 선봉이 되어 16개 고을 37,000여 명의 병력이 투입되어 작전에 나섰다. 20일에 안강을 출발한 아군은 읍성이 한눈에 내려다보이는 금장대에 본부를 설치하였다. 이튿날 새벽 4시경에 읍성 남문을 제외한 3개 성문을 포위하였다. 북문은 좌방어사 권응수, 동문은 박의장이 선봉을 맡아 진격하였다. 우레와 같은 소리를 지르며 성안으로 쳐들어가니, 적들은 놀라 동문을 열고 도망쳤다. 복성復城 작전에 성공하는 듯했으나, 정오쯤 되어 적들의 지원군이 반대로 포위하며 엄습해 왔다. 앞서 적의 지원군이 백률산과 향교 쪽에 매복해 있다가 아군의 후미를 습격한 것이다. 읍성 안에 있던 왜군도 북문을 열고 나와 협공하자, 병사 박진朴晉 등은 패하여 군사를 끌고 다시 안강으로 물러났다.[290] 1차 복성전의 패인은 여러 가지 원인이 있으나, 적의 동향을 정확하게 파악하지 못한 데 있었다. 이로써 1차 읍성 탈환 작전은 실패하였는데, 아군뿐만 아니라 왜군 역시 피해가 적지 않았다.

---

290) 八月 領兵夜行 黎明 直衝慶州城西門 則賊從東門逃散 我軍 雷鼓入城 日將午 賊至 城中震怖 競從西門出 公出東門…『湖叟實紀』(鄭世雅) 敍述條
屯慈仁者 聞之潰散 與慶州賊合 公與兵使晉 帥兵萬餘 進攻慶州 賊至車梁驛 分兵薄城下 賊潛出北門 襲軍後…『白雲齋實紀』(權應銖)권2, 行狀條

2차 경주읍성 탈환 작전은 9월 7일부터 시작되었다. 2차 작전은 1차 때와 달리 결사대를 파견하여 게릴라 작전을 전개하는 등 양동작전을 펼쳤다. 낮이면 성 밑으로 달려가 돌격하여 군사의 위세를 과시하고, 밤이면 횃불을 들고 포를 쏘아 적들을 놀라게 했다. 또한 병사 박진은 박의장에게 군사 1천여 명을 주고 선봉군으로 삼아 안강에서 몰래 틈을 타서 경주성 밖에 집결하여 기습공격을 감행하고, 본군本軍 4천여 명이 엄호하였다.

이때 적에게 가장 위협적인 신식무기는 비격진천뢰飛擊震天雷였다. 본디 중국 금나라 사람이 고안해서 만든 것으로, 임란 때 경주 사람 군기시軍器寺 이장손李長孫이 더욱 발달시켜 실전에 사용했던 무기이다. 아군이 은밀히 성 바로 밑까지 접근하여 비격진천뢰를 발포하자, 포탄이 객사 뜰에 떨어졌다. 적들은 처음에는 이를 알지 못하고 모여서 구경하고 발로 굴리며 자세히 보다가, 순간 화포가 터져 소리가 천지를 뒤흔들고 쇠 파편이 밤하늘에 별처럼 쏟아졌다. 이에 넘어지고 죽은 자가 30여 명이 되었고, 직접 맞지 않은 자도 엎드리며 넘어졌다. 원인을 알지 못한 적들은 이를 '신神'이라 하고, 이튿날 서생포로 도망쳤다.[291]

2차에 걸쳐 치열한 격전 끝에 9월 8일 밤에 적들이 남쪽으로 달아남으로써 읍성은 수복되었다. 성내 모든 건물은 잿더미로 변하였고, 남은 건물은 빈현루賓賢樓와 두 창고에 쌓인 곡식뿐이었다.[292] 적들이 황급히 도망가느라 미처 창고 곡식을 소각하지 못했기 때문이다. 전투에는 수많은 사상자가 발생하기 마련

---

291) 翌日夜 用震天雷於城外二里 賊初聞砲聲起 驚惶莫測 忽有物 大如鐵釜 飛墮於賊將所在客舍庭中 賊衆皆會 以火燭之 更相推轉 俄而砲發 聲震天地 賊中死者三十餘 其未中者 亦皆驚仆失魂 明朝 遂率軍空城而走 慶州遂復…『西厓集』別集4, 雜著 子母砲와『慶州邑誌』권8, 雜著補遺 참조

292) 九月初八日夜 遁釜山之路 公廨館宇 盡爲灰燼 所餘者 賓賢樓及兩倉 倉中餘穀極多 一境與列邑軍民 咸賴生活.『府先生案』崔洛 記

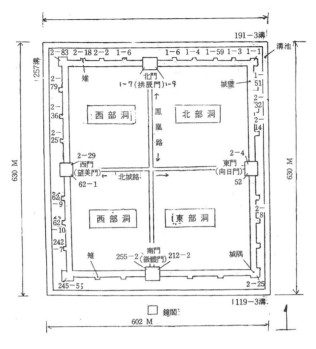

경주읍성 약도(김태중 제작)

이다. 읍성과 그 주위에는 온통 시체와 불에 타다 남은 잔재가 나뒹굴었다. 이로써 영천에서 경주 방면으로 통하는 적의 후방 보급선이 완전히 차단되었고, 전쟁은 새로운 양상으로 변하였다.

1597년(선조 30) 이른바 정유재란 때다. 9월에 왜장 청정淸正 등 변방에 웅거한 적들이 다시 준동하여 전라도와 충청도 등을 종횡하며 만행을 저질렀다. 적들이 경상좌도를 따라 내려올 때 참상과 노략질은 임란 때보다 훨씬 더 심했다. 신라 시대 분황사에 30만 근의 주물鑄物로 만든 금불이 모두 불에 탔고, 9층 고탑古塔도 무너지고 부서졌다. 경주에 주둔한 지 5일 만에 적들은 울산으로 내려갔다.[293] 그들이 점령한 기간은 11월 25에서 12월 2일까지 5일간이다.[294] 이때 그들의 만행은 이루 형용할 수 없었다. 공해公廨 곧 객사, 집경전, 동헌 등은 모두 불에 탔고, 분황사 금불상 등 신라 때 문화유산이 참혹하게 화를 입었다. 물론 읍성도 거의 허물어지고 잔성殘城만 남았다.

읍성은 임란 때 전란의 중심지에 있었다. 적들이 읍성을 강점한 것은 1592년 4월 21일부터 9월 8일까지 137일, 정유재란(1597) 때 5일을 합쳐 모두 140여 일 정도이다. 전화의 참상은 정유재란 때가 더욱 극심했던 것으로 알려졌다. 요컨대 읍성은 기능과 역할이 매우 중요하기 때문에 평상시에 수축하지 않을 수 없었다. 또한 임란 때 읍성의 성문 4개가 엄연히 개설되어 있었고, 적과의 대치는 이를 통해 이루어졌음을 알 수 있다.

---

293) 丁酉九月 淸正等據邊之賊 再肆螫毒 縱橫陸梁 全羅忠淸等道 至稷山 還下左道之際 殺掠之酷 有甚於厥初 本府餘存官舍 及羅代所創芬皇寺 三十萬斤鑄成金佛 並皆焚滅無餘 九層古塔 亦盡打破 留屯第五日 還下蔚山 築壘島山 堅壁固守.『府先生案』崔洛 記

294) 최효식,『경주부의 임진항쟁사』, 경주시문화원, 1993. 301쪽

5
징례문 상량문 2편

임란을 겪은 관아 건물과 성벽이 파괴되었다. 먼저 관아 건물을 복구해야 하고, 아울러 파손된 성벽 보수 역시 시급한 일이었다. 전쟁을 치른 뒤에 방위의 중요성은 더욱 절실했다. 그러나 전란 이후에 워낙 피폐하여 백성들의 힘을 동원하기가 쉽지 않았다. 읍성을 수축하는 일은 많은 시일이 필요하였고, 따라서 옛 모습을 되찾기까지는 많은 시간이 소요되었다. 임란 이전보다 더욱 견고히 쌓았고, 징례문 이외에 3개 성문을 새로 수축했다. 1632년(인조 10)에 읍성 복원 공사가 거의 마무리되었으며, 이때 도성의 숭례문도 새로 축조하였다.

실제 성벽이나 4개 성문에 대한 문헌은 지리지 등에 극히 단편적으로 실려 있다. 그래서 임란 직후에 징례문을 새로 쌓고 남긴 상량문이 더욱 값진 것이다. 이를 이해하기 위해서 당시 경주부윤 사서沙西 전식全湜(1563~1642)[295]에 대해 알아본다. 그는 본디 상주 사람으로, 류성룡과 장현광의 문하에서 글을 배웠다. 사마시에 합격한 그는 임란 때 창의하여 많은 전과를 거두었고 1603년에 문과 급제하였으나, 광해군 실정 때 벼슬을 그만두고 은거했다. 1624년(인조 2) 이괄의 난 때 왕을 호종하여 집의가 되었고, 이후 대사간과 부제학 등을 역임했다. 그가 68세의 나이에 경주부윤으로 부임해 오니, 1631년(인조 9) 12월이었다. 그는 경주의 여러 문사들을 불러 모아 하과夏課, 곧 글 짓는 시험을 치렀다. 이때 회재 이언적의 현손 몽암蒙庵 이채李埰가 참석하여 문재를 드러냈다. 이를 본 전식은 자기 손녀를 그에게 시집보냈다. 전식의 아들 전극항全克恒(1590~1636)은 1624년에 문과 병과에 급제한 수재였다. 병자호란이 일어나기 전 1632년(인조 10)에 그는 아버지의 임지를 따라 경주를 찾아왔다. 또한 전식은 경주 문사들과 폭넓게 사귀었고, 특히 백사白沙 최동언崔東彦과 가까웠다. 구례현감을 지낸 최동언은 당대 경주 최고의 문사이자 큰 부자였다. 외동 제내리에 호정湖亭(六宜堂)을 지어두고 그를 초대했다. 전식은 연만했지만 흐뭇하고 만족해서, 마침내 그는 전극항과 손서 이채를 데리고 육의당을 찾았다. 술이 몇 순배 돌자, 시흥이 일어 해가 저무는 줄 모르고 즐겼다. 이때 전식과 전극항 그리고 이채가 육의당에서 시를 읊었는데, 이는 육의당에 판각되어 아직도 걸려 있다. 전식은 서악서원과 옥산서원을 찾아 시를 남겼고, 날씨가 가물어 김유신 묘, 시조왕릉, 백률사 등지에서 올렸던 기우제 축문이 전하고 있다.

295) 府尹 全湜 通政 辛未十二月初四日來 癸酉四月十八日 瓜滿去. 『府先生案』

마침 읍성 남문인 징례문의 수축 공사가 끝나고, 나머지 3개 성문도 새로 세워졌다. 성문 가운데 가장 웅장한 징례문의 상량문을 지어야 했는데, 그 일은 부윤의 몫이었다. 전식은 자기가 짓고 싶었지만, 아들 전극항에게 짓도록 명했다. 문과에 급제한 훌륭한 아들이 있다는 것을 은근히 자랑하고 싶었을 것이다. 전극항은 당시 42세였다. 이렇게 해서 전극항은 장편의 징례문 상량문을 지었는데, 이는『동경잡기』권3에 실려 전한다. 그는 본디 문재文才가 뛰어났다. 자신이 아버지의 임지에 달려와 이 글을 짓게 된 것은 마치 당나라 고종 때 왕발王勃이 아버지 왕복치王福時의 임지로 가다가 홍주洪州에 들러 유명한「등왕각서滕王閣序」를 지은 것과 같다는 예를 들었다. 전극항의 상량문은 왕발의 글과 마찬가지로 전고가 많고 난해하지만, 화려하고 뛰어난 글이다. 그는 '아버님이 서울에서 벼슬하다 경주부윤으로 내려와 징례문을 중수한 것은 등자경滕子京이 악양루岳陽樓를 중수하고 소자첨蘇子瞻이 희우정喜雨亭을 지은 것과 같다'[296]고 노래했다.

상량문은 건물의 조영造營 경위를 찬미하는 문체이며, 기문記文에 나타난 것처럼 사실을 적지 않는다. 징례문 상량문도 미사美辭가 많지만, 정작 사실은 빠져 있어서 아쉽다. 부성 남문의 누각은 언제 창건되었는지 모른다[297] 하고, 경주는 영남의 요충지이자 가장 아름다운 고을이라고 했다. 또 순찰사 오숙吳翽을 기린 대목이 나온다. 아마도 낙성식 때 순찰사가 참석했을 것이다. 옛 제도

---

296) 家君 分憂北闕 作尹東京 謫守巴陵修岳陽之滕子 始治官舍記喜雨之蘇公 廣廈千間竊意俱歡之庇 高堂九仞何心獨享之安.『東京雜記』권3
297) 府城南門樓者 蓋故國之餘址 而何時所建耶. 상동

경주읍성 복원 공사 중(2017. 11)

에 따라 징례문을 지었으나, 종전에 비해 더욱 장대壯大하다[298]고 했다. 상량식
은 관민이 한자리에 모인 가운데 성대하게 거행되었고, 이어서 떡 벌어진 잔치
가 가무 속에 베풀어졌음은 말할 나위도 없다.

앞서『동경잡기』에서 보았듯이 부윤 전식이 임란 때 불에 탄 징례문을 중수하
고, 동서북의 3개 성문을 차례대로 세웠던 것[299]이다. 징례문은 언제 창건되었
는지 모르지만, 임란 때 소실된 것을 중수重修하였다. 그런데 3개 성문은 종전
에 어떠한 형태로 있었기에 '계건繼建'했다고 썼는지 알 수 없다. 3개 성문도 임
란 이전에 있었으며, 임란 때 무너진 것을 중건했다는 말일 것이다. 앞의 글과
달리『경주읍지』(1932)에는 4개 성문을 중수하고 차례로 문루를 세웠다[300]고 했

---

298) 探舊制於斯干 稽前規於大壯. 상동
299) 徵禮門 邑城南門也 火於壬辰兵亂 崇禎壬申 府尹全湜 重修 東西北三門 次第繼建.『東京雜記』城郭
300) 石築 周四千七十五尺 高十二尺 內有井八十 南門曰徵禮 東門曰向日 北門曰拱辰 西門曰望美 火於壬辰
崇禎壬申 府尹全湜 重修東西南北四門 次第繼建.『慶州邑誌』邑城

다. 이를테면, 임란 때 소실된 성문을 전식이 모두 보수하고, 아울러 문루를 건립했다는 말로 풀이된다. 이때 지은 전극항의 상량문과 40~50년 뒤의 상량문에도 모두 '문루門樓'라는 말이 들어있기 때문이다.

또한 『문종실록』에 '문삼門三'이라 해서 경주읍성 성문은 3개라고 했다. 본디 징례문을 포함해서 3개뿐인 성문을 이때 이르러 4개 문을 모두 건립했는지, 아니면 임란 이전에 4개 성문이 있었는데 이때 모두 다시 세웠다는 말인지 알기 어렵다. 앞서 임란실기에서 보았듯 읍성 성문은 이미 4개가 있었다. 이때 북문을 비롯하여 재건했을 가능성이 높다.

학고鶴皐 이암李巖(1641~1696)이 지은 징례문 상량문이 『학고일고鶴皐逸稿』[301]에 실려 있다. 이암은 양좌동에서 태어났으며, 이언괄李彦适의 현손이다. 1662년(현종 3) 사마시에 합격하여 문장으로 이름이 높았다. 그 후에 학지鶴旨로 이사하였고, 장릉참봉을 역임하였다. 그가 징례문의 상량문을 어느 해에 지었으며, 어떠한 일들이 있었는지 알 수 없다. 부윤 전식이 1632년(인조 10)에 상량문을 남긴 지 40~50년 후에 지었을 것으로 추정된다. '상량문上梁文'이라 쓰고 중수重修란 말은 하지 않았으나, 글의 내용을 보면 일부 성문을 보수했다. 지난 병정丙丁의 전쟁, 곧 병자호란(1636)으로 황폐된 것을 다시 세웠다고 썼다. 또한 '고루심지高壘深池'라 해서 성벽은 높고 해자는 깊다고 하였고, 문루가 높게 열려 있다는 '문루고개門樓高開'라는 말도 있다. 징례문은 실제 교남제일관문嶠南第一關門이라고 했다. 이암의 상량문은 전극항의 글보다 훨씬 짧다. 읍성에 관해 문헌이 거의 남아 있지 않은 상태에서 이러한 상량문 2편이 전하는 것은 참으로 다행스러운

---

301) 『국역 학고일고』는 1988년에 보문정사에서 펴냈으며, 국역은 황재현(黃在炫)이 하였다.

일이다.

옥적玉笛을 담은 목갑木匣이 있는데, 규격은 가로 59.3㎝, 높이 11.2㎝이다. 옥
갑 앞에 금장金粧으로 고리를 달았고, 칠언절구 한 수와 아울러 그림을 그려 두
고, 이를 '금장팔경金粧八景'이라 했다. 당시 경주의 팔경으로 꼽은 것은 반월성,
첨성대, 월지月池, 신종神鍾 등과 나란히 읍성이 포함되어 있다. 읍성 모습은 치
와 여장(성가퀴)까지 뚜렷하게 나타나 있다. 이렇듯 읍성은 경주 명승의 여덟 곳
가운데 하나로 꼽힐 정도로 아름다웠고, 이를 구경하고자 하는 사람들도 늘어
났을 것이다.

6
4대 성문城門

1) 징례문徵禮門(南門)

징례문 터는 지금 동부동 215-3번지와 서부동 255-7번지이다. 도성 남문은 숭례문崇禮門이고, 경주읍성의 남문은 징례문徵禮門이다. 예禮는 오상五常 가운데 남방을 의미한다. '숭례崇禮'가 예를 숭상한다는 의미라면, '징례徵禮'는 예를 밝힌다는 말이다. 남문은 읍성의 정문으로, 그 고을의 가장 상징적인 구조물이다. 때문에 규모가 장중하고 압도적인 위용이 있었다. 그렇다면 징례문이라는 이름은 언제부터 불렸을까. 징례문은 임란 이후에 지어졌으며, 이전에는 그렇게 부르지 않았을 것이다. 『고려사』나 『경주선생안』을 보면, 고려 시대에 읍성 남문이나 동문 이름이 보이지 않고, '성두城頭' 또는 '남북로南北路' 등으로 적었다. 읍성에 대해 워낙 기록이 소략해서 고증할 수 없다.

경주 관부의 관인, 곧 인신印信을 새로 만들어왔을 때 기록이다. 1446년(세종 28) 4월 3일에 부에서 새 인신을 갖고 온 예조영사 김사선金思善을 남문 밖에서 맞았다. 각 반班은 쌍차일산雙遮日傘을 들고나와 맞았고, 영청과 대청 등 각 반에서는 숙배한 후에 인신을 관아에 들였다.[302] 왕명을 띠고 문서나 물품을 갖고 온 사신을 맞이할 때면 부에서 남문 밖까지 나가서 맞이했다는 기록으로, 부를 찾는 내빈을 가장 정중하게 맞았던 곳이 징례문이다.

숭례문이라는 이름은 어느 문헌에 최초로 보일까? 『동경잡기』(1669)에 숭례문이란 말이 있으며,[303] 경주 지역 임란사 문적 중에 남문이라는 말은 있어도 징례문이라고 쓴 기록은 없다. 그렇다면 1632년(인조 10)에 부윤 전식이 징례문을 중수하고, 그의 아들 전극항에게 상량문을 짓게 했는데, 이때 비로소 지어졌을 가능성이 높다. 전극항의 상량문 이전에 징례문이라 쓴 문헌을 찾아볼 수 없기 때문이다. 이후 『동경잡기』와 이암의 글에서 징례문이라는 명칭이 등장하면서 널리 사용하게 된 것으로, 앞서 상량문에서 서술한 바 있다. 전식이 남문 이름을 지었다면 징례문에 한하였고, 나머지 3개 성문을 같이 짓지는 않았을 것이다. 징례문을 제외한 3개 성문의 이름이 최초로 나타난 문헌은 필사본 『경주부읍지

---

302) 慶州府 新鑄印信 丙寅四月初三日午時 府接禮曹令史金思善 陪來城南門外 各班雙蓋迎逢 營廳大廳同 各班 肅拜後 印信入衙 舊印信 禮曹給狀上送 新印 四月初四日 始用.『府先生案』
303) 徵禮門 邑城南門也 火於壬辰兵亂 崇禎壬申 府尹全湜 重修 東西北三門 次第繼建.『東京雜記』城郭

『慶州府邑誌』(1832)이다.[304] 요컨대 남문인 징례문이 지어진 지 157년 후에 향일문 등 3개 성문의 문루 이름이 비로소 문헌에 나타났다는 사실이다.

임란 이전의 남문은 높지 않은 듯하다. 1591년(선조 24) 정월에 판관으로 부임한 박의장朴毅長은 경주 지역 장사들의 무예와 담력을 시험해 보고 싶었다. 그는 어느 날 달밤에 여러 장사들을 불러놓고 "이 문루門樓를 뛰어넘을 장사가 있는가?"라고 물었다. 문루의 높이는 10여 장丈이었다. 이 시합에서 문루를 뛰어넘은 사람은 의병장 김득복金得福(1561~1626) 등 서너 명에 불과하였다고『동엄실기東广實紀』[305]에 기록되어 있다. 당시 문루의 높이가 10여 장이라고 했다. 1장은 10척 길이를 말하며 3.58m에 해당하는데, 이러한 방법으로 환산할 수는 없다. 여기서 말하는 10여 장 높이는 막연히 높다는 의미이며, 정확한 수치를 나타낸 것은 아니었다. 요컨대 문루가 그리 높지 않았다는 말이다. 김득복은 임란 때 창의하여 읍성 수복에 많은 공을 세웠다. 그의 실기는 1918년에 간행되었지만 문루라고 적고 있어서 주목된다. 읍성의 실태를 간접적으로 보여주는 글이며, 이러한 상황에서 임진왜란을 겪었다. 다음은 남문과 관련된 글을 모은 것이다.

용맹을 시험하기 위해 말하기를 "누가 이 문루를 뛰어넘을 자가 있는가?"라고 했는데, 문루 높이는 10여 장丈이었다.

(試勇曰 有能超越此門樓者耶 樓高 盖十餘丈.『東广實紀』家狀補遺(1591), 金

---

304) 石築 周四千七十五尺 高十二尺 內有井八十 溝池 周回五千九十六尺 廣十一尺 深五尺 南門曰徵禮 東門曰向日 西門曰望美 北門曰拱辰,『慶州府邑誌』, 城池邑城

305) 武毅朴公 嘗乘月 遊慶州之南門 與鄕將士 試勇曰 有能超越此門樓者耶 樓高 盖十餘丈 獨府君(金得福) 及黃希安 朴春石 朴仁國 能之 餘無及之者云,『東广實紀』家狀補遺, 金得福 1561~1626)

得福)

부성 문루는 고국의 터이나, 어느 때에 지었던 것인가?

(府城南門樓者 蓋故國之餘址 而何時所建耶. 徵禮門上樑文(1623), 全克恒 撰)

몇 길仞의 문루가 높게 열렸으니, 영남의 요충지가 되었네.

(數仞之門樓高開 當嶺外之要衝. 徵禮門上樑文(1680년경),『鶴皐逸稿』, 李墺 撰)

읍성을 고쳐 쌓고, 문루를 모두 세웠다.

(改築州城 盡建門樓.『府先生案』(1744) 鄭弘濟)

　읍성과 아울러 성문이 세워졌지만, 동시에 문루도 같이 건립했을까?『동엄실기』를 보면 10여 길의 남문 문루라는 말이 처음 등장한다. 임란 때의 기사이다. 1632년에 전극항이 지은 징례문 상량문에서는 '남문루南門樓'라고 했다. 이암의 상량문에는 '문루고개門樓高開'라고 하였다. 무지개 모양 홍예식虹蜺式의 2층인 '고도남루故都南樓'는 아직 건립되지 않았었다.

　1730년(영조 7) 7월에 경상도 관찰사 조현명趙顯命(1691~1752)이 도임하였다. 그는 2년간 재임하며 여러 가지 치적과 글을 남겼다. 1732년 4월에 떠난 조현명의 후임은 경주부윤 김시경金始炯이었다. 조현명이 관찰사로 재임하면서 「경주파진연기慶州罷賑宴記」와 「경주성남루기慶州城南樓記」 2편의 글을 지었다. 먼저 「경주파진연기慶州罷賑宴記」를 보면 1731년(영조 8)에 큰 기근이 있었는데, 영남과 경주가 특히 극심하였다. 부윤 김시경이 진휼을 잘하여 수만 가구가 삶을 되찾았다. 이듬해 5월에 기근을 슬기롭게 극복하였다 해서 큰 잔치를 베풀었는데, 주민이 모두 모인 가운데 고기와 술 그리고 기악妓樂을 함께하며 즐겼다.

　당시 이인좌의 난(1728)이 일어난 뒤 민심이 뒤숭숭하였고, 기근마저 겹쳤으나 읍성을 수치하는 일은 지속되었다. 조현명의 「경주성남루기慶州城南樓記」 글을 보면, 부윤 김시경은 어려운 시기임에도 불구하고 민심을 수습하고 여러 가지 폐단을 없앴다. 그리고 병갑兵甲과 성벽을 수선하여 방어에 철저히 준비하였다. 백성들이 크게 좋아하며 그의 덕을 칭송하자 이로써 읍성의 남루 공사도 마

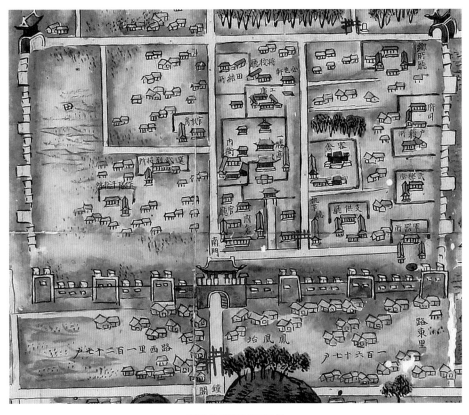

「경주읍내전도」(1798년)

무리할 수 있었다고[306] 했다.
부윤 김시경이 징례문을 준공
한 뒤 관찰사 조현명에게 부탁
하여 글을 받았다.

조현명의 글에서 '성남루역
고흘城南樓役告訖'이라 해서 경
주읍성 징례문은 이때 건조되
었음을 알 수 있다. 물론 임란

읍성 남문인 징례문(1909)

후 징례문을 중수하며 성문이 없지 않았으나 2층 문루는 아니었을 것이다. 징
례문 정면에 있었던 '고도남루故都南樓' 편액도 이때 써서 걸었던 것으로, 옛 신
라 도읍지의 읍성 남루란 뜻이다. 영해 부사와 풍기 군수를 역임한 용와慵窩 유
승현柳升鉉(1680~1746)의 시[307] 한 편을 보면 이 시기에 편액이 게시되었을 것으로
추정된다. 글씨는 지족당知足堂 최석신崔錫信이 썼을 것이다. 그는 영조 때 경주
사방리 사람으로, 신라 김생金生 이후 최고의 명필이다. 특히 관부의 각종 편액
글씨는 모두 그가 썼다[308]는 기록이 이를 뒷받침한다. 이 편액은 일제 강점기
초까지 남문에 걸려 있었으나 징례문과 운명을 같이 한 것으로 추정된다.

1744년(영조 20)에 부윤 정홍제鄭弘濟가 문루를 세웠다[309]는 기록이 있다. 징례

<hr />

306) 於是 繕甲兵 修城壁 所以爲緩急守禦之具者 靡不畢擧 其茬任董數月耳 民皆蹈舞歌咏 誦其德而稱其功
此繡衣所以褒聞於上 而非其賢且才過於人 何能若是也 所易城南樓役告訖 走書屬余爲記 余曰 諾 今爲
嶺民而飮澤食惠 安業樂生者 惟慶人爲然 爲近邊雄都 而城固甲堅 可恃無憂者 惟慶府爲最 所謂地利人
和備矣 是可記也. 『歸鹿集』권18, 記, 慶州城南樓記
307) 翼瓦參差帛縷多 故都民物尙繁華 千秋感慨東南客 醉後登樓日欲斜. 慵窩 柳升鉉, 登故都南樓有感
308) 崔錫信 永嶧后 筆法神通 名遍一世 東都之公廨亭榭扁額 多錫信墨迹 英祖時人. 『東京通志』권14 技藝
309) 府尹 鄭弘濟 通政 甲子十月來 丙寅閏三月日 以前任南陽軍器事 被拿上去 改築州城 盡建門樓. 『府先生案』

문 이외 향일문 등 나머지 3개 문루는 정홍제 부윤 때 건립되었다는 말이다.

요컨대 경주읍성 문루는 1378년(우왕 4)에 성을 개축하였다. 이때 남문 등 성문이었을 것이며, 점차 증개축이 이뤄졌다. 부윤 김시경 때 징례문, 부윤 정홍제 때 '진건문루盡建門樓'라고 해서 나머지 문루가 모두 세워졌다. 정홍제가 문루를 모두 건립한 10여 년 후인 1755년(영조 31)에 부윤 이득수李得秀가 남문 문루를 중건했다.[310] 이때 남문 문루의 일부를 다시 고쳐 세웠다는 말이다.

이로써 읍성의 정문 징례문은 화려하고 웅장하여 고성古城을 압도하였다. 교남의 제일 관문으로서 위용이 있었고, 웅부雄府의 위상을 완전하게 드러냈다. 나머지 3개 성문의 문루도 같이 세워져 읍성으로서 가장 완비된 모습이었다. 이처럼 경주읍성이 완전한 규모와 체제를 갖췄을 때의 모습이 읍내전도에 나타나 있다. 1798년(정조 22)에 정조는 어필 '집경전구기集慶殿舊基'라는 글씨를 경주에 내려보내 비각을 건립하게 하고, 동시에 『집경전구기도』(경주읍내전도)를 그려 바치게 했다. 이때 읍내전도의 전형이 고스란히 담겨 제작되었다. 지도상 징례문을 보면, '고도남루'라는 편액만 걸리지 않았을 뿐이지 일제 강점기 사진과 거의 동일하다. 나머지 3개 성문 역시 문루가 잘 나타나 있다. 당시 읍내 전역을 사진으로 찍어 놓은 듯 잘 그려졌다.

다음 글은 『경주읍성』(2009)에 실린 징례문의 내용을 간추려 정리한 것이다. 징례문은 육축陸築 구조를 위해 화강석을 네모반듯하게 다듬은 무사석을 이용하여 물림쌓기(위로 올라갈수록 조금씩 들어서 쌓는 방식)로 축조하였다. 육축의 중앙

---

310) 府尹李得秀 乙亥(1755) 十月日來 丁丑(1757) 八月日 大司諫移拜 設策應廳 重建南門樓. 『東京通志』권9 歷代守官

에 마련된 출입구는 쌍벽으로 쌓고, 상부에 홍예식虹蜺式(ARCH)을 만들어 구조적 안정감과 조형미를 함께 갖추었다. 문루는 석축으로 쌓은 무지개 모양의 홍예문 위에 세워졌다. 문루는 정면 3칸(11.36m), 측면 2칸(5.56m)이고, 면직은 63.16㎡(19.1평) 정도 규모이다. 높이는 총 10.8m로, 석축이 4.4m이고 문루가 6.4m이다. 팔작지붕 건물에 초석은 모두 잘 다듬어진 원형초석을 사용하였고, 기둥은 역시 원주이다. 그리고 문루 정면에 '고도남루'라는 현판을 걸었다. 사진으로 전하지만, 조선 시대 각 고을 읍성문루 중에 규모가 가장 큰 것으로 밝혀졌다.

〈표〉 경주읍성 징례문의 형태 및 규모[311]

구분		구조 및 양식
개구부 형태		내외홍예식
개구부 규모	폭	외 3.59m
	높이	외 3.75m
	폭/높이 비	1 : 0.96
	홍예반경	외 1.87m
주칸수(지붕형)		3칸×2칸
평면 크기	정면	10.93m
	측면	5.62m
	평면비	1.94 : 1
	면적	61.42㎡(18.58평)
출목과 공포형		외 1, 2익공, 5량
축조 연대		1632년

311) 『경주읍성 성곽 및 동문 정비공사 실시설계』, 경주시, 2013. 12. 14쪽 참고

1744년(영조 20)에 문루를 모두 세웠고, 1755년(영조 31)에 남문 문루를 중건하여 새롭게 단장했다. 1798년(정조 22)에 읍내전도를 그릴 때, 읍성의 체계가 가장 완벽하게 갖춰져 있을 때의 작품이다. 1832년(순조 32)에『경상도읍지』가 편찬되면서 4개 성문의 모든 명칭이 비로소 명기되었다. 또한 1869년(고종 6) 정월에 부윤 조기영趙耆永이 성첩과 포군砲軍을 수리하였는데, 저마다 조리가 정연하였다.[312] 18세기에 제작된『영남지도』(규장각)와『영남도』(한국학중앙연구원)에서는 경주부의 거리 측정 기준이 관문官門이었는데, 이는 곧 남문南門을 말한다. 조선시대는 객사가 기준인 경우가 많으나, 지도에서는 관문이라고 밝혔다.

19세기 중엽에 각헌覺軒 이능윤李能斎(1824~1876)[313]이 고도남루에 올라 읊은 시가 그의 시문집에 전한다.

고도남루에 올라서   [故都南樓有感]

남루에 올라 보니 옛 감회가 깊어져   登樓觸目感隨生

산은 시름한 듯 물소리도 슬프다네.   山遠含愁水咽聲

마흔의 왕궁에는 구름이 쓸쓸하고   四十王宮雲寂寞

천년의 사적엔 달빛만 쏟아진다.   一千年事月縱橫

사람들은 아직 신라 번화를 말하나   逢人猶說繁華迹

시대가 다르니 어찌 감회가 없으랴.   異代邪無曠感情

---

312) 府尹趙耆永 己巳正月初二日…城堞砲軍之修置 各有條理.『東京通志』권9 歷代守官
313) 이능윤(李能斎)은 신광면 우각리에서 태어났으며, 본관은 여강이다. 격치(格致)의 학문에서 시작하여 상례(喪禮)와 예의(禮儀), 그리고 음률과 산수에 이르기까지 두루 능하였고, 많은 제자를 길렀다.

이치로 따져보면 오늘도 옛날인 걸   在理推之今亦古

호방한 노래를 달관자에게 붙인다오.   浩歌付與達觀明

『覺軒逸集』권1

징례문의 문루에 올라 감회를 읊은 노래다. 신라의 흥망을 노래하고, 인생의
덧없음을 읊조렸다. 문루에 올라 고도故都를 굽어보니, 지난 영화는 간 곳이 없
고, 눈에 보이는 경물은 온통 적막하고 쓸쓸할 뿐이라고 탄식하였다. 위 시에
앞서 다음 유승현의 시는, 김시경이 고도남루를 건립한 직후 이곳에 올라 읊조
리는 노래다.

고도남루에 올라서   (登故都南樓有感)

용와慵窩 유승현柳升鉉(1680~1746)

떡 벌어진 기와지붕 들쭉날쭉 줄지어 있네.   翼瓦參差帛縷多

고도의 백성은 화려함을 높이 사는 듯.   故都民物尙繁華

동남에 찾아온 손님, 세월의 감개에 젖어   千秋感慨東南客

술에 취해 누각에 오르니 해가 저무네.   醉後登樓日欲斜

문루 아래에는 해자이고, 그 일대는 온통 저잣거리로 가게 처마가 맞닿아 있
었다. 주위 일대는 초가가 즐비하였고, 멀리 봉황대를 비롯하여 고분만 여기저
기 우뚝 솟았을 뿐이다. 남루에는 문사들뿐만 아니라 여러 사람들이 올라가 주
위를 조망할 수 있었으며, 옛 사진에서도 신분 구별 없이 올랐음을 보여준다.

다음은 징례문에 대한 글이 있어서 덧붙인다. 경주에 영장營將이 파견되었다. 임란 이후에 속오군 훈련 등을 전담하기 위해 창설되었으나, 후기로 내려오면서 향촌에서 국가지배력을 강화하는 데 활용되었다. 정치변란 진압, 관명官命을 거역한 승려들의 작변作變 진압, 토호 감시, 천주교도 체포 등 향촌 질서를 유지하는 데에 기여했다. 경주에는 영장 류춘호柳春浩 등 선정비가 있으나, 알려진 사람은 얼마 되지 않는다. 1886년 11월에 윤尹 모某[314] 영장이 부임하여 이듬해 8월에 경주를 떠났다. 윤 영장은 재임 중에 하루도 빠뜨리지 않고 일기를 남겼는데, 그 책이 필사본 『동도록東都錄』이다. 여기에 실린 내용 중 남루에 관한 글이 2편 있다.

1887년(고종 24) 7월 29일의 일기다. 윤 영장은 죄인들을 징례문 앞에 불러모

필사본 『동도록(東都錄)』(1886년)

---

314) 윤(尹) 아무개는 경산 무천(茂川) 사람이다. 일기를 쓰면서 피휘하였기 때문에 이름은 알 수 없다. 그가 경주를 떠나며 선정비 '慶州鑛碑'를 세웠는데, 비문은 '半載莅政 一鑛咸蘇 淸操比玉 茂績捷桴 惠飽戎卒 頌溢屬境 銘此貞珉 寓思悠永'이다. 그러나 이 비석의 소재는 확인되지 않고 있다.

아 꿇어앉히고, 자신은 문루 위에 올라앉아 이들을 취조하였다. 죄인의 죄목은 주로 절도죄와 작변作變 그리고 범장犯贓 등이었다. 장취문張就文이라는 자는 남의 물건을 훔쳤으나 사람을 살해하지는 않았으므로 곤장 30대를 때려 돌려보냈다.[315] 그리고 영천과 경주를 돌아다니며 변란을 일으킨 명화적이 있었는데, 이들을 나포하여 문초하는 짧은 글이 실려 있다. 또한 8월 12일의 일기이다. 남문 앞에서 경주 최대의 시전市廛이 열리고 있었다. 상인들이 물건을 정가에 팔고 있는지를 조사하고 이들에게 포고했다. 시전 상거래에 불공정한 일이 생기면 남문 문루에 와서 그 억울한 뜻을 알리라고 했다. 영이 내리자, 문루에 올라오는 자가 있었는데, 혹자는 서고 혹자는 앉고 해서 해 질 녘에야 일을 마치고 영문營門으로 돌아왔다[316]고 했다. 이상에서 알 수 있듯이 남문은 권위의 상징이자 포고布告의 중심지이며 임시 재판장이었다. 그러므로 항상 많은 사람들로 붐비며 시끄러웠고, 부민의 민원과 그 시달은 모두 이곳에서 이루어졌다.

2) 향일문向日門(東門)

신라 시대는 물론 고려 이후에 경주의 수환水患은 동천 둑이었다. 특히 남쪽 제방이 더 위험했다. 홍수 때는 황룡계곡과 암곡에서 쏟아진 물이 덕동댐 부근

---

315) …只受牢令□考仍爲 移坐南門樓上 在罪賊漢三名 捉入 受其罪回□後 同賊漢張就文 以盜物頗細 不至 殺害人命 限罪 嚴棍三十度 放送.『東都錄』七月二十九日, 日記

316) 踪後 出往巡行市廛 問嚴價 又使牢令布告 日如有市上不平之事 來告于南門樓之□ 令下 仍上南門樓 或 坐或立 日斜後還營 追聞人言 則自前 此日此市 多有是非擾亂之端 而今日 則晏然如一家人之處事云云. 上同 八月十一日, 日記

에서 합쳐져 엄청나게 불어난다. 보문호를 거친 물줄기가 바로 뻗어 내려오면, 황룡사와 계림을 뚫고 남천으로 흘러 들어갔다. 이렇게 되면 경주읍성은 완전히 외로운 섬이 될 것이다.[317] 그러므로 분황사 위에 포물선처럼 휘어진 제방 관리에 부민들은 한시도 게을리하지 않았다. 고려 현종 때에 전라, 충청, 경상 3개 도의 군정軍丁을 징발하여 이곳에 돌을 쌓아 둑을 높이고, 나무를 심어 숲을 조성한 것은 모두 수해를 막기 위한 노력이었다.[318] 그뿐만 아니라 5리에 걸쳐 돌을 쌓고, 3도 장정들의 이름을 총석叢石 사이에 새겨 실명화[319] 하였다.

동천 물이 범람할 것에 대비하여 여러 가지 방지책을 강구했다. 고려 현종 때 부성府城을 처음으로 쌓을 때였다. 부민들은 수환水患을 깊이 우려한 끝에 읍성 동문을 겹으로 쌓고, 그 앞에 석주石柱를 세웠다. 동문에 첩문疊門을 만들고 석주를 세워 여름철 홍수에서 읍성을 최대한 보호하겠다는 의지였다. 임란 이전에 첩문은 없어지고 석주는 남아 있었다.[320] 동천 제방에 오리수五里藪를 조성하고 둑을 굳게 쌓아 물을 보문평에 끌어들이지 못하게 한 것은 품관과 경직자의 또 다른 이권利權 분쟁[321]으로 야기되었다. 어쨌든 동천의 둑은 읍성 동문과 유

---

317) 嗚呼 本州形勢 只一孤島 而所謂東川之水 決諸南方 則橫割聖廟 而入於南川 決諸西方 則衝過眞殿 而合於西川矣. 代慶州士民 請禁普門坪開渠疏,『雙峯集』(鄭克後) 권2

318) 東川 一云北川 一云閼川 在府東五里 出楸嶺入堀淵『新增』俗傳川流自東北 直衝邑居 故高麗顯宗朝 發全羅忠淸慶尙三道軍丁 築石爲堤 盛植林藪 以防水害云,『東京雜記』山川

319) 右完議爲禁護事 惟我邑基之被東川水害者 久矣 而東川 卽羅代所謂閼川者也 粤自新羅開國之後 築石而堤防之 樹木而庇補之 延亘五里 以避水患 至今叢石中間 有諸道刻名 則自古防基之勤 槪可知矣.「鄉中完議謄書」高麗中宗朝 使三道軍丁 築石防隄 養樹成林 一以避水患 一以補邑基. 필사본,「五里藪禁護謄錄」雍正十一年癸丑 三月 日

320) 況吾府始創之時 畏其水患 疊設城東門 至立石柱 以禦之 而厥後防築堅固 乃廢疊門 而石柱則 至今猶在 古今之慮患 至於此極 而今此貪利之民 只念一己之私 不顧莫大之害 此亦不可爲之一端也. 萬曆丁亥年州人 進士金得地等上疏草(玉山書院所藏)

321) 조철제,「경주 보문평(普門坪)과 사론(士論)」,『조선후기 향촌질서와 향촌운영』, 한국고문서학회·한국국학진흥원, 2012. 31-58쪽

기적으로 관리하였고, 읍성의 안위는 동문에 집약되어 있음을 엿볼 수 있다.

읍내전도를 보면, 읍성 4대 성문 중 옹성擁城은 보이지 않는다. 경주읍성으로서 가장 완벽하게 구축되었을 때의 모습인데도 옹성이 없다는 것은 이상한 일이다. 2012년의 발굴보고서를 보면, 동문의 옹성 터가 뚜렷하게 남아 있다. 옛 큰길을 따라 세운 성벽 기초석이 나타났고, 옹성 터는 굵은 돌로 지반을 다진 흔적이 그대로 남았다. 지금 쌓아 놓은 옹성과 같은 반달 모형이다. 문제는 성벽과 동시에 옹성을 쌓지 않았음이 판명되었다는 점이다. 성을 먼저 쌓고, 옹성을 뒷날 세웠는지 모를 일이지만, 둘 중 하나는 후대에 건립했다는 뜻이다. 앞의 글에서 우리 고을이 처음 창설되었을 때[吾府始創]란 고려 초기를 이른 말이다. 그렇다면 고려 현종 때 성벽과 첩문을 동시에 쌓았으나, 뒷날 성벽만 새로 구축했을 가능성도 있다. 만일 옹성 터가 4개 성문에서 모두 발견되면 문제가

읍성 향일문(2018. 11 준공)

될 것은 없다. 그러나 3개 성문에서는 옹성 터가 발견되지 않고, 동문에서만 옹성 터가 있었다면, 이는 옹성이 아닌 첩문 유적일 가능성이 있다. 그렇지만 발굴한 유지를 참고하여 옹성으로 쌓았다. 첩문과 옹성은 그 기능이 다른 것으로, 더 연구가 필요하다.

신라 때 읍성 일대는 바둑판 모형 같은 왕경이었을 것이다. 월성에서 북천을 건너는 교량이나 인도가 여러 군데 있었으며, 특히 고성高城 쪽으로 통하는 큰 길은 읍성 동편이었을 가능성이 있다. 발굴 자료를 보면, 신라 때 거마車馬가 다니던 길과 고려 시대의 도로, 그리고 조선 시대의 길이 지반 단층에 뚜렷이 드러나 있다. 읍성은 일직선 도로를 따라 쌓았는데, 복원 공사 역시 옛 흔적은 가능한 한 보존하고 축조한 것으로 알고 있다.

고려 때 부성을 쌓고 조선 시대에 해자가 조성되자 지금의 동문로는 불편해져서 한 블록 동편의 길을 이용하였다. 읍내전도를 보면, 읍성 동편은 해자로 인해 도로가 없고, 그 윗길 곧 좌우도리左右道里 큰길이 고성리高城里와 연결되어 있다. 좌우도리는 달리 '좌우디'라 불렀으며, 현재 북정로 길이다. 이 길은 징례문 앞의 노동리路東里와 노서리路西里처럼 큰길 양쪽에 민가가 밀접해 있었다는 뜻이다. 읍내전도에 좌우도리 민호는 227호로, 노동리와 노서리의 민호를 합친 숫자와 거의 비슷하다. 남문 저잣거리보다 더 많은 사람들이 성동에 살았음을 의미한다. 좌우도리는 언제부터인가 읍성 동쪽 마을이라고 해서 성동동城東洞이라 고쳤다.

일제 강점기에 찍은 사진을 보면, 해자가 그대로 나타나 있다. 치雉보다 제법 앞에 해자가 뚫려 있고, 해자 안쪽에도 민가가 더러 보인다. 해자 양쪽에 민가가 들어서면서 점차 해자는 메워지기 시작하였고, 따라서 그 폭은 일정하지 않았을 것이다.

동편 읍성의 노거수는 읍성의 상징이었다. 수종으로는 경주교회 뒤의 팽나무와 그 북쪽 성벽의 세 그루 회화나무가 대표적이다. 이 가운데 남쪽의 외딴 한 그루 회화나무는 근래 고사했고, 성벽 위의 두 그루 수세는 양호한 편이다. 수령은 250~300년으로 추정하며, 높이는 16m이다. 읍성 기념사진의 주요 배경은 이들 회화나무였다. 일제 강점기 때 경주를 답사한 인사들은 이 나무를 배경으로 사진을 찍었고, 경주공립중학교 제1회(1943) 졸업 사진도 학생들이 이를 배경으로 촬영하였다. 당나라 시인 서응徐凝의 시에, '행인行人 중에 이 나무가 어릴 때 모습을 본 사람은 아무도 없다. 그러나 이 나무는 얼마나 많은 사람이 태어났다 늙음을 보아 왔던가'[322]라고 읊은 노래를 연상하게 한다.

일제 강점기를 거치면서 읍성 주위에 많은 민가가 들어서기 시작했다. 동문 향일문도 같이 헐렸다. 1907년에 성동동에 공립 경주보통학교(현 계림초등학교)가 창설되었고, 1956년에 계림국민학교가 지금의 자리로 옮겼다. 이로써 동문 거리는 계림학교 사거리로 바뀌었고, 향일문 북편에 한때 계림문방구가 들어서 성황을 누리자, 다시 계림문방구 사거리라 불리기도 했다. 동문 정비에 대해서는 『경주읍성 성곽 및 동문 정비공사 실시설계』(2013)에 자세히 실려 있다. 복원 설계를 보면 발굴된 흔적을 바탕으로 삼고, 징례문 사진을 참고하는 데는 무리가 있지만 그 홍예 폭을 추정하여 문루 규모를 결정했다고 하였다.

읍성 동문인 향일문 복원 상량식이 2018년 3월 22일 열렸다. 상량문은 서영수 시인이 지었고, 상량문 글씨는 문동원 서예가가, '向日門' 현액 글씨는 최양식 시장이 썼다. 향일문 준공식은 동년 11월 8일에 거행되었다.

---

322) 古樹, 古樹倚欹臨古道 枝不生花腹生草 行人不見樹少時 樹見行人幾番老. 徐凝 作

3) 망미문望美門(西門)과 공진문拱辰門(北門)

앞서 보았듯이 향일문을 비롯해 망미문과 공진문이라는 문루 명칭이 최초로 보이는 문헌은 『경상도읍지』(1832)이다. 1632년(인조 10)에 전극항이 징례문 상량문을 지으며 징례문이라는 이름은 이미 지어졌다. 이처럼 4개 성문의 명칭은 지어졌으나, 문루에 편액으로 걸지는 않았다. 남문에도 '징례문'이라는 편액이 문루 안에 걸려 있었는지 모르지만, 앞에는 '고도남루故都南樓'라고 써 붙였고, 그 밖의 문루에는 아무런 기록이 없다. 읍내전도에 다만 '남문南門' '동문東門'으로 표기했을 뿐이다.

서문과 북문에 대해서는 별다른 기록이 없다. 임란 때 아군이 서문을 통해 들어왔다는 등의 사료가 전할 뿐이다. 1861년(철종 12) 12월에 부윤 박의장朴毅長의 「박무의공수복동도비朴武毅公收復東都碑」를 건립할 때, 비석 좌판석을 구하지 못했다. 그리하여 읍성 서문 밖에 있던 탑재석을 가져와 함을 파서 기단석으로 사용하였다.[323] 이 비는 지금 황성공원 경내에 있다.

또한 서문 안에는 옥獄이 있었다. 읍내전도를 보면, 서문에서 동쪽으로 조금 올라가면 왼쪽으로 들어가는 외길이 길게 닦여 있다. 옥은 세 칸으로 그려져 있고, 둥근 토담 안에 동서로 건물 두 동이 마주 보고 있다. 이것이 경주부의 옥자리로, 주변에는 넓은 밭이며 민가도 보이지 않는다. 도성이나 읍성 모두 옥은 서문 주변에 있었는데, 서방은 형관刑官이며 숙살肅殺을 의미하기 때문이다. 일

---

323) 辛酉二月初十日 至是 遂定立石之論 未得坐版石于西門外塔石 只穿陷中 則可用也. 필사본 『東都碑日錄』 참고

제 강점기에 옥이 옮겨감으로써 이 자리는 우시장牛市場과 일본인 사찰 서경사西慶寺가 차지하였다. 이후 문화중·고등학교가 설립되었다가 지금은 아파트가 들어섰고, 옥 터에는 표석을 세워놓았다.

읍성 서문은 언제 철거되었는지 알 수 없으며, 그 서북 방면에는 민가마저 없었다. 읍내전도를 보면, 서문 밖에 127호가 살았는데 동문 밖의 절반 수준이었다. 그 너머 서천으로 호수헌虎睡軒 등 여러 병사의 건물이 밀집했고, 경주부의 각종 병사기지가 이곳에 있었다. 읍성의 사면 해자 가운데 성서城西 해자가 가장 넓고 담수가 가장 많았다. 지형으로 인해 읍성 내의 물이 서쪽으로 흘러내렸기 때문이다. 읍성이 퇴비頹圮하자, 점차 민가가 들어서면서 전답으로 바뀌었다. 이곳 마을을 성건리城乾里라 불렀는데, 건乾은 건방乾方으로 곧 서북쪽을 지칭하는 말이다.

북문北門에 대해 기록이 없는 것은 서문과 다를 바 없다. 1614년(광해군 6)에 동악東岳 이안눌李安訥(1571~1637)이 경주부윤으로 있을 때였다. 그는 동헌 별채 영춘헌迎春軒 뜰을 조경하고 싶었다. 마침 부성府城의 북문 밖에 노매老梅 한 그루가 있었는데, 전야田野의 거친 풀숲에서 자라고 있었다. 농사꾼들이 불태우고 꼴 베는 아이들이 가지를 꺾어 거의 말라 죽기 직전에 이르렀으나, 가지와 줄기는 기이奇異했다. 이안눌은 이를 안타깝게 여겨 사람을 시켜 영춘헌 동편 담장 아래에 옮겨 심었다.[324] 임란 직후에 북문 앞의 모습은 자갈과 모래를 일궈 밭을 만들어 경작했으나, 사람들은 거의 살지 않았다. 북문 너머는 바로 북천 둑이었고, 그

---

324) 府城北門外 有老梅一樹 生於野田荒草之中 枝幹甚奇 蕘者斧焉 田者火焉 摧剝殆盡 將作枯枿 余聞而憐之 遂令官吏 移植於迎春軒東牆之下.『東岳集』권11, 月城錄, 題迎春軒

일대는 전답으로 경작하지 못할 정도로 거친 잡초가 우거진 황무지이며 자갈밭이었다. 읍내전도에는 성북리城北里에 17호의 민가를 표기해 두었다.

성북 해자는 1970년대 말에 복개하고 포장하면서 유구가 모두 사라졌다. 복개할 당시에 시멘트로 만든 천개天蓋를 덮어 비포장도로와 구별하여 해자 흔적을 알 수 있게 했으나, 지금은 이마저 식별할 수 없게 되어 버렸다.

7
근대 읍성의 변모

　숙종 이후에 사회가 안정되자, 군현의 각종 사업이 이루어지고 문화가 크게 창달하였다. 1754년(영조 30)에 부윤 홍익삼洪益三이 종전의 제승정制勝亭을 다시 건립하여 일승정一勝亭이라 개칭하고, 내아內衙 및 여러 관아 건물을 중수하였다.[325] 경주 부민들은 임란 때 소실된 집경전을 중건해 줄 것을 여러 차례 나라에 요청했으나 뜻을 이루지 못했다. 1798년(정조 22)에 어필 '집경전구기集慶殿舊基'가 내려 비각을 건립함으로써 경주 인사들의 여망이 이루어졌다. 앞서 경주

---

325) 府尹 洪益三 甲戌四月日到 改建制勝亭 爲一勝亭 內衙及諸衙 重修.『府先生案』

읍성 4개 성문의 문루가 새로 건립되고, 이어서 남문을 중건한 뒤에 '고도남루故都南樓'라는 편액을 내걸었다. 그뿐만 아니라 징례문을 제외한 3개 성문의 문루 이름이 비로소 지어졌다. 이로써 웅부의 위상을 크게 높이며 읍성 규모 체제가 가장 잘 정비되었을 때다.

이처럼 남문 거리는 경주부의 최고 번화가였다. 노동동과 노서동, 동부동과 서부동으로 나뉘었으며, 여기에서 동서로 구분하여 성문 밖 1길과 2길이라 나눠 부른다. 도성의 숭례문 앞에는 항상 사람들로 북적대는 시전市廛이 열렸듯이

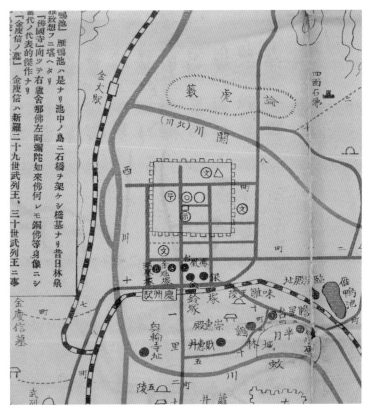

「경주부근고적안내(慶州附近古蹟案內)」(1931년)

경주읍성 남문 거리에도 포목상과 지물포 등 크고 작은 점포가 즐비하였다. 일제 강점기의 경주 중심가는 본정통本町通이며, 지금의 봉황로이다. 남문 거리 서쪽 골목은 온갖 옹기그릇을 진열해 두고 팔아서 옹기전 골목이라 불렸으며, 지금도 옹기전이 남아 있다.

특히 남문 거리는 복잡하고 번화했다. 고종 때 읍성 거리의 풍습이다. 매년 12월 그믐이면, 각 가정은 물론 사람들마다 큰길을 돌아다니며 깊은 밤 인정人靜 때까지 즐겼다. 새벽닭이 울고 고루鼓樓에 북을 한 번 치면 기다리던 새해가 밝았다. 4개 성문이 열리자, 사방에서 사람들이 소리치며 몰려들었다. 길에는 인파로 붐비고 촛불이 찬란했다. 아전들은 성첩에 올라 호령하고, 아이들은 거리를 쏘다니며 춤을 췄다. 관장官長이 옷을 갖춰 입고 객사 전패殿牌 앞에 나아가 망궐례를 행하고 물러나면, 관아의 여러 아전들이 차례로 관장에게 나아가 배례를 올린다. 그리고 북소리와 징소리가 사방에서 들려온다. 이맘때면 밖으로 나갔던 사람들은 돌아오고 빈객들도 모두 떠나갔으며, 병들고 시름에 찬 사람들도 모두 함께 즐겼다. 그러나 광무 연간(1897~1906) 이후에 고루에는 새벽을 알리는 북소리가 없고, 관장도 객사에 가서 망궐례를 행하지 않았다. 백성들은 새해가 되면 즐기려 했지만, 위로부터 즐길 만한 기색이 보이지 않았다. 일제 강점기에 접어들어 상하가 모두 범연히 즐거워하는 행색을 볼 수 없었고, 이는 평시와 다를 바 없었다. 외부에서 찾아오는 사람들은 모두 낯선 객들뿐이었다. 부모와 처자식이 있는 자들도 집으로 돌아갈 생각은 하지 않고 화방花房이나 술집으로 돌아다녔다. 복장 등 모습이 옛것이 아닐 뿐만 아니라 풍속마저 완연히 달라지고 있다326)고 했다. 1911년 그믐께 문암文巖 손후익孫厚翼(1888~1953)이 남문 거리 어느 옹기전에 들러 하룻밤 묵으면서 집주인 노파의 술회를 듣고 옮겨 적은 글이다. 구한말의 읍내 세시 풍광과 일제 강점기에 달라진 모습을 극명하게 보여주는 자료이다.

정국이 혼란하고 민심이 동요하면, 관부 건물이나 읍성 등 공공시설의 관리가 소홀할 수밖에 없었다. 일제 강점기에 각 지방의 읍성, 특히 3남의 읍성은 일본과의 관계에서 슬픈 역사를 안고 있다. 고려 말과 임란 때 왜구들의 침입으로 무너진 읍성을 새로 쌓는 데 수십 년의 세월이 걸렸다. 18세기 말엽에 기의 완벽하게 갖추어졌던 읍성은 또다시 일본인들에 의해 헐리고 말았다. 이를테면, 1910년부터 읍성은 해체 작업에 들어갔다. 경주 관부의 상징이자 읍성의 대표적 건물인 남문 징례문이 아니었던가. 이를 방치하고 다른 관아 건물을 정비할 수는 없었다. 따라서 그들이 가장 먼저

1918년에 개통한 사정동 경주 구역(舊驛)

성동동 경주 구역(1936~2021.12)

326) 孫厚翼,『文巖先生文集』권1, 東都遇老嫗語感賦一詩幷叙 참조

철거 작업에 나선 것이 징례문이었다.

1909년경에 찍은 징례문 사진이 한 장 전한다. 노소 10여 명이 문루에 올라가 자유롭게 서 있고, 홍예식 출입구 앞에 역시 흰옷을 입은 여러 명이 일상적으로 움직이고 있다. 문루 위에 '고도남루故都南樓'라고 쓴 현판이 희미하게 보인다. 이는 징례문의 유일한 사진이며, 그 규모와 형태를 추정하는 데 귀중한 사료가 되고 있다. 또 한 장의 사진이 있다. 지프차 비슷한 차 한 대가 봉황대 아래 종각과 서봉총 앞을 통해 읍성으로 들어오고 있다. 연도에는 일본 군인들이 호위하고 있는 가운데 흰옷을 입은 주민이 섞여 있다. 오른쪽에는 금관총을 지날 때의 모습이라는 뜻으로 '금관총왕시金冠塚往時'라고 써 놓았다. 1912년 11월에 데라우치 마사타케寺內正毅(1852~1919) 조선 총독이 경주를 찾았을 때의 사진이다. 그가 경주에 온 이유는 불국사와 석굴암 등 신라 유적을 관람하기 위해서였다. 사진은 당시 그가 읍성으로 들어오는 장면으로, 남문을 통과하지 않으면 차를 타고 성내로 들어올 수 없었다. 총독이 차를 타고 성내로 들어올 수 있도록 미리 징례문을 철거했다.[327] 관련 자료가 미약하나 개연성이 매우 높으며, 이로써 읍성의 상징 징례문은 헐리고 말았다. 경주문화원에 '온고각溫古閣'이라는 현판이 있고, 그 글 아래에 '정의제正毅題'라고 쓰여 있다. 총독 데라우치가 쓴 이 편액은 1915년 9월에 경주 신라유물전시관을 찾아 썼다고 전한다. 그렇다면 데라우치가 1912년에 이어 1915년에도 경주에 들렀다는 뜻이다. 그가 석굴암과 신라유물전시관을 동시에 관람했는지, 아니면 두 번 찾았었는지 알 수 없다.

327) 김신재, 「1910년대 경주의 도시변화와 문화유적」, 『신라문화』 제33집, 동국대 신라문화연구소, 2009. 93쪽.

어쨌든 읍성 남문은 저들이 획책한 의도에 따라 철거되고 말았다. 이로써 읍성의 남북을 이어주는 도로가 뚫렸고, 1915년에 성벽을 관통하는 도로가 개설되면서 읍성은 점차 원형을 잃었다.

1918년 10월에 대구에서 불국사역까지 협궤 철도가 개통되었다. 당시의 철로 개설 노선이 지금 태종로 쪽으로 지나갔으므로 읍성 훼상에 다소 영향을 미쳤으나 미약했다. 1936년에 서라벌회관 자리에 있던 역사驛舍가 성동동 구 경주역으로 옮겨졌다. 이때 철도노선은 읍성의 성동과 성북을 따라 변경되었고, 지금의 북문로와 흥무초등학교 뒷담을 가로질러 장군교를 건넜다. 이러한 철도노선의 개설로 말미암아 많은 석재가 필요하였고, 석축石築의 읍성 훼철은 불 보듯 뻔하였다. 읍성 석재를 확인하려면 구 경주역에서 읍성 뒤로 이어 장군교로 통하는 옛 철도 노선을 발굴해야 할 것이다. 이 노선에는 읍성의 크고 작은 석재가 대량 운반되어 깔렸다. 1985년경에 철로가 걷히고 민가가 들어섰는데, 인젠가 반드시 이를 발굴하여 읍성 석재를 확인해야 할 것이다. 특히 흥무초등학교 뒷담 노선은 서천 변의 물구덩이가 아니었던가.

어쨌든 일본인의 입장에서는 명분과 구실을 쌓으면서 계획적인 성벽 철거 작업에 들어갔던 것이다. 고려 말부터 군현의 읍성을 중시하였고, 더욱이 경주읍성을 여러 번 개축하면서 견고히 쌓았던 본질적 원인은 저들에게 있었다. 왜구를 막자고 축조되었던 것이 왜구에 의해 철거된 기막힌 역사의 현장이 바로 읍성이다. 경주의 상징물 징례문은 이로써 사라졌고, '고도남루'라는 편액도 어찌 되었는지 찾을 수 없다.

읍성의 또 다른 철거 사유는 상권 발달이다. 남문 앞 지금의 봉황로(문화의 거리)가 조선 시대에는 종로鍾路였고, 일제 강점기에는 본정통本町通이었다. 사람

들이 가장 붐비는 거리로, 남문 중심으로 그 앞과 동서 해자 거리에는 시전市廛
이 성행하였다. 해방 이전까지 경주의 최대 저잣거리였다. 이후 상권은 읍성
동남쪽과 서남쪽으로 옮겨졌다. 곧 지금의 성동시장과 아래시장 주위를 말하
는 것으로, 사람이 많으면 가옥이 밀집되기 마련이다. 따라서 허물어진 읍성 석
재를 갖고 와서 섬돌과 주춧돌 등으로 사용하였고, 그 빈자리에는 민가가 조밀
하게 들어섰다. 해자는 물론 성터마저 찾기 어려울 정도로 원형을 잃었다.

　1935년경이다. 당시 종로 거리 봉황로(지금 포항횟집) 앞자리는 남문 자리였다.
술집이 널찍하게 벌여 있었고, 그 마당 한쪽에 성벽 돌이 집채만큼 크게 쌓여
있었다. 이 돌무더기는 해방 전까지 있었다.[328] 1997년에 남문 해자 안쪽에 큰
건물 서울요양병원이 들어설 때, 남문 터 발굴은 잘 이루어지지 않았다. 기초
공사 중에 여러 개의 장대석이 발견되었으나, 철저히 실사하지 못한 채 공사가
진행되었다고 알려졌다. 2008년 9월에 봉황로 '문화의 거리'를 조성하면서 남
문 앞을 발굴했다. 당시 남문 터와 조금 거리가 있었지만, 유구 등 아무런 흔적
은 발견되지 않았다.

　해방 이후에 근대화 사업을 거치면서 읍성은 더욱 변모하며 잔성殘城만 남았
다. 남문이 없어진 마당에 나머지 체성을 더 언급할 필요가 없었다. 벽돌은 민
가의 담장으로 사용되었고, 넓적한 돌은 방구들로 전용되었다. 성벽 안쪽으로
민가가 들어차면서 널빤지나 징검다리로 놓아 해자를 건넜고, 끝내 복개되어
도로로 변하거나 아니면 메워져 가옥이 지어졌다. 이후에도 무분별한 개발과
파괴는 지속되었다. 성북의 해자가 맨 나중에 복개되었고, 전체 읍성 중에 동쪽

---

328) 김기조, 「'경주읍성' 안의 이모저모」, 『경주문화』 제12호, 경주문화원, 2006.

성벽은 치雉 두 기가 남아 있을 뿐이다. 2003년에 폭우로 향일문 남쪽 회화나무 부근 성벽이 처음으로 5m가량 무너지면서 세인의 관심을 불러일으켰다. 이로써 읍성 복원작업에 본격적으로 착수하기 시작하였고, 2018년 11월에 동문인 향일문이 복원되었다. 그리고 읍성 내의 변모 과정과 골목길 그리고 일화 등을 이미 조사하여 밝혀 둔 글[329]이 있어서 췌언하지 않는다.

---

329) 김기조, 상동서(上同書)와『남기고 싶은 경주이야기』, 경주문화원, 2017.

―
8
맺음말

이 장은 각종 문헌과 자료를 토대로 필자의 의견을 제시하였다. 요약하면 다음과 같다.

고려 초기에 지방 주현을 통치하는 관부가 필요하였고, 이에 따라 경주사慶州司가 설치되었다. 경주사는 동경을 다스린 대도호부뿐만 아니라 조선 시대 관찰사의 감영인 도부서사 본영까지 같이 사용하였다. 이를테면, 지금의 시청과 도청을 같은 관부에서 두었다는 말이다. 경주사가 설치된 지 근 80년 후인 1012년에 경주 부성을 비로소 쌓았다. 최초의 부성은 석축石築이었다. 체성을 돌로 쌓은 이유는 경주 부성이 처한 특수한 지리적 환경 때문이었다.

고려 중기에 동경민란이 일어났을 때는 물론이고, 동여진이 침입하거나 몽고군이 닥쳤을 때도 그 주요 거점은 부성이었고, 적에게서 빼앗긴 적이 한두 번이아니었다. 본디 부성은 행정이나 군사적 목적으로 쌓았지만, 전란을 겪으면서 방어적 성벽으로 굳게 쌓을 필요가 있었다. 특히 고려 말에 왜구의 침입으로 피해가 극심하였다. 1012년에 성을 쌓은 뒤, 1379년(우왕 5)에 부성을 개축하고 석축했다는 기록이 『경상도속찬지리지』(1469)에 처음으로 보인다.

경주읍성에 관한 사료 중에 가장 중요한 글은 『문종실록』(1451)이다. 읍성의 둘레는 4,075척, 높이 11척 6촌, 여장女墻 높이는 1척 4촌, 적대敵臺 26개소, 문門 3개소이고, 옹성擁城은 없으며 해자는 아직 파지 않았다는 내용이다. 『동경잡기』 등 후세 경주읍성의 모든 기초 자료는 이를 토대로 삼고 있다는 점에서 더욱 가치가 높다. 이 장에서는 각종 문헌과 근래 발굴보고서까지 참고하여 그 역사와 실태를 규명하였다. 특히 『실록』에 옹성이 없었다는 말은 4개 성문에 모두 없었다는 뜻이다. 그런데 동문 유지에서 옹성 터가 발견되어 복원하고 있다. 나머지 3개 성문 밖에 옹성 터는 아직 발견되지 않은 상태이다. 그렇다면 동문의 옹성 유지는 어떻게 설명해야 할 것인가. 논자는 관련 문헌을 제시하며 이는 옹성 터가 아닌 첩문疊門 터일 가능성이 높다고 밝혔다.

임란 때 활약한 의사 실기實紀 가운데 읍성에 대한 간접 자료가 다수 전한다. 전란의 중심지는 항상 읍성을 두고 싸움이 벌어졌다. 왜구가 읍성을 강점한 것은 1592년 4월 21일부터 9월 8일까지 137일, 정유재란(1597) 때 5일을 합쳐 모두 140여 일 정도이다. 전화의 참상은 정유재란 때가 더욱 극심했다. 이러한 글을 통해 임란 때 읍성 4개 성문이 엄연히 개설되어 있었고, 문루門樓도 있었다. 적과의 대치는 읍성 중심으로 이루어지고 있었음이 증명되었다. 전란을 겪은 관민은 읍성의 기능과 역할의 중요성을 실감하였고, 이를 평상시에 수축하지 않을 수 없다고 생각했다.

1632년에 부윤 전식이 임란 때 허물어진 징례문을 다시 지었다. 그리고 동서남 3개 성문을 차례로 세웠다고 『동경잡기』에서 밝혔다. 4개 성문은 임란 이전에 건립되어 있었는데, 임란 때 무너진 것을 중건했다. 『경주읍지』(1932)에는 4개 성문을 중수하고, 차례로 문루를 세웠다고 했다. 요컨대 임란 때 소실된 성문을 전식이 모두 보수하고, 아울러 문루를 건립했다는 말로 풀이된다. 당시에 지은 전극항의 상량문과 40~50년 뒤의 상량문에도 모두 '문루'라는 말이 들어 있다. 읍성의 글이 거의 전하지 않는 마당에 전극항과 이암이 남긴 징례문 상량문 두 편은 문헌적으로 매우 가치가 높다고 할 것이다.

1731년(영조 8) 부윤 김시경 때 읍성 남문을 무지개 모양 홍예식虹蜺式의 2층으로 건립하고 그 위에 '고도남루故都南樓'이란 편액을 걸었다. 관찰사 조현명趙顯命이 지은 「경주성남루기慶州城南樓記」에서 이러한 사실을 읽을 수 있다. 1744년 부윤 정홍제가 문루를 모두 세웠고, 1755년에 부윤 이득수가 남문인 징례문을 부분 중건한 기록이 있다.

1798년에 읍내전도가 그려졌다. 이 지도에 나타난 읍성을 보면, 그 규모와 체제가 가장 완벽했을 때의 모습으로, 웅부의 위상을 여실히 보여주고 있다. 1832년에 편찬한 『경상도읍지』에 징례문을 제외한 나머지 3개 성문, 곧 향일문 등 명칭이 처음으로 보인다. 그렇지만 이들 명칭은 읍내전도를 제작할 전후 시기에 지었을 것이며, 각 문루에 편액으로 걸리지는 않았을 것으로 추정된다.

1900년대에 이르러 관장官長은 망궐례를 행하지 않았고, 성문 개폐 때마다 치던 봉황대 종각의 종소리가 멎었다. 이로써 관부 건물은 물론 읍성이 급속하게 퇴락하며 무너지기 시작했다. 1909년경에 찍은 징례문 사진이 한 장 전해진다. 이 사진은 읍내전도와 거의 꼭 같은 남문 모습이다. 문루 위에 '고도남루故都南樓'라고 쓴 현판이 희미하게 보인다. 이는 징례문의 유일한 사진이며, 그 규모와 형태를 추정하는 데 귀중한 사료이다. 1912년 11월에 데라우치 마사타케寺內正毅 조선 총독이 경주를 찾았을 때의 사진이 또 있다. 당시 그가 타고 온 차가 통과하기 위해 남문을 헐었다고 한다. 이로써 읍성의 상징물인 남문이 가장 먼저 철거되고 말았다. 1918년에 경주를 지나가는 협궤 철도가 놓이고, 1936년에 이를 광궤로 바꾸며 경주역사가 구 경주역으로 옮겨졌다. 철도가 개설되면서 많은 석재가 필요하였고, 이로써 읍성 원형은 거의 상실된 것으로 파악되고 있다.

경주읍성의 체성은 거의 찾아볼 수 없고, 동문 좌우에 조금 남은 잔성殘城이 지난 역사를 말해주고 있을 뿐이다. 읍성은 행정과 군사적인 기능이 갖추어진 관부의 상징이었으나, 문헌이 흩어져 단편적으로 전하고 있어서 그 실체를 규명하는 작업은 쉽지 않다.

〈표〉 경주읍성 중요 연표

연대	관련 사항	출전
1012년(현종 3)	경주 부성府城을 쌓음	고려사
府始創時	읍성 동문에 첩문疊門을 쌓고 石柱를 세움	김득지金得地 상소문
1378년(우왕 4)	石築, 둘레, 높이, 改築을 적은 최초 기록임	속찬지리지
1379년(우왕 5) 5월	왜구가 침범하여 부성을 함락함	호장선생안
1451년(문종 1)	주위 4천 75척, 높이 11척 6촌, 여장女墻 높이 1척 4촌, 적대敵臺 26개, 문門 3개, 옹성擁城이 없고, 여장은 1,155개, 성안 우물이 83개. 해자海子는 파지 않았음	『문종실록』
1466년(세종 12)	북천 홍수로 경주읍성 해자가 메워졌다 함	세종실록
상동 4월	예조영사 김사선金思善이 印信을 갖고 경주에 오자, 부윤이 남문 밖에 나가 맞이함	경주선생안
1591년(선조 24)	판관 박의장朴毅長이 장사들의 무용을 시험코자 남문 문루門樓 10여 장 높이를 뛰어넘게 하는 시합을 함	동엄실기
1592년(선조 25) 4월 21일	임란 중 읍성이 함락됨	경주선생안
상동 9월 8일	읍성을 수복收復함	상동
1597년(선조 30) 11월	정유재란 때 5일간 왜구에 읍성이 함락됨	상동
1614년(광해군 6)	부윤 이안눌李安訥이 읍성 북문 밖 노매老梅를 영춘문迎春軒 뜰에 옮겨 심음	동악집
1632년(인조 10)	부윤 전식全湜이 임란 때 소실된 서남북 3개 성문을 세웠으며, 그의 아들 전극항이 징례문 상량문을 지음	동경잡기
1680년경	학고鶴皐 이엄李崦이 징례문 상량문을 지음	학고일고
1700년 초엽	옥적 목갑玉笛木匣의 금장팔경金粧八景 중 읍성을 그려 넣음	옥적함玉笛函
1731년(영조 8)	부윤 김시경金始煚이 징례문 문루를 세우고 '고도남루故都南樓' 편액을 걸었음	귀록집歸鹿集
1744년(영조 20)	부윤 정홍제鄭弘濟가 징례문 이외 3개 문루를 모두 세움	경주선생안
1755년(영조 31)	부윤 이득수李得秀가 남문 문루를 중건重建함	상동

연대	관련 사항	출전
1765년(영조 41)	읍성 해자는 둘레 5,096척, 너비 11척, 깊이 5척, 연못 1개, 내 4개와 사천일지구천四川—池九泉이 있다 하였음	여지도서輿地圖書
1798년(정조 22)	경주읍내전도에 읍성 전모가 가장 잘 그려져 있음	집경전구기도
1832년(순조 32)	읍성 4대 문루 이름이 문헌상 처음으로 나타남	경상도읍지
1861년(철종 12) 12월	박의장공수복동도비朴毅公收復東都碑를 건립함	동도비일록東都碑日錄
1869년(고종 6)	부윤 조기영趙耆永이 성첩城堞과 포군砲軍을 수리함	경주선생안
1887년(고종 24) 7월	영장營將 윤 모가 죄인들을 남문 밖에 묶어두고 공개 재판함	동도록東都錄
1909년경	고도남루故都南樓라는 편액이 보이는 징례문 사진이 전함	
1911년 12월	손후익孫厚翼이 남문 앞 세시풍속을 昨今에 상세히 적음	문암집文巖集
1912년 11월	데라우치 총독이 경주 내방을 위해 읍성 남문을 헐었다고 함	
1915년	읍성을 통과하는 도로가 개설되기 시작하였음	
1918년	협궤 철도가 개설되었으며, 역사는 서라벌회관 자리임	
1936년	역사驛舍를 성동동 역사로 옮기며 읍성의 많은 석재가 사용됨	
2003년	폭우로 읍성 동쪽 잔성이 5m가량 무너짐	
2004년	동쪽 성벽 유일하게 남은 치雉를 해체 복원함	
2017년 12월 15일	동문 좌우 성벽은 거의 복원했으나, 치는 세우지 못하였고, 동문과 옹성은 마무리 단계 공사가 한창 진행 중임	
2018년 11월 8일	향일문 복원 준공식이 거행되었음	

경주부(慶州府)의 역사

2024년 5월 30일 초판 1쇄 발행
지은이 조철제

펴낸이 권혁재

편 집 권이지
교정교열 천승현
디자인 이정아

인 쇄 성광인쇄
펴낸곳 학연문화사
등 록 1988년 2월 26일 제2-501호
주 소 서울시 금천구 가산디지털1로 16 가산2차 SKV1AP타워 1415호

전 화 02-6223-2301
전 송 02-6223-2303
E-mail hak7891@chol.com

ISBN 978-89-5508-691-1 (03910)